ダイバーシティ経営と個性ある中小企業

―持続可能社会形成を目指す中小企業の役割向上について―

（日本中小企業学会論集41）

同 友 館

は し が き
—日本中小企業学会論集第41号の刊行にあたって—

　日本中小企業学会第41回全国大会は，2021年10月9日・10日の2日間，福岡大学（七隈キャンパス）において開催される予定だったが，前回に続き今回もコロナ禍のため，残念ながらオンラインでの開催となった。

　統一論題のテーマは『ダイバーシティ経営と個性ある中小企業−持続可能社会形成を目指す中小企業の役割向上について−』である。昨今，ダイバーシティという言葉がしばしば新聞紙面等を賑わしているが，中小企業学会の統一テーマとして取り上げるのは今回が初めてである。また，この統一論題テーマと関連づけて，国際交流セッションが開催された。

　国際交流セッションは，信金中央金庫 地域・中小企業研究所の協賛により開催されるもので，今回のテーマは「持続的成長に向けた中小企業の経営とCSR」であった。大野英明氏（信金中央金庫 地域・中小企業研究所長）による開会のご挨拶のあと，文能照之先生（近畿大学）をコーディネーターに，また，李良姫先生（兵庫大学）の通訳のもと，韓国から2人の報告者がオンラインによる報告を行った。

　第1報告は文斗哲氏（延世大学経営学部教授）からの報告で，「ESGの世界的潮流と企業の諸課題」（"Global ESG Trends and Corporate Challenges"）が，また第2報告は盧運夏氏（パナソニックコリア顧問）による「"共有価値創出を通じた持続経営"—共存共栄の為の3自経営よりCSR/CSV活動を中心に—」（"Sustainable Management on the basis of independence, self-reliance and autonomy—focusing on CSR/CSV activities for coexistence and co-prosperity"）であった。なお，この抄録は「信金中金月報」2022年2月号に掲載されている。

　2日目の統一論題は，前田啓一先生（大阪商業大学），渡辺俊三先生（名城大学）を座長として3つの報告と討論が行われた。第1報告は，出家健治先生（熊本学園大学）の「ダイバーシティ経営の登場の背景と構造的な諸問題—ビジネス（経済価値）と人権（社会的価値）の狭間で—」で，討論者は藤本寿良先生（大阪経済大学），第2報告は，許伸江先生（跡見学園女子大学）の「中小企業とダイバーシティ・マネジメント」で，討論者は弘中史子先生（中京大学），第3報告は池田潔（大阪商業大学）「CSRから見た中小企業の本質とダイバーシティ・マネジ

メント—地域・社会と共生する中小企業—」で，討論者は額田春華先生（日本女子大学）であった。統一論題報告者の論文は，本論集に収められている。

　今回の全国大会の自由論題のエントリー者は25人で，8つの分科会に分かれ報告並びに質疑応答が行われた。そのなかから，この論集への査読希望者は18人，査読を希望しない者は5人であった。査読希望者の論文を査読に付した結果，掲載可となったのは11人（査読辞退者は3人）で，その論文を掲載している。また，所収の中には，若手奨励賞準賞を受賞した浜田敦也会員（中京大学）の論文も含まれている。

　第41回全国大会では，プログラム委員長の前田啓一先生（前掲），大会準備委員長の笹川洋平先生（福岡大学）事務局長の山下紗矢佳先生（武庫川女子大学）に大変お世話になった。また，今回の大会ではオンライン事務局を大阪商業大学に置いたが，情報機器に詳しい瓶内栄作先生（芸術文化観光専門職大学）のおかげで，テレビスタジオのようなセットを組んでいただき，加えて，会員事務局スタッフのご尽力により，スムーズに大会運営が行えた。

　学会当日の座長や討論者，報告論文の査読者，さらに，今回の本書の編集作業では，論集編集委員長の太田一樹先生（大阪商業大学）ほか，編集委員の長谷川英伸先生（玉川大学），若手奨励賞選定では若手選定委員長の本多哲夫先生（大阪公立大学）ほか，選定委員の先生に大変お世話になった。この場を借りて厚くお礼を申し上げる。

　あわせて，本学会の国際交流セッションに毎年協賛していただいている信金中央金庫 地域・中小企業研究所の大野英明所長には改めて感謝の意を表したい。また，本書の出版に際して，（株）同友館と出版部の佐藤文彦氏にも大変お世話になっている。この場を借りてお礼申し上げる。

2022年5月

日本中小企業学会会長代行　池田　潔

（大阪商業大学）

目　次

【報告要旨】

Japan Academy of Small Business Studies:
2021 Conference Proceedings

CONTENTS

Keynote Session of the 41th JASBS Annual Conference
Diversity Management and Distinctive SMEs: The Role of SMEs in
Creating a Sustainable Society

Articles

Summary of Presentations

統 一 論 題

ダイバーシティ経営の登場の背景と構造的な諸問題

—ビジネス（経済的価値）と人権（社会的価値）の狭間で—

熊本学園大学　出家健治

1．はじめに—問題意識と本稿の概要

　本稿では，ダイバーシティ経営が登場した背景と構造的問題について論じる。とくにここでは日本型といわれるダイバーシティ経営の内容について考察する（日本型については有村貞則，2008や一連の研究を参照のこと）。

　まずは環境問題の延長線上によるSDGsと，少子高齢化の人口の急激な減少にともなう生産人口の減少という視点から，ダイバーシティ経営で議論される人権（社会的価値）とビジネス（経済的価値）が同等な関係で登場したことを考察する。

　つぎに，ダイバーシティ経営が問題とする人権とビジネスの平等で公平な関係について難しさの意味あいを考察する。本来的に企業内においては労働力と労働の「管理」そのものが人権とビジネスのせめぎあいであり，そこからその矛盾が常に生じていて，決して新しい問題ではないことを指摘し，多くがダイバーシティ経営は人権を軸とした平等で公平な扱いをめざすものと理想的な経営の具体的な施策を示すが，経済学的な観点から構造的に無理であることを指摘する。

　これを踏まえて，日本のダイバーシティ経営の実態を構造的に考察し，①多様な人材による雇用が社会的なマイノリティの位置にある労働力の総動員による再編体制であること，②労働力商品の売買による等価交換という前提の対等な関係のなかで不平等と不公正による矛盾した構造であること，そして③日本の資本主義の労働力の再生産構造の矛盾とその再編制の弥縫策であることを明らかにする。

2. ダイバーシティ経営が登場した背景
―人権とビジネスとダイバーシティ経営

（1）環境問題解決から環境を含めた社会的問題解決へ―人権とビジネスの両立
　周知のとおり，環境問題は1970年代から国際的に動き始め，本格的な動きは1992年に開催されたリオデジャネイロの第1回の国際的な環境サミット会議である。もちろん，それまでに周到な準備が行われ，「持続可能な社会・持続可能な開発」というスローガンは1985年のブルントラント委員会で唱えられた。環境問題の含意は地球環境の問題と同時に，企業にとっては「生産手段」の「原材料」の資源問題と深く関わる点で，企業にとって重要な関心があった。

　この環境問題は先進国主導で行われ，原因を「人口増加と経済発展」としてその抑制を主張したことが，成長要因を否定された発展途上国と対立を生じた。その結果，環境問題の責任は「先進国にあるが，同時に共通の責任がある」という表現で双方が妥協することでその場は収まったが，その対立は燻ったままであった（出家健治，2008，3章を参照）。ただし，これを境に環境を優先した経済発展を軸とする「環境と経済」の調和が論じられ，「市場と非市場」「企業と社会」という両者の調和の関係が動き始めたことは押さえておく必要があろう。

　この両者の対立をうけて，環境問題の解決は発展途上国の問題解決なくして不可能となり，先進国は環境抑制対策をしながら発展途上国の貧困の問題と経済的成長発展を支援する方向に動き始め，環境問題は発展途上国の「貧困問題」の解消へと進み，ミレニアム・サステナブル・デベロプメント（MDGs，以下そのように記す）のなかにそれが組み込まれた。

　また発展途上国への経済支援の必要から，アナン事務総長は企業のCSRによる経済的投資を要請し，ESG（環境・社会・企業統治）投資が認められ，「ビジネス」が公認されることで，「環境」と「ビジネス」はセットになった。

　そして発展途上国における貧困や格差，不平等や不公正などの「人権」に関わる問題は全世界的な問題であると認識され，環境問題はMDGsからサステナブル・デベロプメント・ゴールズ（SDGs，以下そのように記す）へと移行して，「人権」の問題が全面に強調されていく。このSDGsによって先進国と後進国の対立は最終的に妥協が成立し，本格的にSDGsの社会的問題を中心にした経営戦略が企業に組み込むように要請されて，環境問題の解決は経済と貧困などの社会的問

題の解決へと移行した。その結果,「ビジネス」と「人権」という両輪が動き出し, 経済的価値と社会的価値が同等の意味あいをもつことになり, CSRやNPO・社会的企業・社会的資本が社会的な問題解決の中心に躍り出ることになる（CSRや社会的資本については出家健治, 2018を参照のこと）。ダーバーシティ経営はこのような流れを背景に登場した。

(2) 先進国病にみる人口の減少から生じる生産人口減少問題—労働力問題と ダイバーシティ経営

　だが, ダーバーシティ経営の登場の決定的な要因は, 上述のような国際的な流れの背景だけでなく, 国内の人口減少による生産人口の確実な減少から, 主力である「男性労働力の減少」という, ある意味で企業にとって「労働力」の主体的要因の不足から生じたことである。そこから「多様な人材」という形で労働力の総動員体制により問題を解決するという方向に動き, ダイバーシティ経営はもはや避けられぬ経営戦略となった。米国でも労働力の主力であった「男性の白人層の減少」という背景からダイバーシティ経営が生じたことを押さえておく必要があろう（谷口真実, 2005, pp.34-37）。この点はあまり強調されていないがダイバーシティ経営の登場の背景のきわめて重要な要因である。2003年に経団連が環境問題の流れをうけて「社会的責任経営」の宣言をして, さらに2015年にダイバーシティ経営の宣言をした背景はこのような事情による。

　この生産人口の減少を埋め合わす方向は, ①高齢者の雇用継続による拡大, ②専業主婦の社会的就業による女性雇用の拡大, ③外国人労働力雇用の拡大, ④しょうがい者雇用による拡大, ⑤ AIやロボットの導入による人材雇用不足の補填であった。AIやロボットの問題を横におくとすれば, ダイバーシティという内外の人材をかき集めて労働力不足をカバーするという「総動員体制」であった。

　以上, 環境問題で論じられた「環境と経済」では生産の生産手段としての原材料（労働対象）の問題であり, ダイバーシティ経営で論じられた労働力の問題は企業の生産主体の問題であるから, ともに生産要素にかかわる重要な問題であったといえる。そして前者では全世界の人類の「人権とビジネス」の調和であったのに対して, 後者も企業における経営上の多様な人材の「人権とビジネス」の調和という点で, ともに共通したキーワードであることを押さえておく必要があろう。

3．ダイバーシティ経営の戦略内容とその難しさについて

（1）ダイバーシティ経営とは－多様な人材活用による競争優位の経営戦略

　ダイバーシティ経営はすでに行われているが，その研究は始まったばかりの感がある（有村貞則，2007，2008，谷口真実，2005などを参考のこと）。そしてその内容は似たような説明にほぼ収斂されている（経済産業省，2016，西村直哉，2020，リクルートHCソリューショングループ，2008などを参照のこと）。

　ダイバーシティ経営は多様な人材戦略を経営戦略の中心に据えることである。その内容説明は経済産業省のものが一番わかりやすい（経済産業省，2016，pp.3-13）。そこでは次のように説明されている。「ダーバーシティ経営とは多様な人材を活かし，その能力が最大限発揮できる機会を提供することで，イノベーションを生み出し，価値創造につなげていく経営」であると。さらに「多様な人材」とは「性別，年齢，国籍，障がいの有無などだけでなく，キャリアや働き方などの多様性を含」み，そして「能力」というのは「多様な人材それぞれのもつ潜在的能力や特性なども含む」ことをいい，その「活用」によって「イノベーション」を生み出し，「価値創造」につなげていく経営であると。その経営内容は「組織内の個々の人材がその特性をいかし，いきいきと働くことのできる環境を整えることによって，『自由な発想』が生まれ，新しい商品やサービスなどの開発につながるような経営」だという。

　そして人材活用については，①人材を差別なく活用することで，ここでは差別の解消と人権の問題に配慮すること（フェアとケア）であり，②多様な人材の能力の違いを認めることで，異文化の経営を行い，③このような多様な人材の「化学反応」を通して「イノベーション」を起こし，生産性につなげることで企業の成長性につなげ，ダイバーシティ経営の究極の目的である競争優位と競争力の構築を目的とすることであるという。このような異なる３つの分野を人権とビジネスの観点から統合した経営がダイバーシティ経営であると。

（2）ダイバーシティ経営の難しさ－多様な労働力の人間管理と労働の時間管理の問題

　しかし，ダイバーシティ経営を推進したとしてもそれが自動的に企業業績に繋がるというのではないと指摘していて（経済産業省，2016，巻頭言），それはあ

る意味で単純ではなく，容易でないことを暗に示している。それは人材をうまく使いこなす「経営管理」の問題であり，適切なマネジメントを行うことであるが，結局のところ「組織の問題」であり，「経営者の采配の問題」だからである（経済産業省，2016，pp.6-13）。それは究極において経営者の「労働者」管理の問題といえ，同時に，後に論じる，多様な人間の属性である労働力の「目に見えない」「人間管理」の問題であり，かれらの利潤を生み出す労働の「目に見えない」「時間管理」の問題だからである。そこに根本的な難しさがある。

　さらに，本来，これ自体が難しい問題であるが，労働力が多様でない場合は統一的標準的画一的対応が可能で，実際に問題は生じるものの，比較的コントロールが可能であった。しかし，人材が多様になると，多様な人材の属性による「多様な人間管理」を必要とし，またその多様性を尊重することで利潤を生み出すための働き方も「多様な時間管理」を行うことになる。さらにこれらの多様な管理要因を「マネジメント」を通して「一つの統合的な生産性」に結合させて「経済性」を実現し，同時に平等と公正という「社会性」を軸とした「競争優位ポジション」を戦略的に構築するということは，ある意味できわめて高度で複雑な経営を必要とし，その実現は至難の業である。だからこの困難さが指摘されるのである（西村直哉，2020，pp.28-29，リクルートHCソリューショングループ，2008，pp.190-191）。

　そこには当然ながら「あるべき」理論と「そうでない」現実のギャップがあり，その狭間で人権とビジネスのあり方の矛盾が発現して避けられないという現実の問題が生じ，それは論理の問題ではないのである。その点でダイバーシティ経営の「いうは易く行うのは難しい」という理由がある。またそこでの矛盾の解消の困難さは，人間の「問題の自覚」と「行動の変化」の濃淡が社会的構造的な意識や行動の反映によるものであり，きわめて社会構造的な問題がその行方に影を落とすのである。社会的な問題解消という背景によって企業内の問題が解決されるという点で，経済的な問題のみで容易に解決するものではなく，問題の解決の難しさがここにある。だから時間がかかり，道のりは遠いといわれるのである。

４．企業の人材の基本的な人間管理と時間管理における人権とビジネスの矛盾と女性の役割に支えられた人材の再生産構造

（1）「見えない」労働力と「見えない」労働の管理から生じる「人権とビジネス」の摩擦の基本的で本質的な関係性

　マルクスによれば，労働力の定義は「人間の肉体的精神的能力の総体」であり，労働はその能力の発揮状態をいう。周知のように，基本的に生産手段をもっていない労働者は自身のもつ労働力（労働能力）を人材とよばれる労働力市場で「商品」として販売し，その能力を企業内部で発揮して労働することによって賃金をえる。企業はこの労働力を活用して労働をさせることで利潤を生み出す。

　だが，この労働力という商品は人間に内在する能力で「目に見えない」ものであるから，人間と切り離すことができない。そこから労働力を販売した労働者は人間そのものとして企業に入っていく。他方，企業にとっても労働力を購入したものの，普通の商品のように具体的に手に取って目に見えるのではないから，労働力管理は労働者そのものの「人間管理」になる。さらに企業は購入した労働力を発揮させ，労働させるのであるが，労働力は目に見えないものであり，またその発揮が労働となるが，労働そのものも「状態」で，労働力と同様に「目に見えない」。目に見えない「状態」を計るのが「時間」であるゆえに，「目に見えない」労働は「時間」で計られる。その労働の時間によって利潤創造が行われ，それは企業にとって最も重要な時間となるが，そこでも労働力が人間と切り離されないことから，その発揮である労働の「時間管理」も「人間管理」となる。そこから，人材としての労働力管理も，人材を活用して生産性をあげる労働時間管理もともに「目に見えない」ものの管理であるゆえに，結局のところ，すべて「人間管理」の問題となることがわかる。また「見えない」ゆえに，「人間」と「労働力」・「労働」の間の線引きが明確でないから，問題が起きることもわかる。

　ではその見えない部分を企業はどのような具体的な形で管理しているのであろうか。「労働力」は「就業規則」でもって企業内における人間行動そのものを拘束することで「人間管理」が行われ，「労働」は労働の「結果」である数値（業績）による成果主義でもって人間の労働の「時間管理」が行われるのである。

　したがって，企業の人材は「人間」とその成果である「ビジネス」の間でたえず「管理」されていることがわかり，そこでは人間の扱い方が問題になることは

想像できる。しかし，企業内において労働者は雇用される以上，労働力の所有権は企業に移転されて「個人としての私人」は原則として消え，「企業人」としての「公人」のみになり，「利益を生みだす個人」としてのみ扱われる。だから企業内では「経済性」が最も優先され，「人権」の問題は労働者が声を上げない限り，あるいはあげたとしても取り上げられない限り，原則的には後方に置き去られる。そこから人材である労働者の雇用は企業内で人権としての弱さを構造的にもち，その対立・矛盾は絶えず引き起こされる余地があり，労働者が常に弱者であるゆえに不利な状態におかれているのである。その点で問題はより深刻である。

(2) 女性に支えられた男性労働力の再生産と女性の差別的構造——「家父長制資本主義」

　労働者の労働力は，企業の外部の「家庭」において，支払われた賃金でもって個人的な消費をとおして，自身を再生産する。しかし，労働力は目に見えるものではなくその再生産の状態も目に見えないから，回復しているかどうかの判断が主観的で難しい。職場での人間管理や時間管理の強度（肉体的精神的疲労度）によっては十分な回復をしているかわからない。その意味で家庭は企業の外部にあるとはいえ，労働力の再生産構造の状態のあり方と密接な関係があるといえる。

　さらに，その労働力の再生産を家庭で支えるのが女性の無償で不払いの家事労働である。労働力概念では「肉体的精神的能力の総体」という要件から男女は問題にならないはずであるが，資本主義の労働力概念が原則的には「男性」に限定され，労働力市場の人材は男性労働力に固定化された。それは他方で家庭での男性労働力を再生産するうえで，無償で支える女性の存在が不可欠だったからである。だから女性は労働力として認められるはずなのに認められなかったのである。

　そこでは労働力を雇用する企業と提供する労働力の関係が男性労働力の再生産で回転し，そこから「ジェンダー」という男女の役割分担が構造的に埋め込まれたのである。上野千鶴子のいう「家父長的資本制」である（上野千鶴子，2009，pp.31-32）。家庭領域は基本的に男性支配の家父長制度によって成り立ち，男性は労働力として外で稼ぎ，女性は家で男性の労働力の再生産のために奉仕しながら家庭を守るという役割分担を前提にした資本主義の再生産構造が成立していたのである。

5．日本における多様な人材雇用の不平等で不公正な構造的な問題
―女性・外国人・しょうがい者・LGBT・高齢者雇用

(1)「ジェンダー問題」による女性雇用の差別的格差の問題

　労働力概念から男女区別なく対等に扱われるものなのに，「ジェンダー問題」から男性だけが労働力商品として「占有」され，女性は労働力商品の範疇から外されて，男性の労働力の再生産を支え，家庭の家事育児労働に専念するという，家父長制資本主義の構造があることを見てきた（上野千鶴子，2009，pp.21-37,78,93, 97）。これは女性にとって未だに続く深刻な女性差別の構図である。この役割分担によって，女性の家事労働は必要だけれども利潤を生み出さないゆえに価値がないとみなされ，女性は家庭に縛り付けられて行う労働が主たるものとみなされることによって，社会での女性労働は家庭の補助的な賃金の獲得という意味あいに評価されて，低賃金・低収入の固定化が構造化していく。

　1980年代頃まではこの位置的関係が強く働き，多くの女性も結婚して家庭に入る専業主婦指向が強いこともあって，企業も男性もともに男性労働力の再生産のためにはそれが必要であると考えたために，結婚による早期退職（寿退社）が支配的となり，女性特有のM字型雇用形態が生まれた（海老原嗣生，2021，p.153,リクルートHCソルイーショングループ，2008，pp.47,53）。またそれゆえに，女性労働は結婚して家庭に入るまでの腰掛け的な労働として，正規や非正規形態の周縁の事務的な単純労働に固定化し，不当な差別的扱いが状態化した。結婚後の育児後の社会的復帰も同様で，非正規の女性労働は柔軟な雇用体制の維持において重要な役割を果した（海老原嗣生，2021，pp.121-123。また，西岡由美，2018,佐藤博樹・武石恵美子編，2017を参照のこと）。

　しかし，1980年代以降から専業主婦化が典型的で多数派だったものが少なくなり（女性の非労働力の減少については三冬社編，2021，p.62），高学歴の女性の増加によって定年まで働く主婦が増え，とくに1985年の男女雇用機会均等法以降ではその傾向が顕著になった。高学歴の女性は男性と対等意識をもって定年まで働く意欲をみせ，男性と同じ中核的なエリアへと入っていった。それは「女性の男性化」であったが，男性とはちがって家庭や育児と仕事の両立などの様々な問題を抱え，ハンディを抱えていた。とくに女性特有の「出産と育児」は一時的離脱を余儀なくされ（三冬社編，2021，pp.204-205），その離脱が「マミートラック」

というキャリアハイのルートから外れるルートに追いやられ，男性とは差別的扱いをされた（海老原嗣生，2021，p.141）。いうまでもなくこのような女性雇用の実態はジェンダーとしての役割分担の固定化意識から生じるものであり，たえずそれが就業上の制約要件となってあらわれ，男性に対する女性特有の労働格差・賃金格差を形づくり，差別的扱いが恒常化した要因といえる（三冬社編，2017-2018，p.81）。

(2) 外国人雇用における差別的格差の問題

　日本での外国人の人材は，第5次出入管理法によれば，専門的技術的分野と評価される人材，技能実習習得とされる人材が短期において在留を認められている。日本の在留外国人は2019年（年末）で293.3万人であるが，該当するのは「技能実習（農業や漁業，建設など77職種）」は40.1万人，さらに「特定技能」という「高い専門性が認められれば在留がみとめられる単純労働などその他」の14.0万人が構成内容である。そして労働力不足の手っ取り早い方法としてこの手段がとられ，2021年（203.4万人）以降増加傾向にある（三冬社編，2021，p.20）。

　労働力の概念規定からすれば，すでに見てきたように，労働力要件が総体として備わっていればよいから，国籍，人種は問われず，多様性という観点から外国人労働者雇用することにおいて理論的には全く問題がなく，日本において自由に労働力を商品として販売することができる。しかし，論理的にはそうであっても日本ではそのようには機能しないのである。外国人は日本にとって言葉通り「外の人」であり，異国人として異端視され，雇用には制約が生じている。一国資本主義の国内の安定化（主に治安）によって，日本の社会的環境の同化・同質化が要請される。そのために最も重要なコミュニケーションの問題である「日本語」が要求されて，日本で働く外国人には最大の障壁となっている。企業の外国人採用で最も考慮する項目において「人物・人柄」と「日本語能力」の2つが突出している（三冬社編，2021，pp.134-137）ことは，その事情を反映している。

　また外国人雇用は「日本人労働力が集まらない」，つまり日本人が敬遠する領域で，周縁領域の現業による単純労働の低賃金・低収入労働の領域である。その領域は慢性的に人手不足が激しい，農業・水産業，製造業，建設業，小売業，飲食サービス業，医療・福祉サービスなどの領域である（三冬社編，2021，pp.134-140）。

　そのことは逆に企業にとって「人材不足の緩和につながる（つながりそうな）」領域であり，その多くが「技能実習」という名の「廉価な労働力雇用」となって支えられていることに注目すべきである。このような外国人労働者がいないと日本の産業自体がまわらない状態になっているからである。しかし，そのような実態からこの雇用形態に対して国際的批判が生じている（2021/05/02朝日新聞，2021/07/03熊本日日新聞）。そこから，平等と公正とはほど遠く，問題の多い，経済性優先の外国人雇用であることがわかる。

（3）LGBT雇用における差別・偏見の対応体制の問題

　LGBT（「レズ・ゲイ・バイセクシュアル・トランスジェンダー」の略語。近年では「クエスチョニング」と「クィア」（Queer）が追加されてLGBTQ＋と表現されているが，ここではLGBTで統一して記す）の問題は上記とは少し異質で，男性と女性の区別の固定化から派生する問題である。すでに論じたように労働力としての商品概念は基本的には男女の区別を問わない。だからLGBTであっても問題はない。しかしそれがなぜ問題になるかといえば，生物学的な性別による男女区別が社会通念上においても固定的に機能し，企業経営の内部においても構造的に装置化され，男女の性別による識別が恒常的なシステムになっているからである。その点でこの問題は企業内部の問題として切り離して考えるという単純な問題ではなく，社会的な理解による問題と関わりがあるといえる。

　しかし，LGBTは，2006年のインドネシア・ジャカルタで人権問題の専門家会議が開催され，「性的指向と性同一性に関わる国際人権法の適用に関する原則」（ジョグジャカルタ原則）が採択され，2011年に国連で承認されて，2012年には「世界中のLGBTは，うまれながらにして自由で平等に生きる権利がある」と宣言し，国際的にLGBTの権利保障と差別解消が承認された。このような流れをうけてLGBTの存在は徐々に社会的に認知され，その進展によりその権利保障と差別解消の波が企業内部にも及び始めた。LGBTの調査は，多くはないが，2016年では企業内の認知度が47.1％と半数近くと答え，管理職も56.1％と答えていて，企業内部にその施策をもっていると答えた企業が6割に達しており，LBGTの企業内部の理解や組織対応は進展している（荒金雅子，2020，pp.150-151）。しかし，そこでも半数近くの44.5％が「差別禁止のための法的な整備をすべき」と答えているように，企業の内部の問題では根本的に解決できないと認識されている。

　LGBTの問題が社会的レベルでも理解が難しいのは，現時点で，政府・行政レベルでも法的な整備には消極的で，また偏見も多く見られ，果ては憎悪・嘲笑も見られる現状があるからである（田中敏明・貞末俊裕・武谷美咲，2017，pp.115-127）。西村直哉は，こうした意識的・自覚的，無意識的・無自覚的をも含めて，その差別や偏見は生じていて，その理解や差別偏見の解消はなかなか厳しいという（西村直哉，2020，pp.84-86）。社会性の矛盾が経済性の矛盾として発現したゆえに，その解決は後のしょうがい者の問題と同様，遠いといえる。

（4）しょうがい者雇用にみる差別的格差の問題

　しょうがい者は労働力商品としての要件，つまり健全な肉体的精神的能力としての総体という要件を備えていないから労働力としてまったく評価されてこなかった。それは資本主義社会において労働者としての生きる権利を社会的に認めなかったといえる。それは生まれながらの「しょうがい者」も，また事故や病気などで「しょうがい者」になったものも全く同様であった。まさに「個人としてのしょうがい」は資本主義社会では「社会的なしょうがい」としてつくりあげられたのである（西村直哉，2020，pp.133,135）。

　その「しょうがい者」が雇用されるようになったのは市民の社会的運動による成果であった。すでに日本国憲法による基本的人権の労働権が認められていたが，1970年に「障害者基本法」の成立（2013年改正），1975年に国連で「障害者の権利宣言」，さらに2006年に国連で「障害者の働く権利条約」締結，2011年に「障害者基本法」の制定，2013年に「障害者差別解消法」，2016年に障害者権利条約の制定によって，やっとしょうがい者が「人間」として「個人としての尊厳」が回復し，「個人としての権利」をもち，働く権利が制度的に認められたのである。このことは労働力概念とは関係なく，経済的な「能力」でもなく，社会的な「必要」能力として評価された瞬間であった。

　それによって企業はしょうがい者を雇用するようになったが，残念ながら，企業にとっては労働力要件が欠ける理由から雇用率が極めて低い。民間雇用は2019年で雇用数は56.1万人で，その雇用比率はわずか2.11％である（内閣府，2020，pp.62-63）。さらに，国のバックアップもまだ弱い（国の法定雇用率も民間は2.0％，国は2.5％，都道府県の自治体には2.4％と低い）。

　さらに「しょうがい者」の種別内容によって雇用そのものに差別が暗黙の内に

行われているのである。2016年でみると「身体的しょうがい者」（49.9％）が高い
のに対して、「知的しょうがい者」（32.9％）や「精神的しょうがい者」（17％）
は低い（内閣府，2020，p.243-245）。これは雇用のあり方が内部においていびつ
な差別的構造であることを示している（内閣府，2020，p.62，その雇用の難しさ
については有村貞則，2009，2014を参照のこと）。また「しょうがい者」の「経
済性」の弱さは低賃金形態によって典型的にあらわれている。企業の平均給与よ
りはるかに低い。このことはしょうがい者の就労が企業の周縁的な領域の現場作
業や単純作業に留まり、差別的な低賃金、低所得構造となっていることを意味す
る。このように「しょうがい者」雇用の平等と公正は遠いことがわかる。

(5) 高齢者雇用の問題－延長雇用における職制と賃金と年金による差別的対応問題

　人口減少による生産人口の減少はリタイアした高齢者にも再雇用の問題として
遡上にあがってきた。高齢者の市場からの退出・リタイアである、高齢者の「定
年」は労働力の構成要因である総体としての「肉体的精神的な能力」の衰えによ
る労働力の無価値化という評価であったが、人材の不足から高齢者の衰退した労
働力が再評価されることになった。その再評価は高齢者の長寿によるもので、個
人差があるなかで、高齢者も企業も労働力としてまだ機能できるという双方の利
害の一致がみられ、また企業は定年まで培った労働能力の高度な能力の蓄積を再
活用することができるという理由も加わって、雇用が増加傾向にある（高齢者雇
用の増加については、三冬社編，2021，pp.62,74）。

　ただ、基本的に労働力要件の衰退という範疇にあるので、元気な高齢者といえ
どもその商品価値としての不安定性から、高齢者は、一端、雇用関係を解雇され
たうえで選別的な再雇用という形態が支配的である。本人自身の意思判断も働く
が、これまで働いてきた企業に選ばれて継続的雇用となるか、あるいは選択され
ないで別の企業へ再雇用となるかという二極化が見られ、その雇用実態は差別的
で、正規は少なく、非正規が多いのである（三冬社編，2021，p.266）。

　定年退職は企業の一定の職位からの離脱であるから、退職したらその位置は内
部から昇格した正規社員が配置されるので、多くの高齢者の再雇用は企業の中核
エリアから、その補助的な労働エリアか、そこから外れた周縁エリアへ配属とな
り、事実上、周縁領域のサポートによる低賃金・低労働・補助的臨時的雇用体制

で人材不足をカバーしているというのが現状である（三冬社編，2021，p.58）。また高齢者雇用と労働意欲の減退は正の関係にあるといわれ（西村直，2020，pp.101-103），高齢者雇用の配置問題やそこから生じる労働意欲の問題が，さらに年金の関係による問題が加わることで，高齢者は低賃金で雇用されるという企業の経済性が優先され，平等で公正な雇用とはほど遠いことがわかる。

6．まとめ

　元来，企業の経営領域には，人材としての労働力とその労働を雇用する企業の間の売買において「対等」な関係があるように見えるが，現実の企業内では労働力や労働が目に見えないゆえに「人間管理」としてあれ，経済性のために，その能力やその能力の引き出す際の人間との線引きが明確でないことから，「人間」とその労働力活用の「経済性」の間でたえず摩擦が基本的に起きる構造になっていることを明らかにした。つまり企業において人権と経済性の間の摩擦は基本的に存在していて，ダイバーシティ経営に置き換えても同じであることを論じた。

　この論理をベースに，日本の多様な人材の雇用が行われている現状を女性，外国人，LBGT，しょうがい者，高齢者という順序で考察した。そこでは流通過程での労働力の一応の対等な売買による雇用が行われているが，現実は平等と公正がほど遠い差別的構造があることを見てきた。さらにまた社会的弱者の総動員であったことも明らかになり，その構図は日本の企業の人材雇用としての労働力構造が日本の男性労働力を頂点において，不足していてもたえず中心におかれ，周縁部分の不足しているところに本稿で考察した多様な人材が配置されていることも透けて見えてきた。つまり，生産人口の不足の領域の多くは男性労働力が占めているキャリアハイの中核な領域ではなくてそれ以外の周縁領域であったといえ，その領域には階層があり，その隊列には女性，高齢者，外国人，しょうがい者という序列で雇用されていることも見えてきたのである。多様な人材を雇用するというダイバーシティ経営が「日本型である」という所以はこのような差別的な階層構造であるというところにその意味あいがあるといえる。

＊この論稿のタイトルは荒金雅子（2014）『多様性を生かすダイバーシティ経営
　―実践編』日本規格協会から採用した。またこの論稿は紙面の制約から，後日，

研究ノートで『熊本学園商学論集』熊本学園大学に掲載する。

〈引用文献〉
1　荒金雅子（2020）『これからの経営戦略の働き方ダイバーシティ＆インクルージョン経営』日本規格協会
2　有村貞則（2008）「日本のダイバーシティマネジメント論」『異文化経営研究』(5) pp.55-70
3　有村貞則（2007）『ダイバーシティ・マネジメントの研究』文眞堂
4　有村貞則（2009）「日本企業とダイバーシティマネジメント―障害者雇用の観点から」『国際ビジネス研究』（国際ビジネス学会）第1巻第2号
5　有村貞則（2014）「ダイバーシティマネジメントと障害者雇用は整合的か否か」『日本労働研究雑誌』2014/MayNo.646
6　上野千鶴子（2009）『家父長制と資本制―マルクス主義フェニミズムの世界の地平』岩波書店
7　海老原嗣生（2021）『人事の組み立て―脱日本型雇用のトリセツ―』日経P
8　経済産業省編（2016）『経済産業省平成27年度ダイバーシティ経営企業100選ダイバーシティ経営戦略4―多様な人材を活かして，変化する市場を生き抜く』一般社団法人経済産業調査会
9　佐藤博樹・武石恵美子編（2017）『ダイバーシティ経営と人材活用―多様な働き方をする企業の取り組み』東京大学出版会
10　三冬社編（2017-2018）『男女共同参画社会データ集』三冬社
11　三冬社編（2021）『少子高齢化社会総合統計年報2021』三冬社
12　田中敏明・貞末俊裕・武谷美咲（2017）「LGBTの知識と理解に関する世代間格差」『九州女子大学紀要』（九州女子大学）第54巻2号
13　谷口真実（2005）『ダイバーシティ・マネジメント―多様性を活かす組織』白桃書房
14　出家健治（2008）『商店街活性化と環境ネットワーク論』晃洋書房
15　出家健治（2018）「CSRと社会的企業・社会的資本の社会的性格について―同床異夢」『熊本学園商学論集』（熊本学園大学）第22巻，第2号
16　内閣府（2021）『令和2年 障害者白書』内閣府
17　西岡由美（2018）『多様化する雇用形態の人事管理―人材ポートフォリオの実証分析』中央経済社
18　西村直哉（2020）『成果・イノベーションを創出するダイバーシティマネジメント大全』クロスメディア・パブリッシング
19　リクルートHCソリューショングループ（2008）『実践ダイバーシティマネジメント』英治出版

（査読受理）

中小企業のダイバーシティ・マネジメント

跡見学園女子大学　許　伸江

1．はじめに：研究の背景と問題意識

　SDGsへの関心が世界的に広がりを見せる中，「ダイバーシティ」は欠かせないキーワードとなっている。大企業の先進的な取組みに注目が集まる一方で，中小企業とダイバーシティ・マネジメントに関する研究はまだ限られているのが現状である。そこで本研究では，中小企業のダイバーシティ・マネジメントについて，7社の事例をもとに考察していく。

2．定義と先行文献レビュー

2－1．ダイバーシティ・マネジメントとは
　経済産業省では，ダイバーシティ・マネジメントを「多様な人材を活かし，その能力が最大限発揮できる機会を提供することで，イノベーションを生み出し，価値創造につなげている経営」と定義している[注1]。「多様な人材」とは性別，年齢，人種や国籍，障害の有無，性的指向，宗教・信条，価値観などの多様性だけでなく，キャリアや経験，働き方などの多様性も含む。「能力」には，多様な人材それぞれの持つ潜在的な能力や特性なども含む。

2－2．中小企業とダイバーシティ・マネジメント研究
　日本のダイバーシティ・マネジメント研究は，大きく分けると①日本型雇用慣行（佐藤・武石 2017），②ワーク・ライフ・バランスおよび組織風土（佐藤・武石 2010），③業績・収益性（佐藤・武石 2008），④企業の戦略（尾崎 2017）など

との関連で論じるものがある。この状況に対して，論者によってアピールポイントが異なるダイバーシティ・マネジメントが乱立している（有村 2008）点や，日本のダイバーシティ・マネジメントはいまだに女性を課題にしている（河口 2013）点が指摘されている。

　中小企業のダイバーシティ・マネジメント研究は①女性活躍推進やワーク・ライフ・バランス（脇 2012，額田 2017），②障害者雇用（有村 2014），③外国人雇用（小坂 2021），④LGBTQ雇用（三菱ＵＦＪリサーチ＆コンサルティング 2020）等の視点が挙げられるが，まだ限られているのが現状である。

2－3．ダイバーシティ・マネジメントの意義

　中山（2020）は，ダイバーシティ・マネジメントの本来の意義は「多様性の高い組織を構築することで経営環境の激しい変化にも柔軟に対応できるようにすること。令和時代の中小企業に必要なのは，後ろ向きの人手不足対策ではなく，企業価値を創造する組織を作るための人材対策」と位置付けている（p.7）。

3．日本における中小企業のダイバーシティの変遷

3－1．中小企業の労働の多様性の実態

　中小企業は，これまでも労働の多様性があったと言われている。『2009年版中小企業白書』は，①中小企業は大企業に比べて高卒者，非正規社員，パート，アルバイトが多い，②中小企業の正社員は新卒者よりも中途採用が多い傾向にある，③外国人労働者の51.5％が事業所規模99人以下の事業所で雇用，299人以下の事業所と合わせると71％を占めることを示している（pp.172-176）。また『2015年版　中小企業白書』によれば，企業規模が小さいほど女性と高齢者の雇用の割合が多く，雇用の受け皿となっている（pp.221-223）。

　『2020年版　小規模企業白書』では，①規模の小さい企業ほど女性や高齢者の働く場の受け皿となっていること，②新卒女性と比較して復職後の女性の方が，規模の小さな企業に就職している割合が高いこと，③59歳以下の従業者に比べて，定年退職後の就業先は，規模の小さな企業の割合が高いことが示されている（pp.Ⅱ-68-74）。

3-2．日本の中小企業研究における雇用・労働・労務の変遷

　これまでの中小企業研究において「中小企業の雇用・労働・労務」は重要な一分野として扱われてきた。『日本の中小企業研究』（同友館）では，1970年代から2000年代に至るまでのこの分野の研究を整理している。

　1970年代は二重構造，労働「問題」としての扱いではあるが，既に多様性や福祉などについての指摘もある。高度経済成長期に中小企業は深刻な労働力不足に陥り，若年労働者不足と主婦を含む中高年不熟練労働力への依存の必然性，労働移動の高まり，定着性低下が指摘される。その後，パートタイマーとしての高齢者や若年女子労働者の採用が増加し，依存度が高いまま維持された（三宅1985）。

　1980年代は，派遣労働などの中間労働市場の成立も見られ，高齢者・パートタイム労働者が増加した。雇用・労働については，問題という視点からの研究が多いことが見て取れる（巽 1992）。

　1990年代は雇用形態の多様化の進展，非正規雇用の浸透，労働力の高齢化，外国人労働問題，女子労働力の活用の必要性が浮上してきた。ここでは女性，高齢者が働きやすい職場は，若年労働力にとっても魅力的であると指摘し，ユニバーサルな労働環境の整備の視点が取り込まれた時期と言える（高田 2003）。

　2000年代は一段と雇用形態の多様化が進展し，ワーク・ライフ・バランス，労働時間，最低賃金制度問題等が議論の中心になった。労働市場の流動化が顕著にみられ，全般的に内部労働市場重視から外部労働市場重視へと変化した（高田2013）。

4．本研究の目的

　以上で先行文献レビューを行ってきた。中小企業においてもダイバーシティ・マネジメントの重要性が指摘されているが，その具体的な取組みは多く語られてこなかった。また，日本の中小企業は多様な人材を雇用してきているが，ダイバーシティ・マネジメントが実現されてきたといえるだろうか。

　そこで本研究では，7社の中小企業にヒアリングを行った。中小企業の場合，特に規模が小さくなるほど，新たな従業員を一人採用することは大きな変化となる。組織の多様性は，何がきっかけで，どのような対応が必要で，組織はどのよ

うに気づきを得て変化するのか。中小企業の現場で起きていることを把握し，ダイバーシティ・マネジメントへと転換していくためにはどうすればよいのか考察していく。

5．事例（ヒアリング）

今回の調査では中小企業が人材多様化していくプロセスに着目するため，初期段階からの状況を聞き取れる企業7社を選定した。内訳は製造業6社，サービス業1社で，従業員数や事業内容等は表1の通りである。

表1：ヒアリング実施企業の概要

	企　業	所在地	主な事業内容	創業年	従業員数 (うち女性)	非正規社員 (うち女性)	外国人・ シニア等
A	㈱金子製作所	さいたま市	精密加工	1956年	99名 (32)	0名 (0)	大企業退職者6名
B	協和精工㈱	さいたま市	成型、組立等	1976年	204名 (180)	164名 (163)	外国人38名、延長雇用6名
C	㈱ミヨシ	東京都葛飾区	プラスチック射出成型・金型製作	1974年	18名 (9)	6名 (6)	0名
D	東日本金属㈱	東京都墨田区	鋳物製造・加工	1918年	17名 (4)	2名 (2)	70代職人1名
E	㈱フジタ	富山県高岡市	アルミ削出加工・金型製作	1961年	15名 (4)	4名 (0)	外国人・雇用延長2名ずつ
F	オレンジトーキョー㈱	東京都墨田区	繊維製品の製造販売	2013年	6名 (5)	5 (5)	0名（退職した外国人に外注）
G	㈱キャリア・マム	東京都多摩市	サービス業（テレワーク支援等）	1995年	45名 (43)	27人 (26)	中途採用で契約社員4名

出所）ヒアリング調査を基に筆者作成
注）従業員数等は，ヒアリング当時のものである。

5－1．株式会社金子製作所（A社）
・ヒアリング日：2021年9月2日
・ヒアリング対応：副社長　秋山明子氏

1956年創業，金属・樹脂・セラミックの精密切削加工・組立を担ってきた。内視鏡分野では40年間，航空宇宙分野では30年間の豊富な実績を持つ。

　現副社長の秋山氏は，25年前に二児の母として，正社員採用（経理担当・未経験）された。財務ソフトの導入等，新しいチャレンジを次々と手掛けてきた。2003年にISO9001認証取得へのチャレンジを開始するにあたり，大手企業を定年退職したシニア人材を積極的に採用した。2010年からは海外展開を開始するにあたり，海外取引を実現させるために，外国人を積極的に採用し始めた。秋山氏は経理担当者から総務部長，そして2018年には副社長となった。

　25年前に秋山氏が入社した当時から，機械加工後の仕上げ（バリ取り）や部品の組立は女性が多かった。2020年に高卒で入社したある女性社員が仕上げ加工を担当していたが「自分には向かないから機械加工をやりたい」と申し出があり，やらせてみたらとても器用で人事評価もＡであった。そのことで，加工は機械が大きいので女性には無理だと思い込んでいたことに秋山氏も気づいたという。社員をパートタイムから全員フルタイムに変更するなど，男女がともに働きやすい職場づくりに向けて積極的に取り組むことで女性の従業員が確保しやすくなってきた。こうした同社の取り組みは注目を集めており，秋山氏は地元の経営者団体や自治体等，様々な場で講演を行っている。

5－2．協和精工株式会社（Ｂ社）

・ヒアリング日：2021年９月６日
・ヒアリング対応：谷口輝義社長，谷口悦子常務，二瓶満智子専務

　1976年の創業時はガスライターの組立，その後映像関連機器の検査業務，医療機器・化粧品製造へと事業ドメインを時代と共に変化させてきた。創業時に人材募集をしたところ男性が集まらず，近所の主婦（20代〜30代）が応募してきたため18名の女性でスタートした。社長自ら，ドライバーの持ち方から指導してきた。小型製品が多かったことや，検査業務では品質管理が伴うので，女性には向いていたと社長は感じている。女性が多く働いていると，子供の学校行事や送迎，親の介護などが出てくるため，短時間勤務や臨機応変な勤務体制を構築してきた。急な欠勤にも対応できるよう，多能工の仕組みやラインを柔軟に動かすことで対応している。現在は，成型は金型が大きいため男性が担当しているが，組立と検査はほぼすべて女性のパートタイマーが担当している。専務の二瓶氏も20代で入社して44年勤務しており，パート，正社員，チームリーダー，役員となった。外国籍の従業員も以前から多く（現在は38名），中国残留孤児（今はその孫世代），

フィリピン，パキスタン，インドネシア，韓国人等を雇用してきた。近所に県営団地があるため，そこから通う従業員も多い。

　障害者雇用については「そろそろ採用しよう」と思い2019年にハローワークを通じて１名の知的障害のある女性を採用した。ラインに入り組立工程を担っている。適任と思われる１名のパートをサポート役としてつけて対応している。受け入れるにあたり，事前に社員には，同じことを何度も聞いてくることがあるが対応してほしいこと，社内のルールはきちんと教えることなどを伝えた。同社は以前も５年間，発達障害のグレーゾーンの男性を雇用した経験がある。

　女性活躍に関する様々な賞を受賞しているが，自分たちは当たり前だと思ってやってきている。市や県から「当たり前ではないですよ」と言われ，応募してきた。根底にあるのは，女性だから，外国人だから，ということではなく「一人ひとりを伸ばしていく」ことである。また，地元とのつながりの歴史も深く，地域のイベント参加や商工会等の団体との関係も大事にしている。

５－３．株式会社ミヨシ（Ｃ社）

・ヒアリング日：2021年１月26日，４月９日
・ヒアリング対応：代表取締役 杉山耕治氏

　1974年創業，プラスチック射出成形金型製作，射出成形，治工具製作の一貫生産を手掛けている。現社長の杉山氏は2012年に父の後を継いで就任したが，入社当時は昔の職人気質で，褒めないでダメ出しばかりのため，人がすぐに辞めていった。そこで承継を機に，代替わりだからできることに着手した。まずは企業理念を「捨てられないものづくり。人の役に立つものづくり」とした。10年でゴミを33％削減，H28年度省エネ大賞（中小企業庁長官賞）も受賞した。デザイナーやベンチャー企業と連携した新製品開発，クラウドファンディング，オープンファクトリーなど，新たな取組みを行ってきた。

　人材不足に悩まされて続けていたが2014年に初めて職人として２名の女性を採用した。３年後には２人とも退職したが，女性を採用して学べたことも多かった。男性社員のみでの暗黙の了解が通じないこと，制度を含め働く環境を整える必要があることなどである。その後，介護育児休業規定を整えたが，それよりもまずは社員の意識を変えてもらうための教育の方がルールよりも圧倒的に大事だと社長は考えている。就業規則を作り直す段階で，印刷して全員に配布し，会議の前

に必ず読むように伝え，会議でも何回も話しあっている。今後，もし子育て中の女性が入社したら，時短勤務や急な欠勤などもあり得るが理解してほしいと，合意を得るための話し合いを続けており，浸透してきたと社長は感じている。

5－4．東日本金属株式会社（D社）
・ヒアリング日：2021年4月12日
・ヒアリング対応：常務取締役　小林亮太氏

　1918年創業の鋳物メーカーで，鋳造から組立までの一貫した製品づくりと，.鋳造以外のプレス・板金加工・メッキ加工・旋盤加工といった様々なものづくり，小ロット多品種のニーズに対応する技術開発が強みである。歴史的建造物の金物の復元といった難しい要望にも応えている。

　鋳物部門には20代から70代の4人の職人（全員男性），加工部門には7名の職人がいる。小林常務の父親が社長，小林常務は鋳物部門，弟の専務は第二工場を取りまとめている。これまでWebサイト「すみだの仕事」(注2)を通じて3名の若者を採用することができた。その中には，父親の友人の息子で当時引きこもり傾向の者もいた。小林氏は，せっかく一歩踏み出すのだから，ここで失敗すると彼自身の人生に大きな影響を与えてしまうので，責任感を持って受け入れようと考えた。事前にこのような若手を採用するので，言葉遣いに気を付けてほしい，出勤にムラがあるかもしれないが，ゆっくり対応しようなど，社内で意識の共有を進め準備をした。その軸にあるのは，以前からの「うちで働いてくれる人を大切にする」とう価値観である。現在では，鋳物の「流す」担当を任せられるように常務が教えており，居場所づくりをサポートし，戦力へと育てている。

　また，もう1名は「男性募集」と書いていたが応募してきたのは女性であった。面接では，女性を受け入れる体制が無いこと（更衣室，女子トイレ，シャワー等のハード面も含め）など，マイナス面をすべてさらけ出したが，ぜひ働きたいとの熱意があり，採用に至った。本人はとても真面目で頑張り屋のため，徐々に職場にもなじみ，重要な戦力として働いている。地域のオープンファクトリーイベントにも積極的に参加し，地域に開かれた企業としてのPRにも一役買っている。採用が決まった際には，社長と常務が倉庫だった場所を掃除して更衣室にするなど準備を整えた。仕事面では，会社が費用を負担して図面の見方などを学ばせている。その社員が昨年，結婚・出産をしたので，現場の職人としては初めての産

休・育休からの復帰をしたところである。

5－5. 株式会社フジタ（E社）

・ヒアリング日：2021年5月6日（zoom）
・ヒアリング対応：代表取締役　梶川貴子氏

　1961年創業の総合金型メーカーである。梶川氏は2010年に社長に就任した。社長だった父が27年前に亡くなり，その後は母，夫，自分が継いできた。会社には20代から入社して，PCを使う仕事をほぼすべて担当してきた。承継を機に，これまで不満に思っていたことを改革しようと決意し，小集団活動，勤務の諸ルールの作成，工場見学の受入，アートミュージアム開設等を行った。

　貴子氏が社長になってから女性社員を採用し始めた。①図面を描ける経験者，②事務所の経理（忙しいと"磨き"もやってもらう），③中国に10年滞在歴のある女性（Web 制作，サーバー管理，ブログ執筆等），④新卒（移住して3年目：移住ツアーでの工場見学が気に入り，入社）の4名である。男性社員も新卒1名，中途4名採用，ベトナム人研修生2名（マシニング，旋盤など現場で活躍）を採用した。雇用延長も2名いる。最近では，仕事の後，ベトナム語講座を毎日開いて，日本人社員が学んでいる。

　同社の新しい取り組みの背景には，梶川社長が2015年に東京のイノベーションスクールで刺激を得たことにある。リーマンショック後に業績は何とか持ち直したが，同じことをしていてはいけないと焦りがあり，常に新しいことにチャレンジするようにしている。

　同社は商工会議所等の支援機関の後押しもあり『知的資産経営報告書』を2017年から作成している。「個々の能力を生かす人材育成」に力を入れ，「OJT」では多能工化と技能伝承，「OffJT」では中小企業大学校のコース受講，「自己啓発」では異業種の他社見学，年4回の「カイゼンの日」には相互啓発を行っている（株式会社フジタ，2022）。経営理念「社員の幸福と会社の発展につながる経営理念実践力」のために，上記の人材育成のマネジメント体制を作り上げ，それが同社の強みである「開発・加工・完成までできる一貫生産」を実現させ，売上につなげてきた（同上）。

5－6．オレンジトーキョー株式会社（F社）

・ヒアリング日：2021年6月6日，6月14日
・ヒアリング対応：代表取締役　小高集氏

　2013年設立，布ぞうりを中心とした繊維製品の製造販売を行っている。社長の小高氏は，大学卒業後，家業の小高莫大小工業株式会社に入社した。家業は男性のみの職人社会だった。小高氏は2002年に後継し社長になったが，その2年前から売上が下がっていた。何かしようと思っても男性の職人たちだけではアイデアが出ず，弟の妻（デザイナー）とオリジナルの布ぞうりを企画し，2012年にオリジナル布ぞうりブランドMERI発表した。MERIに力をいれてた中，父と対立し会社を追われることになった。2013年に全員女性スタッフで独立した。女性の方が社長に媚びたりせず，分からないことはとことん説明を求めるが，理解すれば，120%の仕事をしてくれると小高氏は感じている。徐々に，社長一人で抱え込んでいたものから解放され，営業などに時間を取れるようになった。

　また，唯一の大卒正社員の妊娠・出産があり，産休中に人材を補充するのかどうかを決めるため，全員で仕事の棚卸をした結果，ITツールを使い，皆で協力すれば何とかなると結論づけた。結果として，アウトソースできるものは外注し，仕事の見直しにつながった。正社員も復職し，母になり以前に増して信頼できる社員として働いている。初めての産休取得にあたり，地元の後継者塾の経営者仲間に相談し，対応することができた。

5－7．株式会社キャリア・マム（G社）

・ヒアリング日：2021年6月6日，6月14日
・ヒアリング対応：代表取締役　堤香苗氏，取締役　菅野健司氏

　1995年に育児サークルPAOからスタートし，1996年に任意団体キャリア・マム設立，1997年に有限会社化，2000年に株式会社化した，全国に10万人の会員を抱える女性のテレワーク支援企業である。

　女性のみだった同社に菅野氏（男性）が入社して9年目である。まずは兼業で同社に関わることになり，その後取締役になった。菅野氏が入社して感じたのは，同社の事業の社会的価値が高く，この分野で20年続いていることは素晴らしいが，会社自体が育児サークルからスタートしているため組織して緩い点である。そこをしっかり組織化し，ビジネスマインドを根付かせていった。たとえば，売

上を上げることがなぜ必要なのか，利益になぜ固執するのか，当初は他の社員になかなか理解されずにいたが，各社員の給与や福利厚生の説明をする中で実感をもたせてきた。菅野氏が入社してから官公庁の業務委託事業を開拓したこともあり，売上高は2億円から5億円に増えた。このケースでは，菅野氏が入社したことで，企業としての組織改革，意識改革，市場拡大を行って変化をもたらした。

これまで同社は他では働けない女性も多く雇用してきたが，家庭責任もあり，大きな責任を伴う立場には躊躇するという意味では均一な人材であった，と堤社長は述べている。今後はより多様な人材を増やすべく，まず4名の30代～40代の女性を中途採用した。これまでと違いゼロから1を創れるタイプの人材だが，不足しているビジネススキルの教育にも取り組んでいるところである。

5－8．事例からの発見事実

以上の事例から，次の3点が発見事実として確認された。中小企業のダイバーシティ・マネジメントにおいて，

①多様な人材が組織に入り，その人材が会社を変えていくという相互作用が起き，それが次のダイバーシティを呼ぶ。

②仕事ありきではなく，人ありきで仕事をつけるために工夫をする

③外部組織やネットワークとの交流が，ダイバーシティへの取組みも含めた課題解決に役立つ

①ダイバーシティ・マネジメントは初めは困難が待ち受けているかもしれないが，1つ突き詰めたら，次のステップへとつながる。例えばB社は女性パートを多く雇用し，彼女たちが働きやすい組織を作り上げていく中で，外国人や障害者の受け入れへとダイバーシティが広がっていった。

②産休から復帰する社員の例などに見られた。縁あって入社してくれたからには長く働いてほしいというのはどの企業も共通であった。本人の能力やワーク・ライフ・バランスなどの様々な理由から，職務内容や勤務形態を変更して活躍してもらうケースがある（人に仕事をつける）。このように，従業員を大切な存在として認め，単なる時短勤務を超えて，その人の能力とやる気を活かす場を創り出していく事実が見られた。

③初めての女性社員の産休・育休に際して，経営者仲間や先輩に相談することや，これまでの人材多様化の経験を活かして，地域の中小企業や中小企業支援機関

表2：7社のヒアリング内容の概要

企業	雇用多様化のきっかけ	仕掛け人	【発見事実①】ダイバーシティの連鎖	【発見事実②】人に仕事をつける、働きやすい工夫	【発見事実③】外部組織ネットワークとの交流	事業・業績に関する変化	気づき・組織変化
A（株）金子製作所	ISO取得・海外市場進出	現場社長（女性）	大企業出身の専門職を雇用。英語のできる元留学生を雇用し成果、機械加工や女性の先輩が続く。顧客ができ、その後女性採用が続く。受賞多数	行動計画、人事考課を常に見直し、経営理念の明確化。ITツール導入	商工会、地元の経営者団体等	航空・宇宙・医療分野に進出。国内外の女性ネットワークの構築	経験無しの30代の正社員雇用から、シニア・外国人雇用、機械加工部門での女性活躍など、ダイバーシティの連鎖
B 協和精工（株）	創業時、集まったのが近隣の主婦だったため	創業者、役員	近所の主婦のパート人材→外国人も多く働く→障害者雇用へ　受賞多数	技術面のわかりやすい指導。家庭の事情や実力に合わせて柔軟な働き方の仕組みづくり	商工会、地元の経営者団体等	ガスライターから時代と共に事業内容を進化（変化）。クリーンルームを備えた医療・化粧品分野へ進出。インドへの輸出も	多様な人材の多様な働き方が、当たり前の文化として定着。従業員の定着率が高い、受賞やメディアに掲載されることで社の所属意識向上
C（株）ミヨシ	事業承継、人手不足	現経営者	女性正社員の採用→退職→次の女性採用に向けて、社内現場や社員の意識改革に取り組む	就業規則の整備、次に女性を採用する際の根回しを怠らない気もしく	先輩経営者	外部のデザイナーやベンチャー企業との共同開発。BtoCの商品開発に着手	女性が入ったことで、社員の不満が見えてきた。意識改革をするための社員教育の大切さに気付く
D 東日本金属（株）	「男性募集」に女性が応募。求人を出して引きこもりの若者が応募	常務（次期社長）	職人としては初めて女性の正社員を採用→引きこもり経験者の若者を採用	リーダーが日々のコミュニケーションを密にする。産休・育休取得前後でDX化も加速させ、常に挑戦	後継者塾	第2工場「鋳☆Factory」のオープンと外部企業との連携の深化	既存社員が新人に教えることで社員教育を契機に。女性社員リーダーが若手やコミュニティとの出会いに／チームづくりになったよう
E（株）フジタ	事業承継	現経営者（女性）	女性正社員を採用。ベトナム人研修生を受け入れ、アートミュージアム開設	承継後に現場改善コンサル活用（小集団活動等）。展示会参加や新しい取り組み、コロナ禍でDX化も加速、ベトナム語教室など仲間意識も醸成	イノベーションスクール	個々の能力を活かす人材育成に取り組み、売上高、経常利益率、自己資本比率、一人当たり付加価値額も向上	多能工の仕組みを全社内改革。DX推進の優秀事例で受賞、セミナー参加、工場見学など、常に多様な人材に新たなことにチャレンジ
G オレンジ・トーキョー（株）	家業の第二創業（その後独立）	現経営者	社長以外は全員女性。地元の主婦等を採用。めての新卒正社員の出産→育休取得	女性のみの職場は全員女性（社長も平等）。シフト制による仕事分担	後継者塾	MERIブランドのぞうり、靴下等、レッグウォーマーの他、商品展開の充実。百貨店出店の増加	全員女性ながらも産休・育休を契機に仕事の棚卸しをして、社長も含め全員が働きやすい仕組みに
H（株）キャリア・マム	男性社員の中途入社（当初は兼業）	男性社員（当初兼業）	女性のみの職場に男性入社。既存社員のビジネスマインドの取組みをスキル化する30代～40代の中途採用	事情を抱えた社員の働きやすさは企業運営の根幹にある。さらにビジネス力を高めるためのマインド・スキルの向上をめざす教育へ	経営者仲間、地元とのつながり	官公庁との仕事の増加。売上が5億円から5億円へ	育児サークルの延長線上の組織からの脱却。本社での多様な働き方の実現、本社でのビジネススキル向上の取り組みへ

出所）ヒアリング調査を基に筆者作成

等でそれを伝えていくという例も見られた。中小企業は商工団体，経営者の集まり，後継者塾などの他の組織やネットワークと交流することで，自社の資源制約を克服し，相互扶助の機会や越境学習^(注3)の効果を得る可能性がある。

以上をまとめたものが表②である。人材の多様化のきっかけと仕掛け人，発見事実①〜③，人材の多様化が事業や業績にもたらした変化，そして非財務的パフォーマンスともいえる，気づきや組織変化について整理したものである。

6．まとめと今後の課題

本研究では，7社の事例調査の結果，上記の3つを発見事実として確認することができた。大企業が法定雇用率の達成やステークホルダーからの評価，ランキングにより評価されることを意識してダイバーシティ・マネジメントに取り組む側面がある一方で，事例で見た中小企業は，雇用の多様化に取り組んだ以上は責任をもって対応し，それが組織にも変化をもたらすことが見てとれた。

様々な経緯で多様な人材を雇用してきた中小企業であるが，中山（2020）が指摘するように「後ろ向きの人手不足対策ではなく，企業価値を創造する組織を作るための人材対策」としてのダイバーシティ・マネジメントへと，経営陣が意識を持ち，取り組んでいくことが重要である。E社の例にもあったように，経営理念をベースに，自社の強みを生かし顧客のニーズに応えて業績に結び付けていくためには，多様な人材の能力を活かすマネジメントが重要となる。日々一緒にいると忘れがちであるが，人材は価値創造を生み出す重要な知的資産であり，その多様性をプラスに変え，個々人が安心して能力を発揮できる職場づくりを進めること，それこそがダイバーシティ・マネジメントであり，中小企業にとっても重要かつ実践可能であるといえよう。

行政のサポートとしては，ダイバーシティ・マネジメントをリーダーに啓蒙していくことや，外部のネットワークを利用し他社の経験を学ぶ機会を設けたり，相談できる場を身近に増やしていくこと，またダイバーシティ・マネジメント関連の賞を授与することなどが挙げられる。「当たり前のことをしてきただけ」と思っている企業も，受賞により社外からの評価を得るだけでなく，社内においても従業員のモチベーションの向上，自社の良さの再確認につながる。いわば，取組みの「見える化」と「見せる化」である。またE社の『知的資産経営報告書』

のように，行政や支援機関が中小企業が自社の強みを客観的に分析する機会を作ってサポートすることも，長期的に効果が出てくると考えられる。

　三井（2021）がいみじくも指摘しているように，中小企業は持続可能な発展を支える存在として，多様な主体の共存共栄と「支え合い」を担う存在として，参加と創造性，協同と共働，分かち合い，人格的成長と連帯の機会を長期的に保障するものとして存在意義がある。ダイバーシティ・マネジメントへの取り組みは，その一助となるといえるであろう。

　最後に本稿の限界についてあげておきたい。第一に，7社の事例から学べる点について述べたにすぎないこと。第二に，ダイバーシティの問題には，根深いジェンダーの課題が存在している。本稿ではその観点からの分析はできていない。以て，今後の課題としたい。

付記

　本研究にあたり，多くの企業の皆様にご協力を頂いた。また査読者より有益なコメントを頂戴した。この場をお借りし感謝の意を表したい。

〈注〉
1　経済産業省「ダイバーシティ経営の推進」https://www.meti.go.jp/policy/economy/jinzai/diversity/index.html（閲覧日：2021年9月17日）
2　東京都墨田区地域の仕事を紹介するサイト。地域の仕事にスポットをあて，丁寧に仕事の本質を届けている。https://sumidanoshigoto.com/（閲覧日：2021年9月29日）
3　越境学習とは，自分が日常的に所属する組織の境界を往還しつつ，自分の仕事・業務に関する内容について学習・内省することである（中原, 2012, p.186）

〈参考文献〉
1　有村貞則（2008）「日本のダイバーシティ・マネジメント論」『異文化経営研究』5月号，pp.55-70
2　有村貞則（2014）「日本のダイバーシティ・ダイバーシティ・マネジメントと障害者雇用は整合的か否か」『日本労働研究雑誌』第56号．pp.51-63
3　中小企業庁編（2009）『2009年版中小企業白書』，経済産業調査会
4　中小企業庁編（2015）『2015年版中小企業白書』日経印刷
5　中小企業庁編（2020）『小規模企業白書』日経印刷
6　株式会社フジタ（2022年1月）『知的資産経営報告書2022』pp.15-17
　　https://fujita-k.app.box.com/s/1mbtimrmjkwlucgzratesufph63h4lmv

（2022年2月17日閲覧）

7　河口真理子（2013）「ダイバーシティ経営：いまだ「女性」が課題の日本企業～変えるには何が必要か～」『大和総研調査季報』新春号 vol.9,pp.80-103

8　小坂拓也（2021）「【調査報告】中小企業における外国人雇用の実態と課題：静岡県外国人労働者実態調査の分析から」『中小企業支援研究』3月号，pp.27-33

9　三井逸友（2021）「世界の中の日本中小企業の過去・現在・未来」中同協ポストコロナ研究会報告資料（4月23日）

10　三菱UFJリサーチ＆コンサルティング（2020）「令和元年度　厚生労働省委託事業　職場におけるダイバーシティ推進事業報告書」三菱UFJリサーチ＆コンサルティング株式会社

11　三宅順一郎（1985）「中小企業と雇用・労働・労務」中小企業事業団・中小企業大学校編『日本の中小企業研究　第1巻〈成果と課題〉』有斐閣，pp.203-223

12　中原淳（2012）『経営学習論—人材育成を科学する』東京大学出版会

13　中山健（2020）「【評論】中小企業の人手不足とダイバーシティ・マネジメント」『中小企業支援研究』千葉商科大学経済研究所，Vol.7.pp.2-7

14　額田春華（2017）「中堅・中小ものづくり企業におけるジェンダー・ダイバシティ推進のマネジメント：富山県での挑戦から何を学べるか」『商工金融』5月号，商工総合研究所，pp.22-39

15　尾崎俊哉（2017）『ダイバーシティ・マネジメント入門　経営戦略としての多様性』ナカニシヤ出版

16　佐藤博樹・武石恵美子 編（2008）『人を活かす企業が伸びる：人事戦略としてのワーク・ライフ・バランス』勁草書房

17　佐藤博樹・武石恵美子（2010）『職場のワーク・ライフ・バランス』日本経済新聞社

18　佐藤博樹・武石恵美子（2017）『ダイバーシティ経営と人材活用—多様な働き方を支援する企業の取り組み』東京大学出版会

19　高田亮爾（2003）「中小企業と雇用・労働・労務」㈶中小企業総合研究機構編『日本の中小企業研究　第1巻　成果と課題』同友館，pp.205-226

20　高田亮爾（2013）「中小企業と雇用・労働・労務」㈶中小企業総合研究機構『日本の中小企業研究　第1巻　成果と課題（2000-2009）』pp.163-182

21　巽信晴（1992）「中小企業と雇用・労働・労務」中小企業事業団・中小企業研究所編『日本の中小企業研究　第1巻〈成果と課題〉』同友館，pp.147-167

22　脇有希子（2012）「ダイバーシティ・マネジメントと企業の戦略性—中小企業を事例として—」『青森公立大学経営学研究』第17巻第2号，pp.25-3

（査読受理）

CSRから見たダイバーシティ・マネジメントと
新たな中小企業本質論
―地域・社会と共生する中小企業の視点から―

大阪商業大学　池田　潔

1．はじめに

　近年，CSR（Corporate Social Responsibility：企業の社会的責任）活動が，大企業のみならず中小企業でも広がりを見せており，CSR報告書を作成する企業も増えている。一方，M.ポーターはCSV（Creating Shared Value：共有価値の創造）を提唱しているが，CSVはCSRが進化したもの，あるいは，CSRに代わって取組むべきものと捉えてよいのだろうか。

　本稿では，中小企業のCSR活動から「共生概念」を抽出し，それを基に，ダイバーシティ・マネジメントと中小企業の本質について考察する。

2．CSRの定義

　2015年版『中小企業白書』では，時代ごとに特徴的な社会貢献活動をまとめている。すなわち，1980〜90年代のメセナ/フィランソロピーに始まり，2000年代前半のCSRや戦略的フィランソロピー，2000年代後半の戦略的CSR，さらに，2010年以降のCSV，CSRVと中心が移っているとする。しかし，戦略的フィランソロピーや戦略的CSRと分類される企業の中にも，売上増と直結することのみを第一の目的として活動するのではなく，社会貢献活動を優先的に考えて活動している企業もある。したがって，ポーターの言うように，単純にCSRからCSVという流れにはならない。なお，筆者自身はCSVそのものを否定しているわけではない。CSVはCSRとは別次元の異質な活動として捉えているが，CSVによって地域・

社会も受益を得るなど，win-winの関係となるからである。

　かつて企業は，収益を上げて税金を納め，従業員を雇用していれば，十分に社会的責任を果たしているとする考え方があった。現在では，社会の公器として法令遵守はもちろんだが，人権に配慮した適正な雇用や労働条件の確保，消費者への適切な対応，環境問題への配慮，地域社会への貢献など，企業市民としての役割が求められている。近年，CSRが大きく取り上げられるようになったのは，2001年のエンロン事件を皮切りに，世界各国で企業が様々な不祥事を引き起こしたことがある。

　CSRの定義は，変化する時代環境の下で，研究者がどのように内容を切り取り表現するかにより異なる。水尾・田中（2004）は，「企業組織と社会の健全な成長を保護し，促進することを目的として，不祥事の発生を未然に防ぐとともに，社会に積極的に貢献していくために企業の内外に働きかける制度的義務と責任」と定義した。谷本（2006）は，「企業活動のプロセスに社会的公正性や倫理性，環境や人権への配慮を組み込み，ステークホルダーに対してアカウンタビリティを果たしていくこと」とした。2000年初頭の両者の定義は，企業の不祥事により，法令遵守や倫理的な側面が意識され，企業性悪説に立ったものとなっている。ところが，谷本（2020）になると，「企業の社会的・環境的な影響に対する配慮をビジネス・プロセス全体に取組んでいくこと」とあるように，CSV的な要素も含めたような定義となっている。

　筆者は，企業一般ではなく中小企業を対象としたCSRの定義として，企業が不祥事を起こす存在であるとは想定せず，性善説の立場に立つ。すなわち，この後見る事例からも，CSVではなく純粋にCSRを志向する企業が存在することから，CSRとCSVは別のものとして捉え，中小企業のCSRを「地域・社会で企業活動する中小企業が，地域・社会と共生するために行う自発的な社会貢献活動」[注1]とする。

3．地域・社会で活動する中小企業[注2]

（1）レッキス工業株式会社[注3]
①同社の概要と障がい者雇用
レッキス工業株式会社（東大阪市（登記簿上の本社は大阪市だが，東大阪の

本社工場に社長が在籍しており，そこが実質的な本社機能を有している））の創業は1925年で，現社長の宮川一彦氏は6代目に当たる。同社は，パイプマシン（切削ねじ加工機）をはじめとする各種切断機，機械工具等の企画，設計，製造，販売を行っており，2020年10月時点での国内従業員は186人，中国，アメリカの海外工場を含めると300人規模の企業となっている。

　同社の創業社長の宮本作次郎氏が，社是となる「三利の向上」を定めた。三利とは「お客様」「社員」「社会」の三者の利を言い，この三者がいかなる場合にもともに利があるように，全社一丸となって努力する。各人が互譲，信頼の精神をもってお互いの人格を尊重しあいここに社員の和を完成し，ついで共治・共栄・共福を達成して三利の向上を果たすとしている。

　同社は障がい者雇用を積極的に進めているが，東大阪市「工場を記録する会」によると[注4]，「1935年に工場を創業の地（大阪市西区）から現在地の東大阪市菱屋東に移したが，この頃から日本は軍国化の道を歩み，1937年には日中戦争が始まった。工場では一般工具の大部分が徴兵されて人手不足となり，作業の継続が難しい状態となった。そんな時，創業者が大阪市立聾唖学校（現・大阪市立聴覚特別支援学校）を訪れる機会があり，そこで耳は聞こえなくても黙々と仕事に打ち込む人たちの姿にすっかり心を打たれた。そして，この人たちに技術を教えて旋盤工に育ててみよう，と決意する。これは当時，日本ではまだあまり前例のない身体障がい者雇用の先駆的な取組となった。

　創業者は身体障がい者を一般社員と同じように接するとともに，職場の指導者には全員にテマネ（手話）を学ばせて意思疎通に不自由がないようにした。また作業面でも，働きやすい職場づくりを常に心がけた。その後，職場では中堅幹部として後輩の指導にあたる人も出てきたし，定年まで勤めるような永年勤続者も相当の人数に達した。さらに，70年ごろから知的障がい者も入社するようになる。72年には東京で行われた身体障害者職業技能大会で同社から参加した2人が旋盤の部と溶接の部で，それぞれ日本一に選ばれている。一つの仕事を一心にやる，その集中力は並外れたものがある。事業のうえで大きく貢献している者が多い」とある。

　日本では障がい者が就労するための受け皿として「特例子会社」を作るところもあるが，同社では障がい者も健常者と同じ作業を行っており，賃金も同一労働同一賃金が支払われている。なお，同社は就労継続支援A型事業所として，国か

ら補助金を受けているが，全額，福祉活動をする団体等に寄付している。

　同社に残っている資料によれば，1964（昭和39）年には障がい者を90人採用していたとあるほか，1997（昭和52）年には障がい者が51人在籍し，従業員に占める割合は44%，1989（平成元）年では47人が在職し，構成比は24%となっている。2020年10月現在は，従業員186人の内，障がい者は14人（7.5%）で，その内訳は聴覚障がい者11人，知的障がい者3人，職種別では製造部門12人（聴覚9人，知的3人），事務部門2人（聴覚1人，身体1人）となっている。なお，障がい者割合は今後，10%を確保したいというのが現社長の方針である[注5]。

②同社のCSR活動と従業員や顧客，地域住民の変化

　こうした障がい者雇用が一つのきっかけとなり，CSR活動に積極的に取組むようになったが，その内容は毎年発行される「CSRレポート」で報告されている。障がい者雇用以外では，近隣の支援学校生の工場見学や職場実習の受入[注6]，支援学校生が作った夏野菜を同社従業員や近隣の住民への即売会の実施，また，工場前の花壇に季節を彩る花を植えてもらったりしている。このほか，児童施設への支援として，「みらいこども財団」に毎月寄付をしているほか，年末にはお餅を送っている。さらに，工場近くの児童施設の子供たちを，毎年5月の東大阪市民ふれあい祭りの模擬店や，7月開催の工場でのバーベキューパーティーに招待しているほか，回収したペットボトルキャップを「エコキャップ推進協会」に送り続けている。本業面では，同社はパイプをつなぐ機器を製作しているが，阪神淡路大震災以降，特に主要顧客であるガスや水などのライフラインを守ることが大切であることを再認識し，社会貢献や環境に配慮した商品開発に取組んでいる。

　ミドルマネジャーN氏によると，入社時は障がい者が職場にいることがすでに当たり前となっており，最初の仕事は彼らから教わったという。入社時には手話の研修があり[注7]，日常の簡単なコミュニケーションができるようになる。また，新入の障がい者に対しては，生活相談や研修の仕組みが備わっているほか，災害等の緊急事態を告げるサイレンが聞こえないため，赤色ランプが灯るような配慮も施されている。N氏が入社した時には，社是である三利の向上が従業員の中にも深く浸透していた。具体的には，障がい者に対してどうすれば一緒に楽しく定年まで働けるかという仲間意識が芽生え，それを実行するために，一種の使命感にも似た気持ちが生まれるという。そうした気持ちは，社内だけでなく社外にも

向けられ，結果，三利の向上の「社会」の利につながる行動が自然に起こるようになっている[注8]。

　CSR活動に取組んだことで，環境を意識した商品作りが行われており，同社の社会貢献を評価する顧客も増加している。社内でも同社の活動を誇りに思って仕事をする従業員が増えており，従業員満足度も高い。ここ数年の離職率を見ると，2013年1.6％，2014年1.6％，2015年2.2％，2016年4.9％，2017年1.1％と，全国値よりもかなり低くなっている[注9]。また，同社のCSR活動は地元でも評価されているが，そのことで次に見るような恩恵を受けることがある。すなわち，同社は，駅から少し離れた住宅街に立地し，わかりにくい場所にあるが，地域住民が道案内をしてくれるのである。このほか，同社のCSR活動に身近に触れている住民のなかには，同社を「良い会社」と評価し，従業員を紹介してくれるという。

（2）事例からの共生概念の抽出

　レッキス工業の活動の特徴として，見返りを求めない地域・社会に対する真摯な貢献活動を行っていることがある。では，なぜ，企業なのにそうした見返りを求めないCSR活動をするのだろうか。同社は，創業者が日中戦争の人出不足の折に，障がい者が作業に従事することで助けられ，地域・社会に対して強く恩義を感じていたことがある。

　「欲求5段階説」で知られるマズローは，最上位である「自己実現欲求」のさらに上に，6番目として「コミュニティ発展欲求」（あるいは「自己超越欲求」）を想定していた[注10]。それまでの「生理的欲求」から「自己実現欲求」までが自利であるのに対し，コミュニティ発展欲求は利他である。同社の場合，このコミュニティ発展欲求を経営者が強く持ったと言えるが，これこそが地域・社会との共生を図る上での原点になっている。今回の事例に即して考えると，共生性の視点は利他だが，その原点は「ちょっとした行為による喜びを得ること」である。ヒトをはじめとする地域・社会のステークホルダーに対して，この喜びを感じることこそが，CSR活動の原点なのである。企業や中小企業ネットワークなど，組織単位でCSR活動が行われることで，広がりや厚みを持つようになる。

　ところで，このちょっとした行為による喜びを得ることは，別言すると「善意」である。すなわち，純粋なCSR活動を実施している経営者は，義務感からではなく，善意で行っていることが重要である。

多くの中小企業経営者は，自分たちが地域・社会によって生かされていること
を強く感じており，中小企業は地域・社会と共生して存在していることを体感し
ている。また，中小企業経営者の立場からすると，従業員や家族，取引先など，
当該企業のステークホルダーも，中小企業が立地する地域と深い関係を有してい
る。こうしたことが，中小企業経営者に見返りを求めない純粋なCSR活動をさせ
ているのである。以上より，地域・社会で活動する中小企業は，「地域・社会と
共生」する存在であることが導出された。

（3）共生概念とは

広辞苑（第6版）によると，共生とは「ともに所を同じくして生活すること。
異種の生物が行動的・生理的な結びつきをもち，一所に生活している状態。共利
共生（相互に利益がある）と片利共生（一方しか利益をうけない）とに分けられ
る」[注11] とある。

ここで考察する中小企業と地域・社会との関係は，少し奇妙な表現となるが，
中小企業側から見ると，短期的には片利共生に近く，長期的には共利共生が期待
されるものと考える。これは，事例のなかで工場までの道案内の様子を見たよう
に，中小企業は地域・社会に貢献する（利益を与える）[注12] CSR活動をしても，
その対価として地域・社会から中小企業が即時的に利益を得ることはまれで，遅
れて何らかの利益を享受することがある。したがって，長期時間軸の中で必然で
はないが，共利共生が実現されると考えれば，中小企業と地域・社会とは「持ち
つ持たれつ」の関係が形成されていることになる。

日本の中小企業も，資本主義社会の中で活動する営利企業として，売上や利益
を上げるための活動をしているが，その活動は広く一般に「世間」と称される広
義の地域・社会や，狭義の地域・社会として，顔の見える様々なステークホルダー
との関係の中で成り立っている。もちろん，すべての中小企業が地域・社会と共
生しているわけではなく，自社の利益だけ，あるいは従業員のことはそっちのけ
で，経営者の利益だけを追求する企業も存在する。しかし，それらの企業は社会
や従業員からは支持されず，いずれ淘汰される。淘汰されずに残っている中小企
業にこそ，中小企業の本質を考えるヒントが詰まっていると考えるが，地域・社
会との共生する姿こそが，中小企業の本質である。ここで，共生性を有する中小
企業のポジショニングを見たものが図1である。

　図では，縦軸に共生性の高低を，横軸に経済性の高低を示している。共生性は人や社会の幸福度を高めたいとする利他のレベルを，経済性は自社の売上や利益を高めたいとする自利のレベルを示しており，両者は完全に直交している。この図において，共生性を有する企業は第Ⅰ象限に，営利企業は第Ⅳ象限に，また，本稿では取り扱っていないが，福祉系の事業所は第Ⅱ象限に位置する。共生性を有する企業は，純粋なCSR活動をする企業のように，共生性を有しながら，結果として経済性も有する企業である。

図1　共生性を有する企業のポジショニング

・共生性軸：人・社会の幸福度（利他視点）
・経済性軸：企業の売上・利益（自利視点）
・共生性を有する企業（純粋なCSR企業）は第Ⅰ象限
・営利企業は第Ⅳ象限
・福祉系の事業所は第Ⅱ象限

資料：筆者作成

4．中小企業のダイバーシティ・マネジメントを共生性の視点から考える

（1）ダイバーシティ・マネジメントの定義と特徴

　経済産業省（2020）によるダイバーシティ・マネジメントの定義は，「多様な属性を活かし，個々の人材の能力を最大限に引き出すことにより，付加価値を生み出し続ける企業を目指し，全社的かつ継続的に進めていく経営上の取組」である。また，脇（2012）による捉え方は，「個々人の多様なバックグラウンドを受容し，組織内に参画させることを前提とする。その上で，多様性が企業にとって，財務的・非財務的効果をもたらすように，個々人の能力を最大限活用できる組織変革を自発的にかつ長期的に行うことである。したがって，ダイバーシティ・マネジメントは多様な人材を雇用するだけでなく，企業に財務的・非財務的な効果がもたらされるように，企業戦略・組織変革を行わなければならない」である。

　尾崎（2017）は，ダイバーシティ・マネジメントの実施により，「①同じ能力を持った人材を区別（差別）なく活用することで，同一労働，同一賃金が実現さ

れ，単位当たりのコスト（賃金）が抑えられ，労働生産性が向上する。②多様な能力を持った人材を，その能力の違いを認め，適材適所で使いこなすことで，企業成長（静的）がもたらされる。③多様な能力を持った人材を采配し，イノベーションを起こして，企業成長（動的）がもたらされる」[注13] とする。

　ダイバーシティ・マネジメントの定義はこのほかにも多数存在するが，それらの共通の特徴として，ダイバーシティ・マネジメントに取組むことで企業組織が活性化し，多様な人材のアイデア等によるイノベーションの創出，結果，業績向上につながる，というものである。

（2）共生性から見た中小企業のダイバーシティ・マネジメント

　共生性の視点から見ると，地域・社会が多様な存在を受入れる時代になっていることから，企業においても，多様な人材を雇用することは，ある意味当然の流れと言える。現在，日本でダイバーシティ・マネジメントを考察するときは，女性，外国人労働者を取り上げることが多いが，本稿では事例で取り上げたレッキス工業を基に，障がい者雇用について考察する。

　現在，国は企業（このほか国，地方公共団体，地方の教育委員会）に障がい者雇用の法定雇用率を定め，障がい者雇用を義務化している。企業の中には（主に大企業）特例子会社を設置し，グループ企業全体でこの法定雇用率を満たしている場合や，就労継続支援Ａ型事業所として障がい者を雇用する場合がある。就労継続支援Ａ型の場合，障がい者と企業とは雇用契約を結び，最低賃金以上の給料が保証されるものの，健常者と比べると労働時間が短く，賃金も低い場合が多い。

　レッキス工業を例にとると，製造ラインで従事する聾唖者は，非常の際の警報が聞こえないことから，赤色灯を取り付けている。また，新入社員の入社時には手話の訓練，障がい者の保護者には年数回，懇談会（勤務状況などの説明会）を開催するなど，健常者だけの会社には見られない費用をかけている。こうした障がい者雇用を何十年とやっていることもあり，従業員の中に障がい者を思いやる心や，障がい者がいてもこれまでと変わらないか，それ以上の売上をあげようとする意識，障がい者を見守る企業文化の醸成，さらには，それを前提とした経営計画が策定され，売上・利益も順調に推移している。

　このことを示したのが図２である。障がい者を雇用することで，設備投資や教育などの面で費用がかかり，一時的に利益や売上が下がるが，長期的には事例で

見たように，従業員の努力や，生産性向上により，売上・利益は向上する[注14]。

　ここでのポイントは，一般的な企業経営のように，短期視点で経営評価をしない点であり，従業員に助け合いの文化が醸成されるまでの間，長期時間軸で評価する必要がある点である。また，経営者は，潰れては困るので，売上・利益の落込幅（a）や，元の売上・利益水準に戻るかまでの期間をどれだけ短くするかが経営課題となる。

　なお，図では障がい者を例にしているが，産休や育児を抱える女性や男性，言葉が通じにくい外国人にも当てはまる。たとえば，女性あるいは男性の産休や育児に関わる期間，代わりの人を採用したり，言葉が通じにくい外国人に対しては，通訳を採用することが考えられるが，企業としてはそうした対応は経費増となり，利益を圧迫することになる。また，たとえば町内清掃など，本業とは関係のないCSR活動も同様に，費用がかかることになり，利益を圧迫することになる。

図２　ダイバーシティ・マネジメントによる一時的な売上・利益の減少と回復

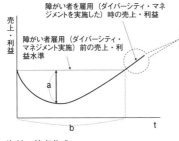

・障がい者雇用を例に見ると，安全面や環境面の設備投資（バリアフリー化費用）が増え，売上や利益が一時的に減少する。
・周囲の理解，思いやりが進む＝存在の恒常化⇒効率アップ，生産性向上⇒企業文化の醸成⇒売上・利益回復，増加
・短期時間軸から長期時間軸の視点で経営することの重要性
・潰れては困るので，a（売上・利益の落込幅），b（元の売上・利益水準に戻るまでの期間）をどれだけ小さく，短くするかが経営課題
・上記は，女性雇用や外国人雇用，本業とは関係のないCSR活動を実施している企業にも当てはまる。
・最低賃金で雇用することを目的として障がい者雇用をしている企業（外国人労働者も含む）には当てはまらない。

資料：筆者作成

5．共生視点から中小企業本質論を考える

（1）これまでの中小企業本質論

　「中小企業とは何か」，瀧澤（1992）によれば，この設問に答えることは中小企業研究の入口であると同時に，その到達目標としたが，まさに中小企業の本質を探る問いかけである。この中小企業本質論を巡っては，第二次世界大戦後に多くの論考が出されたが，近年はあまり見かけなくなっている。事実，これまで3次にわたり，『日本の中小企業研究』が中小企業研究者たちの手によって刊行され，

その中に本質論に関する記述がある[注15]。三井（2013）は，その間の本質論的研究が少なかったこともあり，これまで別の章で紹介されていた本質論的研究と理論的研究をひとつの章にまとめ，「理論・本質論的研究」としている。

これまでの本質論研究は，①中小企業の規模の小さいことに起因して生じる様々な問題から，その本質を問題性の視点から捉えた「問題型中小企業論」（問題性論），②中小企業はすべて問題を抱えた存在だったわけではないことから，発展性を有する存在として捉えた「積極型中小企業論」（発展性論），③中小企業を問題性と発展性の統一物として捉えた「複眼的中小企業論」があり，弁証法的に発展してきた。

中小企業の本質を考えるときに，中小企業を中心に据えて考察することは当然である。また，製造業を中心に，中小企業の多くは大企業から支配，従属を受けており，大企業との関係の中で本質論を考えることも理解できる。しかし，ここで欠落しているのは，中小企業は大企業との関係性の中だけでなく，地域・社会の中で活動しており，その中での中小企業の本質について考えられていない点である。すなわち，中小企業の本質は，中小企業に内在する問題性，大企業との関係で発生する問題性，中小企業自身の努力による発展性など，中小企業を視座の中心に据えて捉えるだけではなく，中小企業が活動する地域・社会の中で本質を考えることが重要である。

（2）共生性から見た中小企業本質論

共生性視点による中小企業本質論は，中小企業が地域・社会と共生性を有する存在であるところから議論がスタートする。これまでの中小企業本質論では，中小企業を中小企業自体が有する問題性や発展性などの視点から本質を捉えるのに対し，共生性から見る本質論では，中小企業は地域・社会の中で企業活動しているところから見ることに特徴がある。地域・社会には，これまでの中小企業本質論で取り上げた中小企業や，大企業が存在するほか，中小企業が活動する上でのステークホルダー（企業や住民，自治体）など，様々な主体を含んでいる。したがって，従来の本質論が対象としたものを包含する形で，中小企業本質論を考察しようとしている（図3）。

ところで，共生には広義と狭義があるが，いずれの共生においても，当該共生相手とどのような共生関係を築くかは，経営者の意思と行動に委ねられており，

中小企業の共生性は，中小企業経営者の"ヒト"によるところが大きい。

図3　中小企業の地域・社会との共生

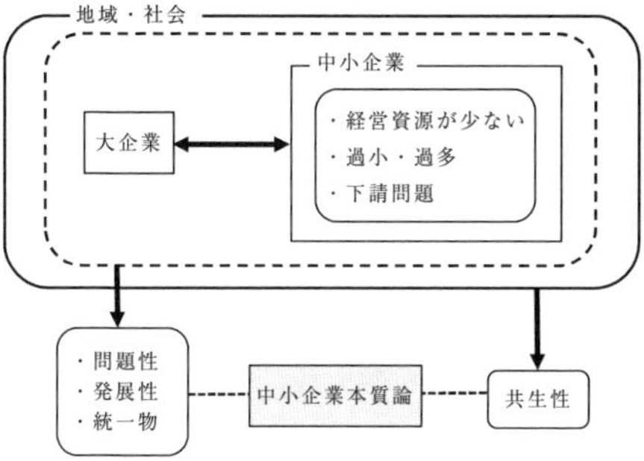

資料：筆者作成

　中小企業経営者は，中小企業という絶対的にも相対的にも，規模の小さい企業の経営を担っているが，会社経営は外部環境に大きく左右される[注16)]。もちろん，大企業も外部環境の影響を受けるが，大企業の場合はその企業活動によって外部環境に影響を与えることがある[注17)]。一方，中小企業合の場合，外部環境は与件である。そこで，中小企業経営者は，自社は地域・社会によって生かされていることを知る。また，経営者自身，当該地域と深い関りを持っていることが多く，地域・社会によって生かされていると感じると同時に，地域・社会に何かしらの恩義を感じ，恩返しをしたいと考える。この恩返しこそが，見返りを求めない純粋なCSRである。

6．おわりに

　本稿では，見返りを求めないCSR活動をする中小企業が存在するところから稿を起こし，中小企業は地域・社会と共生性を有する存在であることを導出した。これこそが，今まで看過されてきた，中小企業の本質である。
　中小企業の本質が，地域・社会との共生性を有する存在としたことで，ダイバーシティ・マネジメントにも新しい視点を持ち込めた。すなわち，これまでダイバーシティ・マネジメントは，組織戦略や経営戦略の一環として捉えられ，ダイバー

シティに取組むことが業績向上につながるとして，導入の意義を捉えてきた。しかし，純粋なCSRがそうであったように，ダイバーシティ・マネジメントにおける多様な人材の採用は，短期時間軸で考えるのではなく，長期時間軸で考える必要がある。それにより，多様な人材と仕事をすることが当たり前と思えるような企業風土が醸成され，結果として，できないところをカバーしたり，工夫をすることで生産性が向上し，売上・利益の向上につながる。中小企業は地域・社会と共生する存在であり，長期時間軸での経営が求められている。

＜謝辞と付記＞

　今回の報告では，討論者の額田春華先生（日本女子大学）から，文化人類学視点の導入など，大変有益なコメントをいただいた。ここに記して謝意を表したい。なお，筆者は立場上，査読者を知りえることから，本稿は査読を受けていない。

〈注〉
1　中小企業を対象とするのは，本稿が中小企業を対象としていることもあるが，中小企業の方が大企業と比べ，地域との関係が深いことがある。
2　ここで紹介する事例は，時期をずらした数回のデプスインタビューによるヒアリング結果である。したがって，通常の論文で紹介されるケースよりは字数が多くなっている。それには，このケースを使って，帰納的手法により一般化したい，という思いがあることも関係している。
3　池田（2018），レッキス工業㈱「CSRレポート2018」2019年5月，「2017年度　経営品質報告書」，同社ホームページ，ならびに2019年7月9日の寺尾昌紀総務部長（当時）へのヒアリングに基づいている。
4　東大阪市「工場を記録する会」
　（http://factory-museum.main.jp/k06_REX.html 2020年12月10日採取）。
5　国が定める法定障害者雇用率は2020年4月現在で2.2％（現在は2.3％）だが，同社は2019年3月末では11.5％と，国の目標数値を大幅に上回る積極的な障がい者雇用を行っている。また，自ら資金を投じて「大阪府布施障害者雇用対策協議会」を設立し（宮川基金），その会長を務めているが，地域の勤労障がい者の支援のために，毎年「東大阪市民ふれあい祭り」を企画実行し，バザー等で得た収益金で勤労障がい者を観劇に招待している。
6　その中には社員として働くようになった人もいる。
7　同社では，入社時の新人研修で簡単な手話を学ぶほか，管理職になると，手話で意思疎通ができることが当たり前となっている。
8　2020年10月27日の同社N氏へのヒアリングによる。

9　これがどれだけすごい数字かというと，2015年３月の新規大卒・高卒就職者の就職後３年以内の離職状況は，従業員千人以上の企業の離職率が大卒で24.2%，高卒で25.3%，5〜29人規模層では大卒が49.3%，高卒が55.9%，5人未満では大卒が57.0%，高卒が64.3%と驚くほど高い数値となっている（厚生労働省ホームページ）。

10　アブラハム・H・マスロー著（上田吉一訳）（1998）。

11　新村編（2008）。

12　ここでは，「貢献する」と「利益を与える」を同義としている。

13　尾崎（2017）p.142。

14　別のＡ型事業所では，障がい者を清掃業務だけに従事させ，別の賃金体系で雇用していた。法定雇用率を守るためにはやむをえないと思われるが，従業者の間にレッキスのような一体感は感じられなかった。

15　1次は瀧澤（1992），2次は有田（2003），3次は三井（2013）が本質論をまとめている。

16　この点に関しては，これまでの本質論の問題性の議論で，下請問題として議論された問題性も同じで，中小企業は翻弄される立場にある。

17　たとえば，2001年のエンロン社の不正会計事件や，2008年のリーマン・ブラザーズの経営破綻により，世界的な株価急落と金融危機を招いたことは記憶に新しい。

〈参考文献〉

1　アブラハム・H・マスロー（上田吉一訳）（1998）『完全なる人間—魂のめざすもの』誠信書房

2　有田辰男（2003）「本質論研究」（財）中小企業総合研究機構『日本の中小企業研究第１巻 成果と課題』同友館

3　有村貞則（2014）「ダイバーシティ・マネジメントと障害者雇用は整合的か否か」『日本労働研究雑誌』No.646

4　池田潔（2018）『現代中小企業の経営戦略と地域・社会との共生—「知足型経営」を考える』ミネルヴァ書房

5　池田潔（2019）「SDGs時代の中小企業CSR活動の一考察」公益社団法人中小企業研究センター『年報』

6　池田潔（2021）「共生性から見た中小企業本質論」『中小企業季報』通巻197号

7　井上善海（2009）『中小企業の戦略—戦略優位の中小企業経営論』同友館

8　尾崎俊哉（2017）『ダイバーシティ・マネジメント入門—経営戦略としての多様性』ナカニシヤ出版

9　川上義明（2004）「日本における中小企業研究の新しい視点（Ⅰ）— 二分法のジレンマ：戦前期」『商学論叢』第49巻　第２号

10　川上義明（2005ａ）「日本における中小企業研究の新しい視点（Ⅱ）— 二分法のジレンマ：終戦期」『商学論叢』第49巻　第３・４号

11　川上義明（2005ｂ）「日本における中小企業研究の新しい視点（Ⅲ）— 複合的視点

の提示」『商学論叢』第49巻　第3・4号

12　清成忠男（1970）『日本中小企業の構造変動』新評論

13　黒瀬直宏（2018）『改訂版　複眼的中小企業論―中小企業は発展性と問題性の統一物』同友館

14　佐藤芳雄編（1981）『ワークブック中小企業論』有斐閣

15　佐藤芳雄（1983）「日本中小企業問題の到達点と研究課題」慶應義塾大学商学会編『三田商学研究』第26巻　第5号

16　末松玄六（1953）『改定増補　中小企業の合理的経営―失敗原因とその克服』ダイヤモンド社

17　末松玄六（1954）「中小企業の経営的特質」藤田敬三・伊藤岱吉編『中小工業の本質』有斐閣

18　末松玄六（1956）『中小企業経営論』ダイヤモンド社

19　瀧澤菊太郎（1992）「『本質論』的研究」中小企業事業団・中小企業研究所編『日本の中小企業研究 第1巻 成果と課題』同友館

20　竹村牧男・松尾友矩編著（2006）『共生のかたち―「共生学」の構築をめざして』誠信書房

21　橘木俊詔編著（2015）『共生社会を生きる』晃洋書房

22　谷口真美（2005）『ダイバーシティ・マネジメント―多様性をいかす組織』白桃書房

23　谷本寛治（2006）『CSR―企業と社会を考える』NTT出版

24　谷本寛治（2013）『責任ある競争力―CSRを問い直す』NTT出版

25　谷本寛治（2020）『企業と社会―サステナビリティ時代の経営学』中央経済社

26　中小企業庁（2015）『中小企業白書』

27　中村秀一郎（1964）『中堅企業論』東洋経済新報社

28　中村秀一郎（1990）『新中堅企業論』東洋経済新報社

29　新村出編（2008）『広辞苑　第6版』岩波書店

30　マイケル・E・ポーター／マーク・R・クラマー「経済的価値と社会的価値を同時実現する共通価値の戦略」DAIAMOND　ハーバード・ビジネスレビュー　2011年6月号

31　三井逸友「理論・本質論的研究」（2013）（財）中小企業総合研究機構『日本の中小企業研究 第1巻 成果と課題』同友館

32　水尾順一・田中宏司（2004）『CSRマネジメント―ステークホルダーとの共生と企業の社会的責任』生産性出版

33　水野武（1979）「中小企業論の展開―その政策展開にそって」『国民経済学雑誌』第139巻　第3号

34　山中篤太郎（1948）『中小工業の本質と展開―國民経濟構造矛盾の一研究―』有斐閣

35　脇夕希子（2012）「ダイバーシティ・マネジメントと企業の戦略性―中小企業を事例として」青森公立大学経営経済学研究第17巻第2号

自　由　論　題

先代経営者による事業承継後の調整活動

―役割とスキルに注目した分析―

大阪市立大学（発表時）
中京大学（現在）　浜田敦也

1．はじめに

　2000年代以降の日本では中小企業での事業承継問題が社会的にも学術的にも注目を集めており，中でも後継者の経営への注目が高まっている[注1]。一方で，事業承継後の後継者の経営を支える先代経営者の役割については，実際に多く散見される事柄でありながら，管見の限りでは先行研究での検討が少ない。また「先代経営者が後継者を支える・補佐する」という点では，後継者に何かしらのスキル不足が生じており，先代経営者が保有するスキルによって補填・補佐が行われている可能性が考えられる[注2]。しかし，この可能性の検討も未開拓の状態にある。

　これらの状況を鑑み，本稿は，製造業種中小企業へのヒアリング調査事例の分析・考察を通じて，事業承継後も自社に残って働く先代経営者の役割とその規定要因について検討し，それらに関する仮説を導出することを目的とする。また検討に際しては，後継者と先代経営者両者のスキルに注目する。

2．先行研究

　前述の通り，事業承継後の先代経営者の役割を論じた先行研究はわずかであるが，主要なものを取り上げて内容を整理したい。まず部分的に論点として扱っている先行研究を整理する。例えば三井（2019）では，親子承継における先代経営者の関与について言及し，事業承継後に先代経営者が経営に関与することは後継者の自立に悪影響をもたらす，と概して評価している。三井氏のこれまでの企業・

後継者・先代経営者との関わりの経験を踏まえた評価であると考えられる。他に日本政策金融公庫総合研究所（2010）では，アンケート調査の分析に基づき，「こうした結果を見ても，いったん事業を承継すれば，経営の主体はあくまでも後継者であり，一歩引いてバックアップするのが先代の役割とするのが望ましい姿のようだ」（日本政策金融公庫総合研究所，2010，p.64）と評価している。特にその根拠として示されているアンケート調査結果が図1であり，小企業では事業承継後の先代経営者の経営関与の度合いが大きくなるほどに，事業承継前後を比較した時の自社業績の改善減少と悪化増加が小程度見られる。すなわち先代経営者の関与を「原因」，自社業績の低迷を「結果」として捉えている。また日本政策金融公庫総合研究所（2014）では，先代経営者の関与による後継者の経営への悪影響を論じつつ，先代経営者が事業承継後も自社に関わって好影響を及ぼす企業事例を紹介している。「よき相談相手となる」「一線を引き口を出さない」「外部からの雑音に黙って対応」「迷っていた背中を押す」（日本政策金融公庫総合研究所，2014，p.63）などの先代経営者のアクションが，事業承継後に見られたという。

図1　小企業での先代経営者の関与状況別の承継後業績

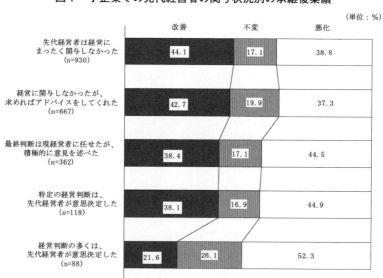

（出所）日本政策金融公庫総合研究所（2010），p.64。

　次に，事業承継後の先代経営者の役割を主題に論じた先行研究を整理するが，その数はより少ない状況にあり，本稿が取り上げるのはCadieux（2007）である。同稿はファミリービジネス論の観点から，後継者が発生して以降の「共同経営期（Joint-Reign Phase）」と「撤退期（Withdrawal Phase）」における先代経営者の役割を，ヒアリング調査事例を通じて検討している。事業承継後の先代経営者の役割としては，「技術的支援者（Technical Support）」や「経営面における助言者（Consulting）」などの類型を示している注3）。これら類型は，学歴・スキル構成・経営スタイル・価値観・興味関心などに基づく先代経営者の人物像によって変化するとしている。特にスキル構成に関しては，実務面におけるスキルである「Technical Skills」と，経営面におけるスキルである「Managerial Skills」を，人物像を左右するスキルとして挙げている。

　以上に紹介した先行研究の到達と課題を整理し，本稿での検討に活用していくこととする。到達としては第一に，「身を引く」「バックアップする」「技術的支援者」「経営面における助言者」などの事業承継後の先代経営者の役割を示したことである。これら役割の類型は検討の指針として役立つ。第二に，先代経営者の属人的要素が，事業承継後の先代経営者の役割を規定していることを示したことである。役割の規定要因として，先代経営者の人物像を注視しなければならない。第三に，「Technical Skills」「Managerial Skills」というスキル像と先代経営者の役割の関係を示したことである。本稿では，これらスキル像と類似の枠組みである浜田（2019）の「技能」と「経営的スキル」を採用し，検討に用いていくこととする。前者が生産実務に関するスキル，後者が経営に関するスキルを意味する。

　課題としては第一に，事例を用いた議論・分析が不十分なことである。それゆえ，先代経営者の役割を部分的に論点とした扱った先行研究の多くは，先代経営者の悪影響に関する通説を述べるに留まっている。また先行研究で示された先代経営者の役割・人物像・スキル像は抽象的な表現が多く，実態が曖昧なままである。事例を用いた議論・分析を通じて，先代経営者の実像を具体的かつ十分に描き出すことが必要である。第二に，後継者の属人的要素による影響の検討が不十分なことである。事業承継後の先代経営者の役割の規定要因として，後継者の実像も描き出して考慮する必要がある。第三に，企業規模，承継パターン（親族か非親族かなど），承継の計画性の有無などの事例の性質の影響を考慮していない

ことである^{注4)}。事業承継後の先代経営者の役割に影響を及ぼす事例の性質について整理し，その影響を考慮しなければならない。

3．事例研究

3．1　事例の概要

　本稿は探索的な研究であり，仮説導出を目的とする。この目的を達成するため，本稿では定性的なヒアリング調査の手法を用いて，事業承継後の先代経営者の役割とそれに関わる状況・要素の整理・検討を行う。

　本稿で取り上げるヒアリング調査事例の対象企業は，前述した事業承継過程に影響を与える事例の性質を考慮するため，性質が異なる企業を選定した。また事業承継からの経過年数も，事業承継後の先代経営者の役割においては重要であると考えられるため，選定基準の性質に追加した。なお，前述のCadieux（2007）が示した，先代経営者の役割を規定するとされる技能と経営的スキルが確認しやすいことを鑑みて，製造業種に属する中小企業から対象企業を選定している。

　以下で事例として扱うA社・B社は親族承継の小規模企業，C社は親族外承継の中規模企業である。A社・C社はヒアリング調査時点で事業承継から3年が経過しているが，B社はすでに25年が経過している。A社は突発的に事業承継が行なわれており，B社・C社は計画的に事業承継が行なわれている。

　各社事例においては事業概要や事業承継過程，事業承継後の先代経営者の役割の説明はもちろんのこと，過程・役割への影響があると考えられる先代経営者・後継者両者の人物像・スキルについても説明する。またC社は事業承継からすでに25年が経過しているので，その間の経時的な変化についても説明する。

　各社事例の説明で登場する数値や時間に関わる表現は，各社への最新のヒアリング調査時点のものである。

3．2　A社^{注5)}

　A社は眼鏡用金型の製造を事業内容とする会社であり，スポーツ用途のアイウェアを最終製品の多くに持つ。従業者数は4名であり，その内の3名が創業者一族に属する。A社は加工機・測定器分野での時代ごとの先進技術導入に強みのある会社であり，技術を生かした営業活動で大手ブランドとも取引経験がある。

　A社の４代目に当たる現社長が後継者であり，年齢は41歳で勤続年数19年である。３代目に当たる現会長は先代経営者であり，年齢は61歳で勤続年数47年である。後継者は先代経営者（父親）の長男であり，親族承継の形態である。事業承継は2017年に行われ，後継者の社長就任から３年が経過している。先代の急病（脳梗塞）に伴う，準備の無い状態での突発的な事業承継であった。後継者は社長業の主だった活動の外回り（主に営業活動を指す）を，先代経営者から引き継ぐこととなった。後に先代経営者は病気から快復してA社に復帰したが，後遺症も考慮して現場作業には関わらず，それ以外の作業・業務を担当している。

　先代経営者は，職人の印象が強い人物である^{注6）}。家業を小学生の時分から手伝っており，A社で勤続してきた。その間に先々代経営者から技能を継承し，手作業による金型製作・仕上げが可能である。一方で機械科専攻の大卒であり，先進機器を導入し使いこなしてきた経歴も持っている。技術・技能を生かして，スポーツ用アイウェアの新製品開発や大手ブランドからの受注獲得を成し遂げてきた。

　後継者は，経営者の印象が強い人物である。先代経営者と同じく，小学生の時分から家業を手伝い技能を磨いた一方で，工学系専攻の大卒でもあり，コンピュータを用いた金型製造に精通している。しかし職人肌というわけではなく，企業体として存続していくために雇用拡大を目指して業務負担の軽減と分業化を行うなどの経営者意識が強く，「外回り活動を強化したい」という意向を持っている。この意識・意向は特に，家業手伝いの時分での多忙さに起因している。

　事業承継後の先代経営者の役割としては４点が挙げられる。第一に，CADを用いた図面作成である。これは先代経営者が事業承継以前から長らく担当している業務であり，業務の継承作業が行われていないために，先代経営者以外の従業者はスキル不足から受け持つことが出来ない状態にある。

　第二に，技能・アイデアの継承である。先代経営者は各種先進機器の活用や，工夫や先見性による新製品開発を行うなど，優れた技能・アイデアを持つが，保有する技能・アイデアは従業者にほとんど継承されていない。事業承継以前には先代経営者に継承の意識が薄かったこと，そして急病による突発的な事業承継が行なわれたことが要因である。先代経営者は急病での入院中に継承の必要性を痛感し，A社復帰後は従業者への継承活動に尽力している。

　第三に，同業他社との関係保持である。A社の属する業界では品質検査・管理

や輸出調整を目的とした同職組合が存在し，先代経営者は組合の会合にＡ社代表
として参加している。これはその会合が，高齢経営者を中心とした情報交換目的
の寄合的性格を持つことに起因する。若手である後継者は会合に参加しても馴染
みにくく，またストレスを多分に感じるために，先代経営者が代行している。一
方で後継者は，受注拡大・新製品開発を狙って異業種交流を積極的に行っている。
　第四に，単価見積の設定である。一般的な小規模企業では経営者が担当する業
務であるが，後継者が苦手とするがゆえに，先代経営者を中心とする親族従業者
が事業承継後も継続して業務を担当している。

3.3　Ｂ社[注7]

　Ｂ社は精密プレス金属加工を事業内容とする会社であり，建築や医療などの幅
広い分野から受注し，多品種少量加工の形態である。従業者数は５名である。
　Ｂ社の３代目に当たる現社長が後継者であり，年齢は55歳で勤続31年である。
Ｂ社の２代目に当たる先代経営者は，現在は役職を持たずに軽作業手伝いを行っ
ており，年齢は83歳で勤続68年である。後継者は先代経営者（父親）の長男であ
り，典型的な親族承継の形態である。事業承継は1995年に行われており，後継者
の社長就任から25年が経過している。Ｂ社の事業承継は先代経営者の主導で計画
的に行われた。先代経営者としては「後継者に責任感を持たせる，経営者を意識
付ける」ための事業承継であり，承継後に後継者を経営者として育てていこうと
する思惑があった。それゆえ，承継後は10年超に渡り，段階的に先代経営者から
後継者へ，経営者が担当する職務の移譲が行われた。現在の先代経営者に自社で
の役割がほぼ存在しないのは，後継者への移譲が完了したためである。
　先代経営者は，職人の印象が強い人物である。中学卒業と同時に自社に入社し，
現在まで長らく勤続してきた。先々代経営者の時分はやすり仕上げによる金型作
成も行い，やすりを用いた加工も可能で，幅広い技能を持つベテランと言える。
　後継者は，職人・経営者の両側面を併せ持つ印象を受ける人物である。後継者
は大学卒業後に金型メーカーでの２年の修業を経て，Ｂ社へ入社した。Ｂ社内で
長らく現場作業に従事したために一通りの技能を保有し，Ｂ社の生産に関しては
知悉していると言える。一方で取引先探しや取引先からのコストダウン要求を断
るなど，経営活動も活発に行っている。これは入社後に先代経営者に勧められて，
工作機械メーカーが有償で実施する短期の経営塾に参加したことが影響している。

　B社では事業承継後に先代経営者から後継者に自社での役割が段階的に移譲されたわけであるが，特に確認された先代経営者の役割は4点である。第一に，銀行や取引先とのネットワーク維持である。これは事業承継後すぐに移譲が図られた。事業承継後に先代経営者は銀行や取引先との懇親会に全く顔を出さなくなり，後継者に役目を交代させた。事業承継前から納品・配達作業で銀行・取引先と面識があったこともあり，後継者はネットワークをスムーズに継承出来た。

　第二に，発注・見積業務である。この業務の移譲には長期を要しており，平易な部類から徐々に難解な部類へと移譲が進められた。先代経営者は伴走型の移譲を行っており，「宿題と答え合わせ」のようであったという。例えば後継者が自分で見積を考えて先代経営者に最終判断をゆだねてアドバイスをもらう，もしくは先代経営者が行なった見積を後継者が再び見積して比較から学ぶ，というスタイルであった。後継者は徐々に先代経営者のやり方・感覚を理解していき，最終的には先代経営者に特定の見積もりに対して「ああそうやな。お前が正しい，これは俺が間違っているわ」と評価を受け，経営者としての自信獲得に繋がった。

　第三に，資金繰りを含めた経理等の業務である。この業務の移譲は最終的な段階で行われ，移譲後に先代経営者の経営上の役割は完全に消滅した。

　第四に，やすりがけによる製品の修正作業である。この修正作業の移譲は現在でも行われておらず，先代経営者が細々と担当する作業である。この作業は，先々代経営者の時代から先代経営者が継承・発達させてきた技能を元に成立している。当時と受注内容が大きく異なる現在では，修正作業を必要とするような場面・仕事はほとんど存在しない。また，設計段階での作り込みや工作機械の設定を技術的に組み合わせることで，先代経営者の作業に近い精度を出すことも可能である。それゆえに役割の移譲がなされずに，先代経営者が修正作業を担当し続けている。

3.4　C社[注8)]

　C社は工具の生産・販売を事業内容とする会社であり，その製品は強度・精度に強みがあって日本企業を中心に評価が高く，売上も堅調に増加を続けている。C社は本社と工場を分けて配置しており，本社とは他県の工場にて製品が生産されている。従業者数は約70名である。

　C社の4代目に当たる現社長が後継者であり，年齢は52歳で勤続年数4年であ

る。Ｃ社の３代目に当たる現相談役が先代経営者であり，年齢は64歳で勤続年数40年である。先代経営者と後継者に血縁関係はなく，親族外承継の形態である。また先代経営者・後継者ともにオーナー経営者ではなく，Ｃ社は２代目以降がいわゆる専門経営者である。事業承継は2017年に行われており，後継者の社長就任から３年が経過している。

　先代経営者は，職人と経営者の両側面を併せ持つ印象を受ける人物である。長らく生産作業を担当していた現場上がりのベテランであり，幅広い技能を保有する。経営者を務めていたのは９年間であった。勤続の長さゆえに社内の事柄・経緯はもちろん，生産部署も含めた社内の全部署のことを知悉している。

　後継者は，経営者の印象が強い人物である。後継者はＣ社に４年前に転職しており，それ以前は小売業の大手企業でIR・広報担当の仕事に就いていた。Ｃ社に採用された当時は総務担当であり，後継者候補として入社したわけでは全くない。そのために様々な事柄の経験の浅さは否めない。

　Ｃ社で経験の浅い社員が後継者に指名された理由は主に２点ある。第一に，人材不足である。10年以上勤続し，かつ全部署を知悉しているような人材が先代経営者以降に存在せず，今後そのような人材に成長することが見込まれる社員が社内にいなかった。第二に，社長職の役割の変化である。ここしばらくの従業員数増加や事業規模・地理的拡大などの会社の変化によって，社内組織が分権化・専門化の兆しを見せ，社長職の役割が社内部署の統括・調整役にシフトしつつあった。またこのような状況の中で先代経営者は，「従来の現場上がりのベテランによる経営から脱却しなければならない」と考えていた。

　事業承継後の先代経営者の役割は，後継者に社内事情の説明やアドバイスを行うことである。後継者は入社して日が浅く，事業承継に際しての諸々の引継ぎ期間は２年弱という状況である。先代経営者と比しても社内事情について無知であり，技能も有していない。これは経営に際して障害となっており，後継者自身も「知らずにやってしまって，軋轢・問題が生まれることがある」「見切り発車になってしまう部分もある」などの問題を指摘し，「経験の浅さは先代経営者を含むベテラン幹部から社内事情の説明等を受けて補っている」と発言している。

4．分析と考察

4．1　各社での役割と規定要因

　各社のヒアリング調査事例から確認された事業承継後の先代経営者の役割について，各社の性質が与えている影響を考慮しつつ，規定要因を分析・考察する。

　A社で確認された先代経営者の役割は「図面作成」，「技能・アイデア継承」，「同業他社との関係保持」，「単価見積の設定」の4点であった。この内の「図面作成」「技能・アイデア継承」「単価見積の設定」の役割の規定要因に関しては，後継者のスキル不足を指摘できる。先代経営者の急病による突発的な事業承継は，スキル継承の不足を発生させた。また事業承継前の先代経営者の年齢が50歳代であったこともあり，先代経営者にスキル継承の意思があまり無かった。結果として，事業承継時に後継者のスキル不足が招来されている。企業規模が小規模であるというA社の性質は，社内分業が未発達であるので経営者が幅広い業務を担当し，それゆえに経営者は技能と経営的スキルの両者，すなわち広範なスキルを求められることを意味する[注9]。これら後継者のスキル不足と，経営者への広範なスキル要求が相まって，A社での先代経営者の役割が規定されているといえる。

　一方で，後継者の経営方針が役割を規定している部分もある。例えば「同業他社との関係保持」の役割に関しては，同業種よりも異業種にこそ後継者は自社の活路を見出しており，この後継者の方針に沿って役割が規定されている。「技能・アイデア継承」「単価見積の設定」の役割に関しては，従業者への継承や親族従業者による業務担当など，経営・外回り活動を重視する後継者の方針が役割の内容を規定し，後継者がそれら活動に専念できる社内分業体制が形成されつつある。

　B社で確認された過去の先代経営者の役割は「銀行や取引先とのネットワーク維持」「発注・見積業務」「資金繰りを含めた経理等の業務」「やすりがけによる製品の修正作業」の4点であった。前者3点の役割は後継者へと段階的に移譲されたわけだが，移譲が段階的に行われたのは後継者のスキル継承・育成と並走したためである。つまりB社においても，先代経営者の役割の規定要因として後継者のスキル不足が指摘できる。B社では先代経営者のイニシアティブの下で計画的な事業承継が行なわれたが，先代経営者の意図は「事業承継で後継者に経営者としての意識付けを行う」というものであり，事業承継以前に後継者にスキル継承・育成する必要性を感じていなかったことがうかがえる。

　しかし「やすりがけによる製品の修正作業」の役割は規定要因が異なる。それは受注・作業・技術内容の変化という時代的な要因である。時代状況が異なるがゆえに，先代経営者以外の従業者が修正作業を担当しうる技能を現代で形成するのは難しく，先代経営者しかできない作業としてその役割が残存している。

　またB社では，先代経営者が経営から完全に退くまでに事業承継から10年超の歳月を要している。長期の現場作業経験をもつ後継者であっても，小規模企業において事業承継後から経営的スキルを継承・育成した場合，完全なスキルを身に付けるのに10年単位の歳月を要するということであり，その間はスキル不足が発生し，不足を補う人材・システムの存在が必要となることを示唆している。

　C社で確認された先代経営者の役割は「後継者に社内事情の説明やアドバイスを行うこと」であった。事例中に示されているが，この役割の規定要因としては後継者のスキル不足が指摘できる。後継者のスキル不足の背景には，「経営者に求められるスキルの変化」が存在する。すなわち，中規模への企業規模拡大に伴って社内分業体制が発展し，技能や長期勤続の経験に基づくようなスキルの必要性が縮小し，一方で経営面での組織全体の統括・調整といった経営的スキルが経営者としてより要求されつつあった。先代経営者は過渡期におけるこういったスキルの変化を感じ取った上で後継者を選択したわけであり，後継者のスキル不足と先代経営者による補佐を前提としているところに計画性がうかがえる。

　またC社は親族外承継の事例であるが，A社・B社と比較しても，親族承継と親族外承継という承継パターンの違いによる影響は確認されなかった。親族承継・親族外承継ともに，事業承継後の後継者にスキル不足が生じている場合に，それを補う形で先代経営者が役割を持つことが事例から確認された。

4.2　総括
　分析・考察の総括を仮説として述べる。総括の結論図は図2である。
　事業承継後の先代経営者の役割とその規定要因は主に，「後継者のスキル不足が発生している領域と程度により，先代経営者の役割が規定される」という形で事例から確認された。したがって，事業承継から年数が経過して後継者・従業者が育ち，スキル不足が解消されるにつれて，先代経営者の役割は縮小していくことになる。スキル不足を主因とする先代経営者の役割には，大まかに実務・支援・教育の3タイプがあり，中でも後継者・従業者教育の役割はスキル不足を解消す

図２　先代経営者の役割と規定要因

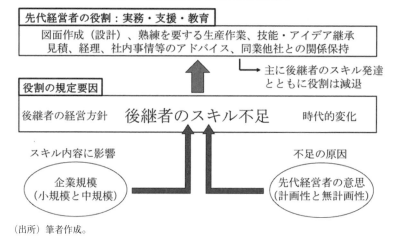

（出所）筆者作成。

る手段となる。これら先代経営者の役割が完全に消滅するには10年単位の時間が
必要となることも確認された。後継者のスキル不足を補うのは主に先代経営者発
の行動であり，すなわち役割の規定要因には先代経営者の意思も含まれているこ
とも確認された。そして事例全体を通じて，事業承継後に経営者として必要とさ
れるスキルを身に付けていくスタイルが一般的に存在する可能性も示唆された。

　後継者のスキル不足については，様々な理由が事例から確認された。先代経営
者に事業承継やスキル継承の発想・意思が無かったこと，後継者のモチベーショ
ンや経営者としての自覚などの状況を考慮した先代経営者の計画や考えがあった
こと，企業規模拡大に伴って経営者に求められるスキルが変化していたことなど
である。先代経営者が事業承継後も自社に役割を持って関わることは，後継者の
スキル不足を補うためのいわば「事業承継での事後的な調整活動」であるわけだ
が，それは事業承継・スキル継承の無計画性ゆえに発生する活動というだけでな
く，計画性ゆえに発生する活動でもあることが確認された。

　スキル不足以外の役割の規定要因も事例から確認された。まず後継者の経営方
針である。技能・経験・関係を広く持つ先代経営者を，後継者が自身の経営方針
に沿って働かせる構図であった。後継者がスキルを保有していて担当しうる作業
であっても，後継者の経営方針によって先代経営者が担当している状況が事例か

ら確認された。次に時代的変化である。特定の技能を要する業務を担当するという先代経営者の役割が事例から確認されたが，この役割は，時代の変化によってその技能を育む受注・作業・技術が既に失われている状況に規定されていた。

　また先代経営者の役割に関しては，前述した企業の性質が様々に影響を及ぼしていた。特に企業規模の影響は大きく，小規模企業では生産実務（技能）・経営面での広範なスキルが，中規模企業では調整・統括などの経営的スキルが経営者に主に求められる。後継者のスキルが不足する場合は先代経営者が補う役割を果たすため，先代経営者の役割は企業規模によって変化することとなる。一方で「親族承継か親族外承継か」という承継パターンの違いによる影響は確認されなかった。これは，どのような承継パターンであろうとも，事業承継後に後継者のスキル不足を補う形で先代経営者の役割が必要とされる可能性を示唆している。

　本稿での総括を踏まえると，日本政策金融公庫総合研究所（2010）で示された図1の理解に別の可能性が示唆される。同稿では図1を「先代経営者が関与したことで業績が低迷した」と理解したようだが，本稿で示したように，先代経営者が関与した主因は後継者のスキル不足の可能性がある。すなわち，先代経営者が関与せざるをえない状況それ自体が業績低迷を作り出している可能性，もしくは業績低迷のために先代経営者が関与せざるをえない可能性を示唆しうるのである。後者の可能性は，日本政策金融公庫総合研究所（2010）の理解とは因果関係が逆転している。この場合では先代経営者の関与は表象や対応策に過ぎず，業績低迷の本質的原因は後継者のスキル不足，つまり後継者経営の機能不全にある。

5．おわりに

　本稿では，事業承継後に自社で先代経営者が果たす役割とその規定要因について事例を基に検討した。先行研究では不十分であった，それら役割と先代経営者・後継者のスキルの関係についての仮説を導出したことが本稿の到達である。事業承継後も自社で働く先代経営者の実像の一端を描き出すことができた。

　一方で本稿には課題が2点残されている。第一に，後継者と先代経営者の関係性が良好な企業事例のみで議論を進めたことである。関係性の良悪は先代経営者の役割決定に関わる要因と推定されるが，関係性の悪い企業へのヒアリング調査と調査内容利用が難しかったこと，本稿で定めたスキルという観点から大きく外

れることを理由に，本稿では扱えなかった。第二に，定性的な研究に終始したために仮説導出や示唆に留まっていることである。定量的な研究による仮説の実証まで進めることができていない。これらは今後の研究における検討課題としたい。

〈注〉
1　事業承継とは多義的な概念・用語であるが，本稿では最も一般的な「経営者交代」の意味合いで用いることとする。
2　Katz（1955）が示したスキル概念の定義を採用し，本稿でのスキルは「行為として表れる能力」を意味する。この定義に鑑み，本稿でのスキルの把握に際しては経営者や労働者の実作業に即した形で把握を行う。
3　事業承継においては本稿で取り上げるような先代経営者のみならず，金融機関・専門家・経済団体・公的機関などによっても支援・助言の役割が果たされており，これら外部からのサポートに関する研究蓄積が進んでいる。主要な先行研究としては藤本ほか（2007），関（2010），久保田（2015），石川（2018），小田（2018），堀越（2021）などがあり，特に企業の立地地域ごとでのサポートが深く検討されている。先行研究の多くは中小企業特有の経営資源の制約を理由に，事業承継における外部からのサポートの重要性を指摘している。また先行研究では，外部からのサポートは計画的な事業承継を先代経営者に考えさせる役割も果たすとの指摘も多く，本稿で取り上げる事例のＡ社などには必要な役割であったといえる。そして本稿で取り上げる事例とは逆に，先代経営者と後継者の関係性が悪いために事業承継での先代経営者のサポートが期待できない場合，こういった外部からのサポートの重要性は特に増すと考えられる。
4　これら事例の性質は事業承継過程全般に大きく影響を及ぼすと考えられ，性質の影響に関する研究が進められている。堀越（2021）ではこれら性質による影響や関連する研究を整理している。
5　2017年11月22日，2019年11月26日，2019年12月18日に後継者・先代経営者両名へ実施したヒアリング調査の記録に基づいて記述している。
6　本稿ではスキル構成を鑑みた時に，「本人が生産実務でのスキルを重視している」場合を「職人」と，「本人が経営活動でのスキルを重視している」場合を「経営者」と呼称している。なお「職人（Craftsmen）」は先代経営者の人物像として，Cadieux（2007）でも同様に言及されている。
7　2020年3月18日，2020年6月16日の後継者へ実施したヒアリング調査の記録に基づいて記述している。
8　2019年8月23日に後継者・先代経営者両名へ実施したヒアリング調査の記録に基づいて記述している。
9　経営者が継承すべきスキルが技能と経営的スキルにまたがって存在して広範であるために，製造業種中小企業では事業承継問題が多発し，また注目されやすいとされる。このスキルと事業承継の関係については，浜田（2019）に詳しい。

〈参考文献〉

1 石川和男（2018年7月）「事業承継政策の展開と後継者教育の方向性：中小企業・小規模事業者に対する「磨き上げ」を中心に」『専修商学論集』第107号，pp.1-18

2 小田利広（2018年1月）「小規模企業者における事業承継への一考察：縮小産業集積地，大阪市生野区，平野区を事例に」『中小商工業研究』第134号，pp.72-78

3 久保田典男（2015年12月）「小規模企業における事業承継の課題と支援策：地域金融機関における事業承継支援」『商工金融』第65巻第12号，pp.24-30

4 関満博（2010年2月）「「塾」形式による人材育成活動の推進：「若手後継者」と「シニア」への取り組み」『IRC調査月報』第260号，pp.28-35

5 日本政策金融公庫総合研究所（2010年3月）「中小企業の事業承継」『日本公庫総研レポート』第2009-2号

6 日本政策金融公庫総合研究所（2014年10月）「新世代のイノベーション―若手後継者が取り組む経営革新―」『日本公庫総研レポート』第2014-4号

7 浜田敦也（2019年9月）「事業承継時におけるスキル継承の検討―製造業零細企業を事例に―」『工業経営研究』第33巻第2号，pp.14-21

8 藤本雅彦・山家一郎・望月孝（2007年3月）「地域企業の企業家型後継者のキャリア開発」『東北大学経済学会研究年報経済学』第68巻第4号，pp.93-108

9 堀越昌和（2021年）『中小企業の事業承継―規模の制約とその克服に向けた課題―』文眞堂

10 三井逸友（2019年）「第2章　中小企業の創業と継承・主体形成」三井逸友編著『21世紀中小企業者の主体形成と継承――人格成長と事業環境，制度的政策の支援』同友館，pp.33-92

11 Cadieux, L. (2007) "Succession in Small and Medium-Sized Family Businesses: Toward a Typology of Predecessor Roles During and After Instatement of the Successor," *Family Business Review*, Vol.20 No.2, pp.95-109

12 Katz, R. L. (1955) "Skills of an effective administrator," *Harvard Business Review*, Vol.33, pp.33-42（『スキル・アプローチによる優秀な管理者への道（HBR著名論考シリーズ）』ダイアモンド・ハーバード・ビジネス・ライブラリー，1982年）

（査読受理）

産業集積とファミリービジネスへの
ガバナンスとアントレプレナー創出
—都市型産業集積の広域化と技術集積の視点導入がポイント—

専修大学　遠山　浩

　戦後日本の経済成長を牽引してきた製造業（モノづくり）の国際競争力が育まれたのは産業集積にあり，中小製造業により比較的多くの雇用が創出されてきた。伊丹他（1999）言うように，産業集積の本質は柔軟な中小製造業による協業と競争のネットワークがめぐらされている点にある。産業集積地で多くのイノベーションが創出され日本はモノづくり大国となり，経済成長へとつながっていった。

　筆者は，これまでの日本の産業集積は，地方は産地型産業集積と企業城下町型（企業誘致・進出型と表現する方が適合性高いと最近思量）産業集積とに都市部は都市型産業集積の３つに大別され，これまでの日本の産業集積は，地方は産地型産業集積と企業城下町型（企業誘致・進出型）産業集積とに都市は都市型産業集積の３つに大別（遠山（2020b））し，日本の国際競争力向上・経済成長回復は，都市型産業集積が広域化（渡辺（2011））する中でイノベーション創出機会が拡大して達成されると述べてきた。同一地域内で企業の廃業が進む傾向は渡辺氏が見てきた時代より顕著であり，伊丹等（1999）がいう柔軟な分業を成立させるための協業先を確保するためには，域外にパートナーを求めざるを得なくなっており，日本の中で需要が集まる都市型産業集積の広域化が求められることになる。

　地方で構築されてきた中小製造業の要素技術が広域化する都市型産業集積とのネットワークの中で活用されることで，モノづくり知識を起点とするイノベーション創出が可能と筆者は考えている。そのためには，要素技術から考える難易度の高い取り組みが求められるが，関（2002）でふれる技術集積からの考察がモノづくりの知識を活用しつつ今日のサービスの供給においても有益である。

　伊丹他（1999）が言うようなモノづくり大国時代の産業集積への「需要搬入」は主に大企業が担ってきた。需要搬入に応じて柔軟な中小製造業による協業と競

争のネットワークが機能し，様々な製品供給が行われてきた。しかし，今日，製造業は企業規模の大小を問わず生産拠点のグローバル化が進んでいる。一方，市場の需要は従前より複雑になっており，従前のように品質がよく割安な製品だけを消費者は求めていない。それゆえ，中小製造業は海外に生産を移管し海外で生まれた産業集積地のメンバーになり生産能力を向上させるか，自らが需要を把握できるようにサービスやIT技術等に長けた今日の社会が求める需要搬入機能を身に着ける，またはそうした今日の需要搬入企業に選ばれる分業関係に入り込めるように高度な生産技術を身に着ける，といった転身が急務となっている。中小製造業には事業構造転換を進めるアントレプレナーシップが求められている。

産業集積地の中小製造業の多くは町工場と呼ばれる同族・ファミリー企業で，産業集積の中で彼らがイノベーション創出を担ってきた。彼らは所有者である同族の意向を反映し，事業運営には保守的で事業転換意欲は低いと思われているが，多くの中小製造業経営者は市場の変化に応じて事業を転換してきたという歴史を有する。すなわち，中小製造業が日本のイノベーション創出の担い手で，その一部が中堅企業化していった。同族・ファミリー企業はアントレプレナーシップを発揮し新産業創出，雇用創出に貢献してきている。彼らを欧米のファミリー企業と同一視することに意見はあろう注1)が，海外のファミリー企業も，日本の産業集積内の中小製造業同様にイノベーション創出の課程で中堅企業への成長が見られる。海外のファミリー企業研究と日本の産業集積研究とを合体させることは，日本復活，産業集積復活を考えるにあたり重要な意義を持つ。なお，一般的に中小企業は情報量が少なく，構造転換促進を産業政策として行政が担う意義は大きく，本稿の分析は産業集積地の政策担当者にも有益と思われる。

以下では，同族・ファミリー企業がどのようなガバナンスを受けているかをまず考えて，同族・ファミリー企業がアントレプレナーシップを発揮しイノベーション創出に貢献するためのガバナンスメカニズムおよび産業政策を検討する。

1. 同族・ファミリー企業のガバナンス

コーポレートガバナンスの研究は上場企業を対象に考察することが多い。しかし，冒頭で述べたように，非上場企業がほとんどの町工場，同族・ファミリー企業のアントレプレナーシップ・メカニズムを解明するためには，彼らの事業運営

に対してどのようなガバナンスが作用しているかを検討することが重要となるため，非上場企業のガバナンスを検討しなければならない。ファミリービジネスを論じているクレイグ他(2019)はこの考察を試みており，まずはクレイグ他(2019)を参照して同族・ファミリー企業のガバナンスを検討する。

　同族・ファミリー企業の所有者（株主）は同族・ファミリーであり，同族・ファミリーの長期的視点から資産価値増加の実現を求めている。このため，彼らの委託を受ける同族・ファミリーのリーダーは，同族・ファミリー企業の企業価値を向上させることが彼らの資産価値向上に資するため，長期的視野にたって企業価値向上につながるイノベーション創出，付加価値創出に努めることになる。

　ここで確認をしておくと，同族所有者（オーナー株主）と経営層は一致しており，株主と経営者との間に情報の非対称は存在しておらず，経営者を規律付するためのガバナンスとしては株主以外からガバナンスが必要と言える。経営者として長期的視点に立って事業を推進していくことが，付加価値創出に向けての経営者の最大のミッションといえる。このため，所有者である同族・ファミリーのみならず，多くのステイクホルダーを満足させることがなければ長期的に企業が成長するのは難しい。したがって，付加価値の分配が重要なテーマになるが，それについては後述するが，ガバナンスからは付加価値の分配を求めるステイクホルダー（例：土地の提供者である地主，労働の提供者である従業員，およびその他関係先として取引企業，取引銀行など）からガバナンスを受けていると考えられる。

　筆者は修士論文で，日本企業のコーポレートガバナンス・メカニズムを検討し，その概要を図1のようにまとめ，規律ある企業には，資本のガバナンス，負債のガバナンス，製品（財・サービス）市場のガバナンスの何れかが作用することを示した。この中で，資本・負債のガバナンスは一般的な解釈と同じだが，市場競争に対応する製品市場のガバナンスという概念を持ち込んだ点が特徴である[注2]。

　産業集積の本質は中小企業の柔軟な分業であると，伊丹他（1999）は述べている（p.11）。産業集積の主力プレーヤーである中小企業たる同族・ファミリー企業のガバナンスとしては，利己主義的行動を排除するといったメカニズムが産業集積内で作動している。これは図1でいうと，製品（財・サービス）市場のガバナンスにほかならない。資本のガバナンスは作動していなかったと言え（遠山（2004）），負債のガバナンス（銀行によるガバナンス）はキャッチアップ型成長期には作動していたが，キャッチアップ型成長が終焉した今日においては，ガバナ

図1　日本型コーポレートガバナンス・メカニズム

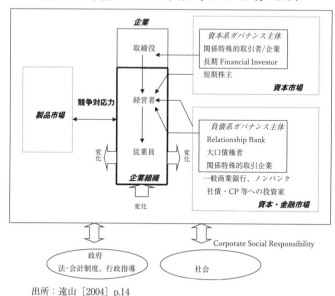

出所：遠山［2004］p.14

ンサーとして銀行が意見できる領域は減少しており，これまたうまく作動しない。したがって，市場のガバナンス作動が望まれることになるが，産業集積内の効果を活かして成功している中小企業は，この市場のガバナンスを有効に受けている。

　また，図1では，企業経営者は法令や社会からもガバナンスを受けることを示している。産業集積の主要な構成員である同族・ファミリー企業は，法を順守した企業活動を行っているのは当然であり，この点はクレイグ他（2019）でも指摘している（例：p.65）。なお，図1が2004年に書かれたため社会からのガバナンスをCSRと示しているが，今日であればSDGsということになる[注3]。同族・ファミリー企業のみならず今日の全ての企業はSDGsを無視した経営はできない。

　このように考えると，産業集積内の主要メンバーである非公開企業である同族・ファミリー企業は，産業集積の中で市場競争や法令，社会からガバナンスを受けている存在であることがわかる。事業運営が適切に行われているかのガバナンスを産業集積内で受けており，ガバナンスの主体であるオーナー・ファミリーは企業が早い成長を目指すものの外部株主が増加することを望まないゆえに，外

部資金調達時は銀行借入中心になる。この結果，負債のガバナンスは作用するものの，このリスク判断は銀行には困難であった。

　新規事業の取り組み意欲が低ければ取引相手として前向きに選ばれない。また，企業の所有者・株主である同族・ファミリーの意向である株主価値の向上を果たすためにも，企業価値を増加させることが求められる。この点からも，企業経営者である同族・ファミリーの長には企業成長に向けたアントレプレナーシップが求められることになる。産業集積内の主力プレーヤーの中小企業である同族・ファミリー企業のアントレプレナーシップ考察については後述する。

同族・ファミリー企業型中堅企業の特徴

　産業集積を構成する中小企業の多くは同族企業であり，ファミリーと所有者（株主）の関係をみると，経営もしくは事業に参加するファミリーのみが株主となっている企業がほとんどである。これに対して，もう少し大きい規模に成長した中堅企業は，経営もしくは事業に参加しない株主が出現する。例えば，異遠隔地に嫁いだ妹は経営・事業に参加していないが株主や取締役として登場するケースがある注4)。したがって，中堅企業の経営者のガバナンスメカニズムの検討には，同族・ファミリーのリーダーとして，検討しなければいけない変数が1つ増える。

　同族企業であれば，所有者である株主は経営・事業に関与している体制となっており，取締役会と経営・事業執行者との間に情報の非対称性は存在しない。また，同族・ファミリーの意向が取締役会に十分反映されているともいえる。

　これに対して，企業規模が大きくなるほど，経営事業への専門性が深く求められるようになる。したがって，クレイグ他（2019）では，同族・ファミリー以外の取締役を招請して，経営戦略，事業戦略を取締役会で議論することが，経営事業の執行をより堅実なものにすることができると述べている（p.73～75）。この取締役会の場で同族・ファミリーの問題を取り上げると議論が散漫になるため，取締役会とは別のオーナー会議といった場で議論されるのが適当といえる。

　中堅企業と呼ばれる規模まで成長すると，株主の中に，経営・事業に関与しないメンバーが加わることが多く，取締役会と経営・事業執行者との間に情報の非対称性が存在する。同族・ファミリーの意向をすり合わせたうえで取締役会にて経営・事業戦略を議論するような体制が必要となり，取締役会とは別にオーナー会議のような存在が必要になるとクレイグ他（2019）も述べている（p.79）注5)。

　同族・ファミリー企業が創出した付加価値の分配

　同族企業の経営者は，事業の専門性はその道のスタッフや専門家に劣後することは否めないと考えると，経営者がすごい研究家であるにしても，経営者に求められる資質の本質は，事業遂行能力，マネジメント能力にある。したがって，ステイクホルダー，特に専門性が高い従業者等が不満なく，経営者の方針，すなわち所有者，ファミリーの方針と一致していることが必要である。方針の一致を図るために各社で工夫がなされているが，少なくとも，企業が創出した付加価値が，ファミリーでない一般従業員なり，取引先なりに，貢献度相応に分配されることが求められる。このような分配がなされないと，ファミリーでないステイクホルダーは一生懸命事業に貢献しようというインセンティブを失ってしまう。

　取引相手が付加価値分配で不満がでない状態とは，発注者が利益を独占しすぎない状態を指す。利益を発注者で独占する機会主義的な行動をしていると，産業集積内で仕事を得ることができない。こうした行動は，産業集積内のガバンナンスにより排除されると考えられる。これは企業間取引でも企業内取引でも言える。

　筆者の知る産業集積内の中小製造業経営者の多くが，業務以外の事象，例えば子供の行事への参加とか家庭の事象があるがゆえに従業員が業務に取り組みにくいタイミングでは，まずはそちらを優先してそれが片付いた後で，業務にしっかり向き合ってもらえればよい，取引先の納品がそれで遅れてもOKという。その方が効率的にクオリティの高い成果が得られるからだと彼らは言う。これはドイツ企業が公益財団設立して福祉事業に取り組んでいるのと同じである[注6]。

2．同族・ファミリー企業のアントレプレナーシップ

　アントレプレナーシップは一般的に起業家精神と訳されるが，筆者は，「起業家（に向かう）スピリット」と「リーダーシップ」の2つ要素に分解するのが適切と考えている。クレイグ他（2019）でも同様のことを以下のように記している。ファミリー企業は起業家的だがその形が他の企業とは異なるとし，起業家精神（を発揮して行う活動）という大きなテーマにアプローチするには，それを消化できる大きさに分解するとよいとし，起業家的活動を「起業家的戦略」と「起業家的リーダーシップ」に分解して考えている，と述べている（p.90）。以下では，1．でみたようなガバナンスの下で，同族・ファミリー企業の以上の定義に従っ

たアントレプレナーシップを考察する。

　日本の産業集積の本質である柔軟な分業の担い手である中小製造業の多くは，同族・ファミリー企業が，アントレプレナーシップを発揮してイノベーションを創出しないと，新たな産業を創出し，新たな雇用機会を創出することにはならない。それゆえ，同族・ファミリー企業のアントレプレナーシップ・メカニズムを検討することは重要であり，起業家的活動を「起業家的戦略」と「起業家的リーダーシップ」に分解して考えていく。

　「起業家的戦略」を実行するにあたり，同族・ファミリーの長でもある企業経営者は，取り組むべき事業，何が適切な事業かを選択する必要がある。そのためには，事業分野の理解を深め，事業運営を極めつつ，同族・ファミリーの総意を取り付けないといけない。不確実性が高い今日の成熟社会において，事業運営の専門性は高まっており，素人が取り組むには限界があることが少なくない。となると，事業について深く学んだ同族・ファミリーの長であっても，事業運営には専門性の高い人材を取締役に招請し事業運営をある程度任せるとともに，同族・ファミリーに対しては，その事業を取り組むことが有益であることを説得しなければならない。同族・ファミリーは長期的視点から自らの資産価値増加を目的としていると考えられることから，地に足がついた事業への理解・説明が求められることになり，「起業家的リーダーシップ」を発揮することが求められている。

両利きの経営に適したファミリービジネス

　経営学で両利きの経営という概念がよく知られている。オライリー他（2019）では，イノベーションのジレンマに陥りがちな企業がイノベーションを創出するメカニズムを理論的に説明している。①探索と進化の双方が必要であること，②既存組織が注力しやすい深化機能をから守る形で探索機能を深めるためにはリーダーシップが必要なこと，③探索にそったが活動できるようにカネ，ヒトをつけるようなコミットメントが重要なこと，④こうしたリーダーシップを発揮して探索組織を守ることが求められること，を述べている（p.282〜283他）。

　探索機能の強化とは，製造業であれば，追求する技術の探索に他ならない。技術探索を極めるほど専門性は向上するため，ファミリーの手には負えなくなり専門家に経営を任せることとなる。ファミリー並びにファミリーの長には多様性を受け入れ学習する姿勢が重要である。ファミリーの長にこうした決断を促すのが

産業集積内のガバナンスにある。このガバナンスにより，探索と深化のバランスもとれる。オライリー他（2019）の第8章では，IBM，ハイアールといったグローバル企業で探索と深化を同時に達成したメカニズムとあわせて，彼らはグルーバル企業と組織が大きいこともあり。達成に要したコストが高いことを描いている。同族・ファミリー企業は，ファミリーの長である経営者が，こうしたコストをかけずに，探索と深化を同時に達成できる可能性が高いのではなかろうか。

　都市型産業集積に立地する中小製造業で考えると，従前は同一地域内で実物を確認することで必要な協業先を探索することが比較的適容易であった。しかしながら，廃業先が増え，かつ技術レベルが複雑になる中で，同一地域内で協業先を見つけることが難しくなり，都市型産業集積は広域化して行かせざるを得ない。すなわち，探索の目を他地域へも拡張していかねばならないのだが，そこで重要となるのが技術の視点である。

　こうした探索の担い手になり得るのが需要に接することが容易な都市部の同族・中小製造業ではないだろうか。しかし，彼らは情報分析力が高いとは言えず，縁があった企業とは協業ができている[注7]。彼らが探索しやすい情報を流すことが地方に求められ，それができた地方が都市部の市場の需要にアクセスできる。

3．求められる特殊技術への対応と行政施策の重要性

　付加価値創出のためにはアントレプレナーシップが不可欠である。前述のとおり，戦後日本の経済成長の源泉はモノづくり力，供給力にあり，その本質の1つは産業集積の中小製造業の柔軟な分業にあった。この柔軟な分業に中小製造業のアントレプレナーシップが貢献してきたわけで，これを産業政策で後押しするのは有効な施策と言える。企業が創出する付加価値のステイクホルダーは多様で，上述のとおり，多様なステイクホルダーからガバナンスを受ける中で，企業経営者はアントレプレナーシップを発揮してイノベーショを創出し付加価値創出を創出した。近時関心の高い付加価値の分配に当たっては，多様なステイクホルダー全てへの目配せが必要となる。

　しかし，今日では供給システム整備よりも需要創出が重要となっている。また，近年の日本では格差拡大と共に人手不足が指摘される。これらを改善するには配分の仕組みの再考は検討に値する。あわせて，付加価値創出企業，すなわちイノ

ベイティブな企業であることのPRが人材採用時には求められよう。ここでいうイノベイティブには，作り上げられた製品を効率的に供給するのみならず，その製品を活用した消費につながるようなサービスが今日の成熟社会では求められる。

技術から集積をみる視点

　前述のとおり，市場で多様な需要と接する機会の多い都市型産業集積の広域化の中で彼らの活動は捉えるべきと考える。そのための分析手段として，本稿では関（2002）のいう技術集積の概念を用いてモノづくりの仕組みを解明する[注8]。

　都市部の産業集積に立地する企業の活動範囲は海外にも広がっており，都市部の産業集積と地方の産業集積とは個別にイノベーションクラスター形成を目指すのではなく，都市部と地方とが一体となったイノベーションクラスター形成を目指すのが適当ではないか。すなわち，地方の企業城下町型（企業誘致・進出型）産業集積は都市部でモノづくりを行っている中小製造業との協業が望まれる。イノベーションクラスター構築に向けては，モノづくりでの協業となるために，効率的にお互いの技術力を認知・探索できることが求められる。技術力を発信するとなると専門性が求められるため参加するプレーヤーが限定的となりがちである。しかし，ここを克服しなければ日本のモノづくり力を維持できない。関（2002）がいう技術集積の視点から各産業集積を説明できることが求められる。

　関（2002）の考えは，中堅企業という言葉を世に広められた中村氏の中村（1992）第3章「基礎技術と生産組織のゆくえ」に詳しく述べられている。関氏は，技術の集積構造の側面から日本の産業集積を考察し，「地方型工業」と「大都市型工業」を比較検討している（関1992，pp.82）。まず両者の発生形態としては原材料を基盤にしているのか，あるいは需要地を基盤にしているのかという点が重要とし（関1992，pp.83），前者は地方型工業，後者は大都市型工業が多いと区分する。

　そのうえで，産業集積内の技術の集積構造に着目する。図2に示すとおり，「基盤技術」を底辺に，「特殊技術」を上にいただき，両者をつなぐ中間層にあたる「中間技術」との3層から構成されるとする分析モデルを提示し，工業の展開力は何よりも「基盤技術」の拡がりと充実が課題と指摘する（関1992，pp.110）。そして，地域や国単位で技術の集積を考察したうえで，これら3層がつみあがった状況を図2の三角形モデルで説明し，全体の技術レベルが高いと三角形は高くなること，技術集積の厚みを増すと底辺の幅が広くなること，底辺すなわち「基盤技術」

図２　技術集積構造を構成する３技術と技術集積の変化

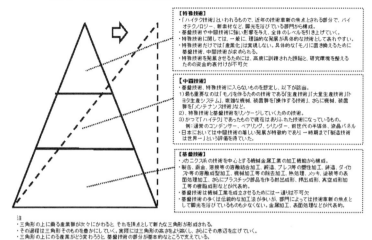

【特殊技術】
・「ハイテク技術」といわれるもので、近年の技術革新の焦点とされる部分で、バイオテクノロジー、新素材など、脚光を浴びている部門から構成。
・基盤技術や中間技術に強い影響を与え、全体のレベルを引き上げていく。
・特殊技術に関しては、一般に、理論的な発展が具体的な技術として表れやすい。
・特殊技術だけでは「産業化」は実現しない。具体的な「モノ」に置き換えるのに基盤技術、中間技術が求められる。
・特殊技術を発展させるためには、高度に訓練された頭脳と、研究環境を整えるための資金的な裏付けが不可欠

【中間技術】
・基盤技術、特殊技術に入らないものを想定し、以下が該当。
1）最も重要なのは「モノ」を作るための技術である「生産技術」「大量生産技術」「トヨタ生産システム」、複雑な機械、装置群を「操作する技術」、さらに機械、装置群を「メンテナンスする技術」など。
2）特殊技術と基盤技術をリンケージしていくための技術。
3）かつて「ハイテク」であったものが現在はありふれた技術になっているもの。
　例：通常のコンデンサー、ベアリング、シリンダー、前世代の半導体、液晶パネル
・日本においては中間技術の著しい発展が特徴的であり一時期まで「製造技術は世界一」という評価を得ていた。

【基盤技術】
・メカニクス系の技術を中心とする機械金属工業の加工機能から構成。
・鋳造、鍛造、溶接等の溶融結合加工、鍛造、プレス等の塑性加工、鍛造、ダイカスト等の溶離凝固加工、機械加工等の除去加工、熱処理、メッキ、塗装等の表面処理加工、さらにプラスチック部品を作る射出成形、押出成形、真空成形加工等の樹脂成形加工が代表的。
・基盤技術は機械工業を成立させるためには一通りは不可欠
・基盤技術の多くは伝統的な加工法が多いが、部門によっては技術革新の焦点として脚光を浴びているものが少なくない。金属加工、表面処理などが代表的。

注
・三角形の上に乗る産業群が次々にかわると、それを頂点として新たな三角形が形成される。
・その過程は三角形そのものを動かしていく。実際には三角形の高さを高くし、さらにその底辺を広げていく。
・三角形の上にのる産業がどう変わろうと、基盤技術の部分が基本的なところで支えている。
・戦後日本のリーディング・インダストリーの交代と発展は、この基盤技術を抜きにしては語ることはできず、基盤技術の存在が新産業発展の受け皿になる。

出所：関［2002］p.54〜67を参照して筆者作成

の幅が広い集積であれば、新製品の製造に必要な新たな「特殊技術」が開発された場合に実際に製品化が可能であること、三角形の上にのる産業や製品がどう変わろうと基盤技術が基本的なところで支えていること、を説明している。

　この分析モデルを用いて、量産拠点を地方または海外に移転した大企業が、1990年当時からマザー工場を東京圏西域に集中させている点を理解しやすいとし、試作に伴う加工機能の組み合わせは膨大でこれらすべてを単一のマザー工場に装備するのは現実的ではないこと、それゆえその多くを外部に依存せざるをえないこと、そして先端技術化すなわち「特殊技術」への追求が進むほどにこうした傾向は強まらざるをえない、と指摘する（関1992, pp.94）。「特殊技術」を追求した新製品開発に余念のない1990年当時の大手企業マザー工場にとって、大田区、川崎市を中心に「基盤技術」や「中間技術」が積層する高度かつ膨大な技能−技術集積がその支持基盤となっているとする（関1992, pp.95）。

　技術構造を地域毎に捉える視点は大変有益である。「基盤技術」「中間技術」「特殊技術」からなる底辺が長く（製造のすそ野が広く）高さの高い（製造技術の高い）三角形を日本全国ではまだ維持できているかもしれないが、少なくとも地方ごとに見ると、かつてとは異なる力のない三角形が存在している。したがって、

図3　機械金属工業の相互関係概念図

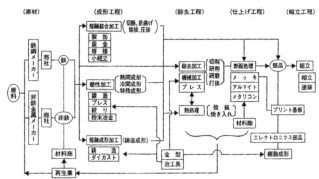

出所：関，加藤［1990］p.108

今日，最適なモノづくり（製造）を求めて起こっている広域化とは，産業集積の広域化とは技術集積の広域化にほかならない。一方，「基盤技術」「中間技術」「特殊技術注9)」の各々の区分は曖昧な面があり，企業間分業の中で取引される技術の対象として取り扱うのは難しい。そこで，広域化する産業集積の中で取引される技術を考察する際には，関氏が3区分を導く前提に考えられた図3に示す製造工程を念頭においた分析が有効となる。

　〇〇業の事業者が我が産業集積には立地しているという名簿を公開するだけでは，異なる地域に立地する中小製造業にとって，技術を探索する資料として活用は難しい。しかし，こうした情報発信活動を民間企業の活動だけに任せておくと，幅広い業種では実現されない。この結果，イノベーションクラスター構築は新たな技術開発頼りになってしまい，日本の産業政策の取り組みもそのようになっている。新技術開発への不断の努力は必要であり，そのために産学連携を推進するといった施策は必要であるが，新技術の開発だけが成熟社会のユーザーの抱える課題を解決することにならない。製品・サービスとしてその技術を使える状態にしなければ，ユーザーに届くことはない。

　こうした点を克服するために，地方の行政や商工会議所が，技術に着目した情報発信を行うことは有益である。同族・ファミリー企業が多い中小製造業経営者は自社の生き残りをかけ技術分野を探索している。その探索行動に適合した情報発信が技術情報に他ならない。個別取引に絡む技術情報は専門性が高く，専門外

の者が踏み込んでも底は知れているが，技術集積の活用に資する形で技術情報を発信する姿勢が求められる。

　付加価値を創出した民間企業がその恩恵を最も受けるためこうした活動は民間主体で行うのが望ましいが，一般的に中小企業は経営資源が少ないため，彼らの行動変容を促す構造転換促進を産業政策として行政が担う意義は大きい。

　地域の産業集積の力を基礎自治体がIRし，地域内企業の支援を強化する。そして，闊達な地域・中小企業が増加する姿を期待する。そのためには，同族・ファミリー企業の後継者育成教育が重要であり，大学など高等教育機関での教育のみならず，地域が主催するリカレント教育を充実させて専門家人材を同族・ファミリー企業に取り込みことも重要であろう。柔軟にガバナンス構造を変更できる同族・ファミリー企業（クレイグ他，2019，p.67）がアントレプレナーシップを発揮し，彼らの成長を支えることが地域の活況をもたらすのではないだろうか。そうしたモノづくり能力の向上が，サービス需要の創出につながると期待される。

4．日本の国際競争力回復に向けての課題

　旧来の伝統的なガバナンス分析を資金の流れという金融面から考えると，資本と負債のガバナンスからの分析が一般的であるが，遠山（2004）でいう製品市場のガバナンスが都市型産業集積で機能していること，および中小製造業がアントレプレナーシップを発揮して同社の持つ技術を高めること，そして中小製造業の技術力向上のために技術力向上の探索が重要であることを，本稿では明らかにした。近時種々のデータで日本国際競争力低迷が指摘されるが，こうして成熟社会の需要を探索しサービス供給につながるような，都市型産業集積の広域化を推進していくことが有益と言える。モノづくり知識に根ざした成熟社会の課題解決に資するサービス需要に対応できる企業群を支援することが行政にも求められる。

　なお，一般的に中小企業がもつ情報の非対称性克服力は大企業に比して低く，何らかの政策支援があるのが望ましい。もちろん成熟社会の変化についていけない衰退する中小企業を支援する必要はない。技術関連情報習得に貪欲な中小製造業は，技術情報に関する情報の非対称性を埋める支援に値すると言える。このため，この技術情報の非対称性を埋めるメカニズムが必要とされ，各地域の中小企業をよく理解している行政機関に，その役割が期待される。

　理論的にこうした姿が描かれるが，今後の課題として，中小製造業の技術情報の非対称性を埋める行政機関や中小製造業の事例を検証する必要がある。また，関（2002）のいう「特殊技術」にかわる概念，モノづくり社会を超えた成熟社会に相応しい概念を明確に導出できていない。おそらくこれらが明確になっていない，「特殊技術」の言い換え等が明確になっていないことが，日本低迷の要因の1つになっていると考えられる。

　完璧にできていない要因としてはいくつか想定されるが，デジタル化が上手くいっておらず他地域情報の活用が不十分であることがあげられる可能性も高い。したがって，国際競争力向上を考える企業としては，デジタル化に適合した企業組織に変更することが近道かもしれない[注10]。今後の推移に注目である。

　本稿は令和元年度の専修大学研究助成「都市型産業集積（京浜地域）の広域化と成熟社会のイノベーション創出」の成果の一部である。

〈注〉
1　経済センサス基礎調査で従業員区分別事業所数のデータはあり，2019年度で全国事業所数538,900に対して従業員29人以下の事業所が93.7% 占めている。筆者が日本の集積地を訪問する際の実感として彼らのほとんどが同族・ファミリー企業である。しかしながら，所有形態区分による日本のデータはない。
2　修士論文では製品市場の対応事例として，藤本氏の「能力開発競争」を参考に，トヨタ自動車を取り上げている。修士論文では製品市場の対応事例として，藤本氏の「能力開発競争」を参考にして，トヨタ自動車を取り上げている。
3　SDGsが定めるターゲット・社会課題をDX化の中で解決することが求められる。そのためには社会課題技術力で解決し社会実装することが求められる。
4　クレイグ他（2019）では，企業経営よりもオーナーとして経営には口出しないものの株主として株式価値向上への関心は高い親族を意識して，第2章でファミリービジネスのアーキテクチャーを述べている。こうした事例をわかりやすく表現するために，一般的に事業承継意欲の低い嫁いだ妹の事例を挙げた。
5　クレイグ他（2019）p.85では，製造業ではなく米国の山岳州で銀行業と牧場経営を行っている中小企業の事例ではあるが，取締役選任にあたり，分家の立場でなく「1つのファミリー」として行動することに合意したものの，第二世代（創業期の後継者）の中から取締役に選任されない者が出るにあたり，ファミリー・カウンシルが開催された様子が描かれている。
6　ドイツ企業が公益財団を設立し従業員向け福利厚生を実現してきた様子を，吉森（2015）が企業の所有構造とガバナンスを分析し事例研究している。
7　例えば浜野製作所（墨田区）は紹介を介し協業先を地方に拡充している。

8　地方のファミリービジネスを考察している先行文献として山田（2020）があるが，こちらは地域資源の活用を主な分析視点としている。遠山（2020ｂ）は地方の産地型産業集積を対象としており，山田(2020)と同様の視点で都市部の高岡企業を例にデザイナーと協業する重要性を述べている。本稿では，地方の企業城下町型（企業誘致・進出型）産業集積と都市型産業集積の協業推進を分析の目的としており，技術集積の視点を指摘した関（2002）によることとする。

9　関氏の描いた対象は効率的な「モノづくり」社会といえる。関氏のいう「特殊技術」は高度な技術を指すが，成熟社会の今日では，技術の結集であるモノ（製品）を活用したサービス創出の重要性が増している。サービスやIT技術・デザイン等の観点を加えることで山田（2020）との統合を図れる可能性があると感じている。今後の課題である。

10　「特殊技術」を深める観点からも中小製造業におけるDX化の推進は重要である。テレワークの推進が技術力向上に向けた一歩につながる可能性はある。

〈参考文献〉

1　浅沼萬里（1997）『日本の企業組織革新的適応のメカニズム』東洋経済新報社

2　伊丹敬之，松島茂，橘川武郎（1999）『産業集積の本質』有斐閣

3　ジャスティン・B・クレイグ，ケン・ムーア（東方雅美訳）（2019）『ビジネススクールで教えているファミリービジネス経営論』プレジデント社

4　川崎市経済労働局（2015）『イノベーション状況調査　報告書』

5　中村秀一郎（1992）『系列を超えて』NTT出版

6　中村秀一郎（1990）『新 中堅企業論』東洋経済新報社

7　日本経済新聞（2021）「私の履歴書　島正博」2021年3月連載

8　関満博（2002）『ニッポン発空洞化を超えて』日経ビジネス人文庫

9　関満博，加藤秀雄（1990）『現代日本の中小機械工業』新評論

10　マイケル・L・タッシュマン，チャールズ・A・オライリー（入山章栄監訳）（2019）『両利きの経営　「二兎を追う」戦略が未来を切り拓く』東洋経済新報社

11　遠山浩（2020a）「製造業のサプライチェーン再構築とリカレント教育―『ものづくり白書』からみるIT・デジタル人材育成の重要性とその試案―」日経研月報2020年12月号（NO.509）

12　遠山浩（2020ｂ）「産業集積と地域企業の今後を考える―企業城下町型集積と産地型集積にみる考察―」専修大学社会科学研究所月報2020年5月号（NO.683）

13　遠山浩（2004）「日本型コーポレートガバナンスの構造変化と金融仲介プレイヤーの課題」専修大学大学院経済学研究科修士論文

14　渡辺幸男（2011）『現代日本の産業集積研究』慶應義塾大学出版会

15　山田幸三編著（2020）『ファミリーアントレプレナーシップ』中央経済社

16　吉森賢（2015）『ドイツ同族大企業』NTT出版

（査読受理）

高い不確実性下でのITベンチャーの環境適合行動：

ディスクロージャー資料にもとづく大証「ヘラクレス」上場企業の軌跡分析

同志社女子大学　加藤　敦

1. 序

　情報サービス業にはソフトウェア業（受託開発，製品），情報処理・提供サービス業，インターネット付随サービス業が含まれる。情報サービス業は急速な技術革新に伴う環境変化と不確実性に晒され環境適合を余儀なくされてきたが，わが国の中小情報サービス業に関する環境適合についての事例研究は乏しい。そこで小論ではマイルズ＆スノウのモデルを踏まえ，新興会社向け株式市場に上場する中小企業性の高い情報サービス業を対象として，防衛型・探索型・分析型という3つの戦略類型のいずれを選択したか，その際にいかに企業者的課題・技術的課題・管理的課題に対処したか，戦略類型の違いは業績と関連しているか，など環境適合の実態について財務報告等にもとづき明らかにする。

　小論の構成は次の通りである。第2節では課題認識と研究の枠組みについて述べる。第3節では旧ヘラクレス上場企業29社の軌跡について総括的に分析する。第4節では同じ環境適合戦略をとる3社を取り上げ，事例研究を行う。

2. 課題の認識と研究の枠組み

　小論では中小企業性の高い情報サービス業の環境適合について検討する。ソフトウェア業・情報処理サービス業分野の中小企業の定義は，中小企業政策においては資本金3億円以下または従業員300人以下である[注1]。第2節では，マイルズ＆スノウの環境適合理論を踏まえ，情報サービス業の環境適合をモデル化し研究課題を示すとともに，研究枠組みについて述べる。

2.1　不確実性下の環境適合行動

　不確実性下の組織の環境適合行動ついて，マイルズ＆スノウのモデル（Miles et al.,1978）にもとづき理論的に検討しよう（表1参照）。彼らは組織の環境適合プロセスを環境適合サイクル（adaptive cycle）としてモデル化した。環境適合サイクルは企業者的課題（entrepreneurial problem），技術的課題（engineering problem），管理的課題（administrative problem）を互いに関連づけて対応することである。企業者的問題は事業機会探求のためのビジネスドメイン（市場・製品）をどう選択するかであり，換言する直面する不確実性を選択することである。技術的課題は製品を提供する生産・流通体制をいかに構築するかということである[注2]。管理的課題はイノベーションを生み出す組織や管理システムの在り方である。彼らは，3つの課題を整合的に関連付けて対応する戦略類型（strategic typology）として，防衛型（defender），探索型（prospector），分析型（analyzer）という3つがあり，これらは同等の組織成果をもたらすとした。一方，主体的に対処策を示せなかったり，企業者的課題・技術的課題・管理的課題への対処が場当たりで相互の整合性を欠いたりする組織は受け身型（reactor）で環境適合に失敗しやすい[注3]。

表1　マイルズ＆スノウ　＝織の環境適合の在り方

	防衛型（defender）	探索型（prospector）	分析型（analyzer）:
外部環境	予測可能な不確実性のウェイトが高い	予測不可能な不確実性のウェイトが高い	予測可能な部分と不可能な部分がともに大きい
基本的考え方	既存市場の深耕を重視する。	新たな市場開拓や新製品・サービス開発を重視する。	既存市場の確保と新たな市場開拓や新製品・サービス開発を同等に重視する。
企業者的課題	いかに「お得意様」を拡充し絆を深めるか	いかに新製品・新市場における事業機会を探求する	いかに新市場・製品の開拓と既存市場・製品の確保を並行して進めるか
技術的課題	いかに生産・流通システムの生産性向上に努めるか	生産・流通システムの柔軟性をいかに確保するか	生産性向上と柔軟性確保をどう両立させるか
人材育成	いかに内部人材を育成するか，人事考課では組織内の公平性を重視し，結果よりプロセスを重んじる。	いかに優秀な外部人材を登用するか，人事考課は外部人材市場の評価や，プロセスより結果を重視する。	いかに内部人材育成と外部人材登用を両立するか。人事考課では組織内の公平性と外部人材市場での評価を，ともに重視する。
管理的課題	生産性向上のため，いかに厳格に管理するか，中央集権的で階層的な意思決定システムが有効。	いかに多様なシステムを管理するか，分権的で柔軟な意思決定システムが有効。	安定的組織と可変的な組織の双方をいかに管理すべきか。防衛型と探索型の中間。

（出所）Miles et al.（1978），Miles & Snow.（1984）にもとづき作成

　3つの課題への対処に関する整合性について，マイルズ＆スノウの戦略類型に従いみてみよう。1つ目が防衛型で，既存製品・既存市場に焦点を絞り，いかに「お得意様」を拡充し絆を深めるかという視点から企業者的課題に取り組む。技術的課題はいかに生産性向上に努めるかである。管理的課題は効率的と安定性を維持する厳格な管理の在り方であり，中央集権的な組織構造，階層的な意思決定が有効である。2つ目が探索型で，新製品・新市場における事業機会を探求するという企業者的課題に取り組む。技術的課題は，特定技術に依存せず生産・流通システムの柔軟性を高めることである。管理的課題は，多様な生産・流通システムにおける相互調整・管理の在り方であり，組織の分権化が欠かせない。3つ目が分析型で，いかに新市場・製品の開拓と既存市場・製品の確保を並行して進めるかという企業者的課題に取り組む。技術的課題は生産性向上と柔軟性確保をいかに両立させるかである。管理的課題は，安定的かつ柔軟性に富んだ組織運営を行うことで，防衛型と探索型の中間的な形態が好ましい。さらにMiles & Snow.（1984）は戦略類型に適する人的資源管理について検討した。彼等によると，防衛型では内部人材の育成が重要であり，評価に際しては社内での公平性確保が欠かせない。また，探索型では外部人材を積極登用が求められ，外部労働市場における評価を取り込む。一方，分析型では内部人材と外部人材をともに重用し，適材適所の配置のために，評価の際に組織内の公平性と，外部労働市場における人材評価の双方に留意すべきとされる。

2.2　情報サービス業の環境適合の特徴

　マイルズ＆スノウのモデルにもとづき，情報サービス業の環境適合について考えよう（図1参照）。情報サービス業を取り巻く外部不確実性として，急速な技術革新，プラットフォーム，景気，競合者，協業者，セキュリティ有害事象などがある。うち特徴的なものが技術革新とプラットフォームである。まず技術革新として，電気通信高速化，モバイル化，クラウドコンピューティング等が日進月歩で進展し，2010年以降はスマホ，モノのインターネット（IoT），AI等が急速に発展している。次に情報サービス業は商品・サービスの取引基盤（プラットフォーム）に参加し，プラットフォーム上で顧客との取引，同業者との競争・協働が展開される[注4]。例えば，移動通信アプリ開発者は電気通信事業者やスマホOS提供者の基盤を，ソフトウェア受託開発者はAmazonなどの提供するクラウ

ドサービスの基盤を活用したりする。これら特徴から，マイルズ＆スノウのモデル適用に際し，以下の点を考慮する必要がある。第1に企業者的課題に関して，ビジネスドメインの輪郭が変動的かつ曖昧なことである。急速な技術進歩とプラットフォーマーの戦略に伴い，次々と類似の製品・サービスが生み出され，提供形態も多様化している。小論では企業者的課題の検討に際し，コトラー＆アームストロング（2003）の製品階層モデル（コア製品・現実製品・拡張製品）におけるコア製品レベルでビジネスドメインを定義する。第2に戦略類型を問わず，自社のみで急速な技術革新に生産・流通システムを対応させること不可能であり，プラットフォームの参加者として，その生産・流通基盤を活用しつつ生産性向上や製品開発など技術的課題に対処するという視点が欠かせない。第3に情報サービス業では付加価値に対する人的資産の貢献度が大きく，人材育成は技術的課題への対処の一環として位置づけられる。

図1　情報サービス業の環境適合

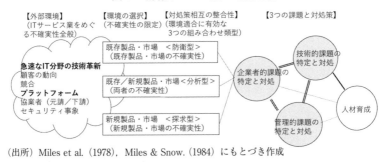

（出所）Miles et al.（1978），Miles & Snow.（1984）にもとづき作成

2.3　研究の枠組み

小論の問題意識はわが国の中小情報サービス業は不確実性にどのように対処してきたか，ということである。具体的には，(1) 情報サービス業は防衛型，探索型，分析型のいずれの戦略類型を選択した企業が多いのか，(2) 3つの戦略類型を選択した企業の間に業績の違いは生じたのか，(3) 企業者的課題，技術的課題，管理的課題に対し，適切かつ互いに整合的な対応を進めた企業とそうでない企業の間に業績の違いは生じたのか，という3点である。

研究方法は有価証券報告書にもとづき，補足的に新聞・雑誌記事を用いた文献

調査である。対象は1980年以降に創業され大阪証券取引所ニッポン・ニュー・マーケット・ヘラクレス（以下ヘラクレス市場）グロース市場に上場した情報サービス業29社である[注5]。ヘラクレス市場は2000年から2010年にかけ開設された新興企業向市場で，標準的なスタンダード市場の他，潜在的な成長性・市場性が見込める企業を対象としたグロース市場が開設された。同市場は日本取引所グループJASDQグロース市場に引き継がれた。日本取引所グループが2021年末時点で開設していた各市場の上場維持基準は，厳しい順に東証一部，東証二部，JASDAQスタンダード，JASDAQグロースとなっている。前述の通り情報サービス業では法令上，資本金3億円以下または従業員300人以下を中小企業として扱うが，上場時には当該範疇に属する企業が多い。なお有価証券報告書は各社IRサイト並びに有報データマイニング株式会社「株主プロ」から入手する。

3．ヘラクレス上場企業の包括的分析

　グロース市場に上場した情報サービス業29社の，2021年12月末時点での現況は，東証一部6社，東証二部2社，JASDAQスタンダード6社，JASDAQグロース9社，債務超過等による上場廃止2社，M&Aによる上場廃止3社，MBOによる上場廃止1社である。第3節では，(1) 情報サービス業は防衛型，探索型，分析型のいずれを選択した企業が多いのか，(2) 防衛型，探索型，分析型を選択した企業の間に業績の違いは生じたのか，検討する。

　小論では各企業のセグメント別売上高から，環境適合戦略を分類する。具体的には2005年度，2010年度，2015年度，2020年度の有価証券報告書におけるセグメント別売上高において，全ての年度でセグメントが同一の場合を防衛型，セグメントの追加・削減があるが主要セグメントが依然として継続される場合を分析型，少なくとも1回，新セグメントが全体売上の過半を占めたとき探索型とする。ただし，SaaS/ソフトウェア製品主体の会社は，サービス分野を従来の中核分野から他分野に拡張している場合，分析型とする[注6]。

3.1　包括的分析
　包括的分析では，主に (1) 情報サービス業は防衛型，探索型，分析型のいずれを選択した企業が多いのか，(2) 3つの戦略類型を選択した企業の間に業績の

違いは生じたのか，という２点について検討する。まず情報サービス業全体（29社）の現況を，防衛型，探索型並びに分析型に分けてみてみると表２の通りである。表２から次の点が確認される。第１に情報サービス業においては分析型を選択した企業が全体の３分の２を占め，防衛型，探索型を選択した企業よりも多い。第２に防衛型，探索型，分析型を選択した企業の間において，「出世」（東証一部・二部並びにJASDAQグロース）とそれ以外を分けて分析したところ違いは確認されなかった。また，「挫折」（債務超過等による上場廃止）についても３類型の間に明確な違いはなかった[注7]。

表２　環境適合パターン毎の企業数と現況

2021年末の現況	防衛型	探索型	分析型	計
東証一部	1	1	4	6
東証二部	1		1	2
JASDAQスタンダード	0	1	5	6
JASDAQグロース「後継市場」	2	1	5	8
M＆Aによる上場廃止	1	－	2	3
MBOによる上場廃止	－	－	1	1
債務超過等による上場廃止	－	2	1	3
計	5	5	19	29

3.2　事業分野グループ毎の分析

　次に，事業分野グループ毎の違いについて検討しよう。

3.2.1　ソフトェア業（受託開発）

　受託開発（BtoB）を主体とする企業10社は分析型６社，防衛型２社，探索型２社となった。まず分析型６社の現況をみると，「出世」１社（JASDAQスタンダード），「後継市場」（JASDAQグロース）３社，MBO１社，債務超過等１社となった。ユークスはゲーム会社や遊戯場向け受託開発を主力としJASDAQスタンダードに転進した[注8]。イメージ情報開発，テックファーム，ビーマップの３社は「後継市場」にとどまっている。㈱アイ・エム・ジェイは業績低迷を受けMBOによる上場廃止，業務体制の刷新を経て大手情報サービス会社の完全子会社となった。アイ・エクス・アイは航空機事業への挑戦を経て同業他社の子会社となり2006年にヘラクレス上場廃止を申請したが，直後に大規模な会計上の不正

が発覚，破たんした。次に防衛型２社は「後継市場」（JASDAQグロース）１社，M&A（上場廃止）１社に分かれる。ジェイテックは技術者派遣を中心として安定的に業績を維持し，イーウェーブは大手情報サービス業の傘下に入った。さらに探索型２社は後継市場上場１社，債務超過による上場廃止１社に分かれる。デジタルデザイン（現 Nexus Bank）は2005年にはITサービスが売上の９割を占めたが，2020年には売上の９割が金融サービス関連で，事実上の事業転換を進めた。オープンインターフェイスは1992年にITテスト会社として設立され，ソフトウェア制作の比率が高かったが，事業領域間の相乗効果が得にくいマーケティング事業，不動産事業等に資金を投じ破たんした。

3.2.2　ソフトウェア業（SaaS/ソフトウェア製品主体）

　製品主体の11社は分析型９社，探索型２社に分類でき，防衛型はない。まず分析型の９社の内訳は「出世」６（東証一部４，JASDAQグロース２），「後継市場」２社，M&A（上場廃止）１社に分かれる。東証一部の４社はデジタルアーツ（主力製品：セキュリティ・サービス），eBASE（主力製品：商品情報データベース，ディーバ（現アバント）（主力製品：連結決算パッケージ），アイル（主力製品：販売管理システム）で，中核製品強化と新分野進出を並行して進めた。またJASDAQスタンダードに転換した２社も同様で，ジョルダン（乗換案内），リスクモンスター（審査・与信）に強みを持っている。「後継市場」にとどまるソフトフロント，アルファクス・フード・システムの２社も基本的には同じである。M&A（上場廃止）１社はシナジーマーケティングで2007年にソフトバンク傘下に入った。次に探索型２社は，東証一部並びにJASDAQスタンダード市場へ転進しているものの，ITサービス自体は成長していない。フュージョン・パートナー（現スカラ）はデータベース製品等を主体としていたが，2016年に売上高規模で４倍のソフトウェア製品会社を買収し，一時は売上高170億円まで拡大したが，その後，2021年に同社を売却した。また，ウェブドゥージャパン（現クルーズ）は，
　主力の携帯電話向け検索エンジンがスマホへのプラットフォーム転換で打撃を受け，衣料ＥＣサイトの運営に転じた。次に「出世」企業の特徴をみよう。探索型２社は特殊であるので除くと，「出世」企業の多くは分析型に位置づけられる。これら企業は，生産システムで大きな環境不確実性に晒されたが，中核技術の優位性を維持し顧客との絆を深めることに努める一方，技術・営業面で相乗効果が

望める製品開発や市場開拓を進めたことが確認される。

3.2.3　ゲーム，インターネット関連サービス

　ゲーム・コンテンツ提供3社の内訳は防衛型1社，分析型2社である。3社ともに，東証一部やJASDAQスタンダード市場転進という「出世」をとげている。ガンホーはオンラインゲームの単一セグメントの企業（防衛型）で売上高は2005年56億円から2013年にソフトバンクの連結子会社となって1000億円を超える大成長を遂げた。アイフリーク，ケイブは，ガラケーからスマホに主役が変わる中，事業領域を拡張していった。

　インターネット関連サービス5社の内訳は，防衛型2社，探索型1社，分析型2社である。防衛型1社(バリオセキュア)と分析型1社(ブロードバンドタワー)はそれぞれ東証二部やJASDAQスタンダードに転進（「出世」）している[注9]。防衛型1社（ストリーム・メディア・コーポレーション）は「後継市場」上場を維持している。アイレップ（分析型）は，デジタルマーケティング事業等で多角化を進め，M&Aを経て大手広告会社の子会社となった。これに対し探索型のT&Cホールディングスは，株式情報提供サービスから医療システムへと中核事業を変え，環境変化への対応を試みてきたが，業績不振から上場廃止となった。

3.4　小括

　第1に情報サービス業全体として分析型が19社と多数を占め，防衛型5社，探索型5社は比較的少ない。主要分野別にみると受託開発，製品，ゲームは全体と同じ傾向だが，インターネット関連サービスは相対的に防衛型が多い。第2に防衛型，探索型，分析型を選択した企業の間に業績の違いは生じたのか，は明確にならなかった。現在の上場市場からみた「出世」企業の輩出率に違いは確認できない。また「挫折」（債務超過等による上場廃止）は探索型2社分析型1社であるが，既存分野と相乗効果が得られにくい分野に進出したことの影響が大きいと推定される。

4．ヘラクレス上場企業の事例研究

　第4節では3社の事例研究を通じ，企業者的課題，技術的課題，管理的課題に

ついてマイルズ＆スノウのモデルをふまえ適切かつ互いに整合性のある対応を進めたか否かで業績の違いが生じるのか検討する。３社は分析型に属する受託開発主体のソフトウェア業でJASDAQグロース市場上場を維持している。

4.1　A社

A社は1998年創業のモバイル関連の受託開発などを行う会社である。2020年度（2021年３月期）の資本金9.3億円，従業員73人，売上高13.4億円，経常利益60百万円である。上場時（2001年度）は資本金3.6億円，売上高5.1億円，従業員18名から大きく成長した。同社の直近５期の売上高経常利益率の平均は2.0％で，2017年度から連続して利益をあげている。

移動通信関連の位置情報サービスの草分けであるA社は2010年代のスマホ・タブレット急増を「ビジネスチャンス到来」ととらえ成長に結びつけようとした[注10]。また，外部環境の不確実性として，特定顧客への依存，技術革新・競合・知財などの不確実性，人材確保，災害時の事業継続等を挙げている。こうした認識にもとづき，第１にA社は企業者的課題として，既存市場の確保と同時に事新規事業への進出に取り組んできた。上場以来，事業セグメント枠組みは大きな変更はないが，事業分野毎に既存サービスから新規サービスへの移行，既存顧客の維持と新規顧客開拓，受託ビジネスから独自商品への転換を毎年度，戦略的に進めた（表３参照）。手掛けた多くの新規事業の中には成功事例も撤退事例も多い。第２に技術的課題として，新規分野拡充に向け常に新技術の獲得に尽力し，既存事業の品質・納期管理・生産性向上を重視してきた。また優秀な人材確保・育成を常に重要課題としてきた。第３に管理的課題に関して，2012年に事業別組織に改編しセグメント別収益管理を推進した。このように，環境適合サイクルにおいて，各課題に効果的に対応し，その整合性が保たれていることが確認された。

表３　A社セグメント別売上高推移　　　　百万円　（出所）A社有価証券報告書

	2005年度	2010年度	2015年度	2020年度
交通関連・移動通信事業	356	295	142	225
無線LAN関連事業		192	561	812
その他ソリューション事業	376	189	155	305
合計	731	675	858	1344

4.2　B社

　B社は1991年設立のインターネット関連のソフトウェア開発，コンサルティングを行う会社である。2020年度（2021年6月期）の資本金18.2億円，従業員数259名，売上高60.0億円，経常利益2.1億円である。上場時2007年度は売上高20.7億円，従業員181名，資本金3.2億円と比べ大きく成長した。同社は大企業を主顧客として，特定分野のIT受託開発を主業務とし，特に携帯電話・スマホ向けソリューションに強みがある。直近5期の売上高経常利益率の単純平均は6.2％で，長期的にみても2008年度を除き経常黒字を確保してきた。

　携帯電話関連の受託開発を手掛けてきたB社にとり，衝撃的な外部環境変化として2010年前後のリーマンショックに伴う需要落込みと携帯電話からスマホへのシフトがある。2010年度有価証券報告書から企業者的課題，技術的課題，管理的課題への対処についてみてみよう。第1に企業者的課題として，既存顧客との関係強化と並行し新規事業に積極的に取り組み，受託開発からサービス提供型への脱却による収益構造の変革に努めてきた。この方針にもとづき，受託開発事業においてスマホ対応のサービス開発や新規顧客獲得に努める一方，2015年に自動車整備工場関連事業，2018年に農業関連事業をM&Aで入手した（表4参照）。第2に技術的課題として自社がこれまで築いた技術・ノウハウと外部のノウハウを融合に努めた。さらに人材面でも，受注先端技術を受注事業で積極的に採用したり教育体制の充実を図っている。第3に管理的課題に関しては，新規顧客獲得に向け「効率的で機動力のある営業体制」構築を進める一方，生産性・安定性を高めるためコミュニケーションロス削減，プロジェクト管理体制強化にも取り組んだ。その結果，2021年の自動車関連事業からの撤退はあるものの，受託開発分野におけるサービス開発・新規顧客開拓が進展し，好業績を続けている。B社は環境適合サイクルにおいて，適切かつ整合性を保つ努力をしてきたと言えよう。

表4　B社セグメント別売上高推移　　　　　　　百万円　（出所）B社有価証券報告書

	2007年度	2010年度	2015年度	2020年度
受託開発	1,741	2,730	3,378	4,731
携帯関連受託開発	302			
技術・コンサル	29			
自動車整備工場向ソフトウェア製品		1,277	603	
農業関連			663	
合計	2,072	2,730	4,655	6,004

自動車整備工場向け製品事業は2021年3月に売却

4.3　C社

　C社は1975創立の受託開発中心の会社で，2020年度の売上高6.8億円，経常利益21.8百万円，資本金3.0億円，従業員数61名である。2005年度売上12.7億円，従業員数67名，資本金1.6億円から規模的に後退している。直近5期の売上高経常利益率の単純平均は▲4.5%で，5期中3期で損失を計上した。

　C社は2006年上場時に，複数の大手金融機関を固定客に持つ，戦略立案からシステム開発・保守まで担当できる会社として評価されていた[注12]。上場後の同社の環境適合についてみよう。環境不確実性として，技術変化，競合，特定顧客への依存，セキュリティを挙げている。第1に企業者的課題は，既存事業深耕と新規事業進出で，特定顧客に対する依存率も下げることである。同社の主力事業は受託開発であるが，積極的に新分野進出を図り，2009年に半導体メーカーの子会社化（2012年売却），2010年に医療サービス進出，2013年に土木会社を20関連会社化などを進めた（表5参照）。第2に技術的課題として，新規事業の鍵となる技術の獲得を挙げる一方，既存事業の生産性向上（見積ミス・納期遅延，サービス品質向上）を重視してきた。人材面でもUML・JAVA等の最新スキル向上とともに，既存事業のプロジェクト管理スキル強化も進めた。第3に管理的課題への対処に関しては，医療サービスなどITとは異質分野が含まれるにも関わらず「セグメント毎の経営組織体系をもたずに同一従業員が複数セグメントに従事している」ことから分権化が不十分であったことが確認できる[注13]。また，2019年に有価証券報告書虚偽記載により証券取引等監視委員会より課徴金納付勧告を受けたことから，管理体制が有効に機能しない時期があったと推定できる。全体的にみると企業者的課題・技術的課題・管理的課題への対処の整合性に疑問があり，管理的課題への対処について不十分な点が確認できる。

表5　C社セグメント別売上高推移　　　　　　　　百万円（出所）同社有価証券報告書

	2005年度		2010年度		2015年度		2020年度	
受託開発	SI	753	SI	264	SI	526	SI	528
	セキュリティ	225	運用保守	211	運用保守	157		
	商品販売	228	商品販売	163	商品販売	386		
BPO・サービス		197		174		185		78
医療モール					BPOと同セグメント			79
合計		1271		813		1253		685

4.4　小括

　第4節では事例研究を通じ，企業者的課題，技術的課題，管理的課題について，適切かつ互いに整合性のある対応を進めることが業績の違いに結び付くか考察した。分析型の3社はM&Aを通じ新製品・市場への進出を試み，撤退例も経験しているという共通性があるが，直近5年間の業績や成長性で明暗が分かれている。マイルズ&スノウのモデルに照らし，業績不振の1社では3課題への対処について整合性に疑問があり，管理的課題への対処が不十分であったことが確認された。

5．結び

　小論の問題意識は，中小情報サービス業は高い不確実性にどう対処してきたかであり，マイルズ&スノウのモデルにもとづき，(1) 防衛型，探索型，分析型のいずれを選択した企業が多いのか，(2) 3つの戦略類型を選択した企業の間に業績の違いは生じたのか，(3) 企業者的課題，技術的課題，管理的課題について適切かつ整合的な対応を進めたか否かで業績の違いは生じるか，について検討した。これら問題認識について，新興会社向け株式市場に上場した情報サービス業29社もディスクロージャー資料にもとづく実証研究の結果，以下が確認された。第1にソフトウェア業では分析型を選択した企業が多数を占め，防衛型，探索型を選択した企業は少ない。第2に3類型を選択した企業の間で業績の明確な差は確認できない。第3に業績不振の企業に関して，3つの課題への対処の整合性に疑問があり，管理的課題への対処が不十分であったことが確認された。これら結論は，技術革新やプラットフォーム動向など，高い環境不確実性の下で情報サービス業がリスク分散のため分析型を採用する傾向にあることを示し，主体的に戦略類型を選択し適合サイクルを推進することの重要性を再認識させる。

　小論の含意について，中小企業政策の観点から検討しよう。情報サービス業において中小企業（資本金3億円未満または従業員数300人未満）が全体に占める比率は97％以上と推定される[注14]。このうち資本金3000万円以上3億円未満かつ下請業務比率が低い中堅企業は中小企業全体の1割程度を占める[注15]。これら中堅企業は新興市場上場企業の大半と規模面・リソース面で同等であるため，小論で考察したように，戦略類型を選定し自社主体で環境適合サイクルを進めること

が可能であり有効である。一方，より規模の小さい情報サービス業や，中堅企業であっても（1）資金調達力が弱い（2）地域顧客を主な標的とする（3）他社の下請に依存する等の場合，リソース制約並びに有力会社の戦略との整合という点から自社主体・単独の環境適合には限界がある。こうした企業の環境適合サイクルを推進にあたり，有力IT会社との関係強化や，地域レベルでの同業者・行政・研究機関等との協働等が，生産・流通システム構築に欠かせない。従って，次の2点を重要な施策として提案したい。第1に中小情報サービス業同士が対等な立場で人材の融通や相互に技術指導を行ったり，M＆Aにより規模拡大を図ったりすることができる，地域単位でのプラットフォームの整備である。第2に大手情報サービス業が環境適合戦略を進める際，小会社だけでなく下請・孫請会社をも含めて戦略を立てることを政策的に促すことである。

　なお，2022年4月に日本取引所グループは東証プライム，東証スタンダード，東証グロースの3市場へと市場区分見直しを行なったが，新しい市場区分にもとづき検討プロセスを検証し直し，小論の結論に影響がないことを確認した[注16)]。

〈注〉
1　中小機構「中小企業の定義」，2021年12月1日閲覧
　　https://www.smrj.go.jp/org/about/sme_definition/index.html
2　小論では物理的な形をもった商品だけでなく無形のサービスも製品としてとらえる。
3　Zahra＆Pearce（1990）は多くの実証研究をサーベイし，「防衛型・探索型・分析型が受け身型より好ましい業績をもたらすことを大半の研究が支持する」が「三者が同等の成果をもたらすかは，肯定・否定が半ばする」とした。
4　パーカー他（2018）等
5　ヘラクレス市場は一定の資産や売上実績のある企業を対象としたスタンダード市場と，ベンチャー企業を対象としたグロース市場に分かれていた。後継のJASDAQ市場も，2022年の市場区分見直しまで，同様にスタンダード市場とグロース市場に分かれていた。
6　当該年度有価証券報告書が入手できない場合，最も近い決算期を採用する。
7　「出世」と「それ以外」を区分し，「探索」「分析」「防衛」と2×3分割表を作成し，Fisher Exact Test を行うとp=1.0である。同様に「債務超過等」と「それ以外」の2×3分割表をテストするとp=0.137である。さらに両者をそれぞれ3通りの2×2分割表に集約して同様にテストしても，p<0.05となるものはない。
8　同社は2005年にプロレス興行会社経営権を取得し2009年に手放した。
9　バリオ社は業績不振から2009年11月に上場廃止となり，2020年10月に東証2部に再

上場した。

10　同社「2012年3月決算報告会資料」

11　外国籍技術者の積極採用（2019年1月25日，日経新聞），妊活支援特別休暇制度の創設（2019年7月1日，日経産業新聞）など。

12　日本経済新聞　2006年4月11日

13　同社「第41期（2015年度）有価証券報告書」 p6

14　日本政策金融公庫（2017）によると，従業員300人未満の企業が占める比率はソフトウェア業97.7％，情報処理サービス業98.8％である。

15　「令和3年度情報通信白書」によると，1年間に下請に携わった企業比率（資本金3000万円以上）は一次56.7％，二次25.2％，三次7.8％である。

16　調査対象の東証一部上場企業は東証プライムに，東証二部並びにJASDAQスタンダード上場企業は東証スタンダードに，JASDAQグロース上場企業は東証グロースにそれぞれ移った。ただし，Nexus Bank（JASDAQグロース）はM&Aにより，2022年3月で上場廃止となった。

〈参考文献〉

1　各社　有価証券報告書等IR資料

2　加護野忠男（1981）「経営組織論の新展望」『国民経済雑誌』143（4）pp.92-113

3　経済産業省（2018）「DXレポート：ITシステム「2025年の崖」の克服とDXの本格的な展開」

4　経済産業省（2019）「平成30年特定サービス産業実態調査報告書」

5　コトラー,P & G.アームストロング（2003）『マーケティング原理第9版』和田充夫訳，ダイヤモンド社

6　崔学林（2002）「経営組織の環境適応と競争戦略論―文献の展望と研究課題―」『現代社会文化研究』23, pp.165-182

7　日本政策金融公庫（2017年）「中小情報サービス業の現状と課題」

8　平本健太（1989）「戦略と組織：日本企業を対象とするマイルズ＝スノウ理論の検証」『経済学研究』39（2），pp.129-157

9　パーカー,J他（1998）『プラットフォーム・レボリューション：未知の巨大なライバルとの競争に勝つために』妹尾堅一郎監訳，ダイヤモンド社

10　Miles, R.E., Snow,C.C., Meyer,A.D. and H. J. Coleman, Jr. (1978). "Organizational strategy, structure and process", The Academy of Management Review 3 (3), pp.546-562

11　Miles, R.E.& C.C.Snow. (1984). "Designing Strategic Human Resources Systems", Organizational Dynamics, Summer, pp.36-52

12　Zahra,S. & J.Pearce (1990). "Research Evidence on The Miles-Snow Typology", Journal of Management, 16 (4), pp.751-768

（査読受理）

中小企業における社会的弱者の雇用戦略
—人材確保とCSR実践—

兵庫県中小企業家同友会　津田泰行

1．はじめに

　中小企業の人手不足については，2011年頃から各業種で「不足」と回答する企業が上回る状況が続いている[注1]。この傾向は2020年のコロナ禍を受けて，一時的に「過剰」と回答する企業が上回ったものの，2021年には再び「不足」の回答が上回っており，DI値はマイナスとなっている。これは日本全体での就労人口自体の減少ともあいまって，中小企業にとって慢性的な人手不足が続いていることを示している[注2]。さらにこのデータを詳しくみると，売上高が上昇している成長企業ほど人員の不足を強く感じていることがわかる。つまり，将来的に経済への貢献が期待できる成長企業が，とくにこの問題に直面しているといえる。

　この解決策として，これまで政府は多様な人材の活用を打ち出してきた。ダイバーシティ経営といわれる，外国人・女性・高齢者・障がい者などの，社会的弱者の雇用があげられる。この中には刑務所出所者といった，能力の問題以外の様々な理由で就労が困難な人材も含まれている。こうした社会的弱者の雇用は企業におけるCSRの一つであるといえる。これまで地域で就労していない，つまり活躍できていない人材を活用することによって，雇用企業は多様な人材の受け入れという社会的な役割を果たすことができる。社会的弱者の雇用が無理なく実行でき，そして企業の中で活躍できれば，人手不足の解消という企業の課題と，地域で雇用を創出するという社会課題が同時に解決できる可能性につながる。

　小規模企業においては労働分配率が高いことにより，CSRを費用と割り切って社会的弱者を雇用するという単一の意義では現実的に取り組むことが難しいと考えられる。つまり，雇用はできる限り企業の存立基盤を強化するよう活用できる

ものでなければならず，企業において雇用された人材は利益に貢献する働きを求められる。そこで本研究では，雇用を通じたCSRについて，経営資源の視点からとくに実践が困難とみられる小規模な企業での取組事例について，企業へのインタビュー調査により考察を行うものである。

２．先行研究のレビュー

（１）　中小企業とCSRに関する研究視点

　中小企業において，雇用は財務的にも大きな影響を与えるものである。中小企業と大企業を比較すると，大企業の方が労働分配率は相対的に低い[注3]。したがって中小企業の方が，より雇用が経営に与える影響は大きなものであるといえる。

　佐竹（2007）ではこの人材の雇用について，「居場所と役割」という表現で言及している[注4]。これは「自らを必要とする「場」が存在し，居場所を認識することができれば安心感が生まれ，モティベーションが生じ，そこから生まれるものが組織や集団への所属意識と，そこにおける存在価値である」（佐竹隆幸，2017，p320）ということである。つまりヒトという経営資源を生かすための手法として，①活躍の場を設けることと，②活躍によって帰属意志や忠誠心を高める，という循環を目指すべきと示している。中小企業では「居場所と役割」を適切に与えることによって，相対的に高い労働分配率を投資として活用できるということである。中小企業における最大の課題は「変化に耐えられる強靭な体質づくり」（佐竹隆幸，2017，p310）であり，変化に対応するイノベーションを実現するために，従業員の役割・存在が重要視され，従業員に「居場所と役割」を与えることによってイノベーションを発生させるメカニズムを佐竹は「顧客価値創造経営」と呼んでおり，これはつまり「ESを高めることによってCSを高める経営」（佐竹隆幸，2017，p311）だといえる。また社会的な視点で見れば中小企業が雇用すること自体が「地域の雇用と税収促進を意味する」（佐竹隆幸，2008，p217）ことでもあり，雇用を生み出すこと自体がCSRであるともいえる。

　CSRについては様々な先行研究が存在する。CSRとは，経営プロセスに社会的公平性や人権に対する配慮を組み込み，そのうえで社会的課題の解決に取り組むことである[注5]。また中小企業のCSRについては，「中小企業経営の基本から発想

すると、①従業員の重視、②顧客の重視、③地域の重視により、経営とCSRの取り組みへの原点とすることが可能になる」（太田進一，2009，p157）という指摘がある。太田（2009）はこの根底にある考え方として、近江商人に代表される「三方よし」の考え方を挙げている。これは「適度な利益がなければ企業の存続は困難である。また、企業の社会的責任も果たしえない。石門心学の考え方でも、本業重視の持続的な発展の延長上に社会的責任があった」（太田進一，2009，p150）と指摘されているように、CSRという広い領域のなかで、中小企業の取り組む視点として従業員や顧客、そして地域を示している。さらに利益との関係については「CSRに取り組むことは、中小企業としての利益追求を何も否定しているのではない。（中略）本業重視の持続的な発展の延長上に社会的責任があった」（太田進一，2009，p150）と示している。本業の持続的な発展とCSRは矛盾するものではなく、発展を目指すなかで社会的責任を果たすことが中小企業に求められていると同時に実現可能な手法であるとしている。

　CSRと本業の関連に関しては、許（2015）が5社の事例を通じて、本業を生かすCSR活動の有効性を示している。中小企業のCSRは、「経営理念や経営者の信念として、特に意識せずCSRを行う「結果としてのCSR」が多くみられる」（許伸江，2015，p80）ために、大企業のCSRと比較して注目されにくいことを指摘している。さらに、許（2015）は中小企業のCSRを読み解く鍵として経営理念を示している。経営者の信念を外部に明示する経営理念によって、企業として取り組む姿勢やCSRを企業の内外に示すことができ、それによって社内の信頼関係構築や、不足する資源を補うための外部との関係構築に役立つとしている[注6]。さらにこの研究では、従業員への経営理念浸透について、「社員への理念の浸透は小企業の方が有利である」（許伸江，2015，p88）と述べている。この理由として、ステークホルダーとしての株主を意識しなくても良いこと、社内のガバナンスにおいて問題が少ないことが挙げられている[注7]。しかし中小企業は経営資源に余裕があるわけではなく、「会社の利益となるかどうか不確定な状況では、CSRへの思い切った資源投入はできない（許伸江，2015，p81）」という課題があり、本業へのシナジーがなければ取り組むことは難しいことも指摘している。このことからも、中小企業は本業とリンクしたCSR活動に取り組む必要性があるといえる。

　CSRによる事業性と社会性について出家（2018）では、社会的企業と社会的資

本の違いから論じている。ソーシャルメディア等の急成長によって，個人の情報発信が強化されたことで，どの企業も社会や市民の「世論」を意識せざるを得ない，「社会の世論を気にしながら行動しなければならない（中略）市民・生活者・消費者のパワーの強まりといった現象」（出家健治, 2018, P11）が発生している。こうした変化の中で，企業は社会的な性格を帯びざるを得なくなり，社会的な役割を意識した社会的企業となった[注8]。しかし出家（2018）は，企業である以上は社会的価値だけを追求するものではなく，企業として最も優先される利潤追求と「水と油」の関係にある社会的利益が両立することを要請されており，中小企業のCSRについて利潤追求の範囲内でのみ「限定的な社会的利益」を行うことが本質的な内容だとしている[注9]。つまりその関係は，あくまで本業である利潤の追求という目的が主であり，その中で実現できる社会的利益の追求は従という関係である。社会的利益と企業の利潤という矛盾する概念の両立を期待されながらも，そこに優先順位は存在し，やはり企業として利潤追求という本業に軸足を置くべきものであることを示している。

　これらの先行研究から，中小企業は利潤との両立可能な「本業」のなかで，経営資源の浪費とならない形で，かつできる限り社会的利益を実現する必要があるといえる。中小企業においては大企業と比して労働分配率が高いことは先に示した通りである。つまり，この高い比率を占める「労働」によって社会的利益を実現することで，結果としてCSRに取り組むことが可能となると考えられる。では，どのような形であれば労働によってCSRに取り組むことができるだろうか。Stoian（2017）による，英国中小企業におけるCSR活動に関する研究では，売上高・利益の増減とCSR活動の有無に関して，その相関を分析している。この研究ではCSRの戦略的アプローチとして，どのようなものが「ペイする」，つまり費用に見合うだけの投資となりうるかを論じている。Stoian（2017）では，企業の成長に焦点を置いており，売上高の成長をもって，CSRが「ペイする」指標として企業に対し調査を行っている。このなかで，「未開拓の人材の育成，住民の雇用創出，従業員の寄付の支援，従業員のボランティア活動，慈善活動など，地域社会に関連するCSRが"ペイ"する」（Stoian, 2017, p20）と示されている。とくに人材の採用・育成や，地域の雇用創出，従業員の信頼など，労働力に関するCSRは従業員の忠誠心向上や，意欲的な人材の入社につながることが明らかにされている。市場や社会といった外部に対する活動としてだけでなく，企業内の重要な

ステークホルダーである従業員との関係においても，CSR活動の意義を裏付けるものであるといえる。

　桑田・渡邉（2015）は，知的障がい者および発達障がい者の雇用と定着について必要な要因の検討を行っている。このなかで，就職から5年以上勤務を続けている事例と5年以内に退職している事例について，それぞれ学校教員や企業担当者・保護者へのアンケートを通じて就労継続につながる要素を示している。桑田・渡邉（2015）では，就労継続に必要とされる要素は大きく3つのグループに分類されている。第1のグループは「規律」「自律」「従順」，第2のグループは「自己理解」「他者理解」「対人行動」「言語力」，そして第3のグループは「周囲の理解」[注10] である。この先行研究は学校教育や支援プログラムについて示唆を与えるものとして3要素を提示したものである。しかし，企業での受け入れ態勢の視点でもこれは重要な示唆といえる。つまり，企業においてもこの3つの要素を満たすことができれば，やはり雇用の定着につながると考えられる。

　Stoian（2017）における地域の雇用創出と企業の成長という視点，そして桑田・渡邉（2015）における雇用と定着における要素の視点から，本研究では中小企業における社会的弱者の雇用と企業の発展の両立可能性について，事例をもとにその考察を行う。

（2）　先行研究の整理とリサーチクエスチョンの設定

　中小企業とCSRに関する先行研究を概観したなかで，中小企業のCSRについては，本業に密接に関わることが重要であると考えた。その関係者として具体的には①顧客または市場，②従業員，それぞれが重要であるといえる。なかでも従業員は理念浸透による社会的価値の理解によって，従業員自身の帰属意識を高めること，また高い帰属意識は顧客に対する価値提供にも影響を与えることから，企業にとってより重要な存在である[注11]。

　本研究では冒頭で示している通り，人材不足への対応を課題として掲げている。特に小規模企業において多様な人材の活用は，この人材不足の解決策として機能し，雇用することによってCSRとしての評価を得ることも期待できる。先行研究から，障がい者の雇用に関しては定着につながる3つの要素が示されている。

　そこで本研究におけるリサーチクエスチョンとして，①障がい者雇用の定着に

つながる3つの要素に経営理念がどのように影響を与えるかを明らかにする。次いで社会的弱者の雇用へと拡大し，②出所者雇用と定着における経営理念の影響について，定着の要素と関連づけて検討する。

　上記のリサーチクエスチョンを明らかにするため，以下では雇用によるCSR行動，具体的に社会的弱者の雇用について企業事例をみていく。企業事例は経営者へのインタビューによって情報を収集している。本研究で取り扱う事例は障がい者雇用と，刑務所等からの出所者の雇用の2事例とし，インタビュー調査を行った。この2社を取り上げるにあたって，佐竹（2017）におけるES・CS・CSRの前提として示されている「理念型経営企業」（佐竹，2017，p326）であること，Stoian（2017）の先行研究に基づいて，雇用後に売上高が増加していることをインタビュー先の選定条件とした。

3．企業事例

（1）障がい者の雇用：兵庫県多可町　S社[注12]

　兵庫県多可町で非鉄金属スクラップ・リサイクル業を営んでいるS社は，従業員数8名（2021年7月現在）の企業である。1988年に創業しており，当初は公衆電話機の解体と非鉄金属の回収を主な業務としていた。現在はビニル被覆電線をスクラップし，電線内の銅を分別・回収し販売を行っている。

　同社では2014年から知的障がい者のA氏を雇用している。A氏は以前に同社で働いていた従業員の息子であった。会社近隣に在住で，社長とは入社する以前から同じ地域の青年団で顔を合わせる友人関係であった。

　社長と友人であることはもちろん一つの要素ではあるが，雇用に至った理由としてはその能力への着目がきっかけであった。以前従業員として働いていたA氏の母親へ内職作業を継続的に依頼していたところ，ある時期から急激に作業効率が高くなった。その理由を尋ねたところ，息子であるA氏が手伝っていることが分かり，自社の熟練スタッフ以上の処理能力であることから，もともとの友人関係もあり雇用を打診したのである。A氏は前の職場でうまくいかず，退職して実家に戻っていたという経緯もあり，母親も含めて当初就職に消極的であった。しかし，社長の熱心な交渉により，S社で働くこととなった。パート・アルバイトとしてではなく，当初から正社員としての雇用である。

①　規律・自立・従順の要素

A氏は中等度知的障がいであるため、学力としては小学校の低学年から中学年程度である。前の職場ではうまくいかなかったこともあり、当初は仕事に対して苦手意識を持っている状態であった。またコミュニケーションも得意でないため、健常者と同様の業務指示では理解できないことも多かった。

特に安全に関する行動は当初大きな課題であった。銅線の先端など、けがの危険性の高いものを扱っていることから、S社では作業中に長袖の着用が義務付けられている。しかし、A氏は作業途中に袖まくりをしてしまうなど、このルールを守らないことも当初多かったという。入社当時から半年間ほどは社長自身が厳しく指摘し、何度も繰り返すことによってようやく指示に従うようになったという。そのほか、機械の付近での行動など、けがや事故につながる危険性のある行動については、何度も繰り返し指摘・注意を行うことで改善に至った。

②　自己理解・他者理解・対人行動・言語力の要素

「周囲の理解」の項目にて詳述するが、特性に対する配慮を行うことによって、A氏は現在、健常者である他の従業員を上回る作業効率で業務をこなしている。その結果、A氏は給与においても健常従業員と同等であり、待遇面においては休憩時間などの配慮を除いてはほぼ同条件と言って差し支えないレベルにある。

A氏を特別扱いせず社内の戦力として対等に扱っていることは特筆すべき点である。その日のコンディション等で作業効率が悪い場合には本人にそれを指摘し、逆に他の従業員を上回る、または自身のこれまでの効率を上回る成果を上げている場合にも、そのことを本人に正確に伝えている。こうした特別扱いしない関係性によって、A氏もまた働く一員として、企業の業績に関わる自覚を持つことに繋がったという。S社での経験によってA氏は、前職で喪失した仕事に対する自信を取り戻し、日常業務で効率を意識し、高めようとするレベルまで前向きな姿勢で取り組むことができている。

③　周囲の理解の要素

当初は十分に指示が伝わらないことによって、業務に関して齟齬が生じることも多かったが、時間をかけてコミュニケーションをしていくうち、A氏の特性をつかんで育成の方針を定め、作業効率を高めることが可能になった。具体的には、

作業の指示をＡ氏が記憶することのできる２つ以内に留めることなどが挙げられる。また，自分で判断しなければいけないこと，思考しなければわからない要素をなくすことによって，作業中に止まることなく行動することができるようになったという。Ａ氏の作業が安定するまで指導を続けることができた周囲の姿勢も重要である。これは社長自身が付き添って指導するのみならず，現場の社員，事務スタッフに至るまでがＡ氏の行動に注意を払い，けがや危険は回避させるようにしながら，一方で「けがのない範囲ではある程度失敗も経験させる」という形で対応を続けたという。

Ａ氏の雇用は「障がい者雇用」というCSRであり，同時にＳ社の戦力としても活躍している。Ａ氏の障がい自体は社内で認知されつつ，業務に影響しないよう工夫を加え，また育成し，達成した成果は障がいと関係なく対等に扱うという形である。

④　経営理念との関連

Ｓ社は経営理念として「私たちは共に学び，共に成長し，お互いの幸せを追求します」を掲げている。社長によれば，成長というキーワードはＡ氏の受け入れを通じて改めて重要性を実感したことであり，また受け入れをあきらめない要因になったという。障がいを言い訳にすることなく，できることをさせる，できることを増やすという視点で考えること，その姿勢を表すものとして経営理念がいわば旗印となったのである。

一方でＡ氏の雇用を通じて，社長は逆に健常者の従業員に対して，特性や性格を把握せずに接しているのではないかと気づいたという。今後は，他の健常従業員も特性を把握・理解し，適材適所の配置を目指すと語っている。

同社は2014年のＡ氏入社以降，従業員数に増減なく2020年まで増収を続けていた[注13]。社長はＡ氏の雇用だけが直接の要因とは言い切れないながらも，企業全体で生産性の向上に影響を感じているという。経営理念を明示し，体現する形で社会的弱者の雇用を行うことで，企業を成長させることができた事例といえる。

（2）出所者の雇用：兵庫県姫路市　Ｍ社[注14]

Ｍ社は姫路市で機械設備のメンテナンス・据付工事及び，高速道路保守管理・メンテナンス業を営んでいる。2006年に創業し，建設業の請負事業からスタート

し，現事業内容へと変遷している。従業員数は26名（2021年7月現在）である。協力雇用主制度[注15]に基づき，刑務所からの出所者であるB氏を雇用している。この雇用に取り組んだ原点として，社長は創業直後に千房株式会社　中井政嗣氏（現代表取締役会長）の講演を聞いたことを挙げる。企業を出所者の社会復帰の場とし，CSRに取り組む講演を聞き，いつか自社でも出所者の社会復帰支援に取り組んでみたいという気持ちを抱いていた。

　国内では年間で保護観察対象者などを含めた約35,000名の出所者等がおり，そのうち約2,000名が協力雇用主の元で就職し，社会復帰に取り組んでいる。しかし，出所者の一定数は再犯により再び入所している。再犯率は有職者7.3％に対して無職者は23.8％と高く，職業の有無によって3倍以上の開きがあり，働く場の確保は社会復帰において重要な意味を持つといえる[注16]。

　M社は創業より長らく従業員の定着が悪く，常に従業員募集を行っている状況であった。2018年にハローワーク以外の募集媒体を探していたところ，協力雇用主制度を知り，出所者の雇用に挑戦することとなり，2019年にB氏を採用した。

①　規律・自律・従順の要素

　出所者という経歴から，規律性においては雇用前から懸念の声が社内から大きく，社長自身も不安を抱えていたという。しかし実際に雇用したB氏は非常にまじめであったため，こうした不安は杞憂に終わっており，特にこの要素について関連する内容は見当たらない。

②　自己理解・他者理解・対人行動・言語力の要素

　この点では障がい者雇用と異なる内容がインタビューから明らかになった。「能力の認識というより，むしろ自身の居場所を見つけさせることが重要だった」と社長は語っている。出所する時点でそれまでの人間関係がある程度途切れているため，ただ働く場があるだけでは孤独感につながり，退職ひいては再犯につながる可能性もある。こうした懸念から，社長は他の社員に対し，友人・仲間として迎えることを意識するよう伝えたという。数か月後にB氏及び周囲の従業員にそれぞれ話を聞いたところ，お互い思っている以上に良い意味で差がないことが理解できたという答えが返ってきた。こうした疎外感を排除していくことも定着に向けて重要だといえる。

③　周囲の理解の要素

　出所者の雇用について，最も大きな要素としてこの点が挙げられる。出所者という経歴はいわゆる社会的弱者の中でも極めて特質的な存在であり，ネガティブなイメージが付きまとうものである。社内においても社外においてもある種注目を浴びてしまうのはやむを得ない。特に上司となる従業員は非常に警戒しており，入社までの数か月間にわたり，社長と長い時間をかけてB氏との接し方について相談を重ねたという。実際には入社後B氏との間に特に軋轢はなく，「案ずるより産むがやすし」であったと社長は語っており，特に問題もなく順応することができた。既存従業員からは「経歴で特別視しないことが重要だと気付いた」といった声もあった。

　また，取引先や現場でB氏に好奇の目を向けられることがないよう，従業員全体が顧客や現場における地域住民を意識するようになり，社内全体が所作を正すような効果もあった。障がい者雇用とはまた異なった視点で，白眼視されることがないように周囲も理解を深めることが必要とされる。

④　経営理念との関連

　M社は経営理念として，「貢献」という一語を掲げている。あえて経営理念を短い単語としているのは，仕事を通じて貢献することは全員の共通項として示し，そのなかではある程度の個人差を許容し，それぞれが会社に居場所を見つけてほしい，という社長の思いが込められている。出所者であっても，経歴は問題ではなく，「貢献」する姿勢があるかどうかという点では何の違いもないと社長は語っている。

　この理念に対しては，従業員から「B氏のような環境の人に居場所をつくる」ということも「貢献」の理念につながるのではないかと声があがり，社長が気づかされることもあったという。B氏は2022年2月現在もM社で継続して働いており，M社も現在二人目の出所者雇用に向けて採用活動に取り組んでおり，「貢献」を拡大しつつある。

　一方で「B氏よりも付き合いにくいスタッフがいる」といった，B氏をフラットに仲間として見るがゆえの不和も別に生じた。社長はそれまで業務の得手・不得手のみを考慮して現場のグループを編成していたが，従業員の相性を考慮するようになったという。

　M社はB氏が入社した2019年以降社員数・売上・利益とも増加している。従業員数はB氏採用前，2018年の14名から，2022年1月現在で2倍近い27名となっており，売上高は2018年度の約5000万円から2.5倍以上の約1億3000万円と増加した。さらに経常利益も2018年の約600万円から約1300万円と倍以上に成長しており，従業員の定着・増加に加え，生産性についてもプラスの影響を与えている。社長は経営理念について社員に語る機会が増えたと話しており，人手不足への対応として取り組んだ内容が，経営理念の浸透につながった事例といえる。

4．結論

　本研究では①障がい者雇用の定着につながる3つの要素に経営理念がどのように影響を与えるかを明らかにし，次いで社会的弱者の雇用へと拡大し，②出所者雇用と定着における経営理念の影響について，定着の要素と関連づけて検討するという二点について，2社の事例をもとに考察してきた。

　S社の事例では，経営者の友人であるA氏に雇用の場を与えたいという社長の個人的な動機が障がい者雇用というCSRの出発点である。障がい者雇用の受け入れについては，先行研究で示された3つの要素に適合する形で受け入れに取り組んでおり，実際に現在は成果を上げる戦力として活躍している。このなかで経営理念を受け入れの旗印として示すことにより，理念の浸透と社内体制の強化にもつながっている。障がい者雇用をCSRとしてだけでなく，本業において活躍させようという努力は3つの要素を満たしていくことで結実し，それによって業績にプラスの影響を与える可能性を示している。

　M社についても経営者の個人的な興味をきっかけとして，出所者の雇用というCSRに取り組んでいる。出所者は障がい者とは当然異なる存在であるため，一概に3つの要素が援用できるものではない。しかしながら，異質な存在であるB氏を企業の中で受け入れ，従業員の中でチームとして機能させるための「居場所」をつくる取り組みにおいて，特に「自己理解」「他者理解」「対人行動」や，「周囲の理解」といった側面では同じような要素がみられた。M社においてもこれらの要素を紐づけ，旗印として機能したのが経営理念であった。M社は従業員定着率の低さという問題を抱えていたが，結果として社員数・売上高・経常利益の増加がみられ，生産性向上がみられた。

　これら2社の事例は，経営資源が限られる中での雇用であり，社会的弱者を活用するため，根気強い取り組みを行っている。そこにはまた，経営者が経営理念という大きな方向性を示していることが共通している。

　社会的弱者の雇用は，地域でこれまで活躍していない人材を掘り起こす雇用創出という地域貢献のCSRのみならず，多様な人材を雇用することによって，彼らを触媒とした企業文化の変容が期待できる。前向きに異質な存在を従業員として受け入れるプロセスを通じて，従業員全体のモチベーション（ES）の向上が期待され，高いESによって事業の発展に資するイノベーション（CS）の源泉が生み出される。

　地域の雇用創出というCSRは，経営理念のもとで異質な存在を受け入れるプロセスを通じて，従業員満足につながると同時に業績拡大にもつながる可能性が示された。このようなES・CS・CSRというソーシャル・イノベーションのサイクルを回す「地域にとってなくてはならない企業」（佐竹，2017，p327）となることが，中小企業が社会の公器として役割を果たすことに繋がる。

　もちろん本研究で取り上げた両事例とも，社会的弱者の雇用数は圧倒的に少なく，また雇用からの期間も決して長くない。しかしながら，小規模企業においてこうした社会的弱者の雇用が進むことは，その企業数の多さから社会全体における絶対的な雇用数増につながると考えられる。特に出所者の雇用については，事例も多くはないため，さらに研究の余地があると考えられる。今後さらに多くの事例，そして長期的な観察を通じ，研究を深化させたい。

〈注〉
1　中小企業庁（2021）『中小企業白書（2021年版）』Ⅰ-49
2　『同上書』Ⅰ-67
3　深尾京司・牧野達治・池内健太・権赫旭・金榮愨（2014年）「生産性と賃金の企業規模間格差」『日本労働研究雑誌』第649号，p.21
4　佐竹隆幸（2017）『現代中小企業のソーシャル・イノベーション』p.320
5　谷本寛治（2020）『企業と社会　サスティナビリティ時代の経営学』p.81
6　許（2015）では，外部との関係構築とともに事業承継時の後継者と従業員の信頼関係構築について言及されている。
7　許伸江（2015）「中小企業のCSRの特徴と課題」『日本中小企業学会論集』第34号，p.81
8　出家健治（2018）「企業の社会的責任（CSR）と社会的企業・社会的資本の社会的役割の同床異夢：市場と非市場の連携の視点から」『熊本学園商学論集』第22巻　第2

号，p.12
9　『同上書』p.12
10　桑田良子・渡邉章（2015）「発達障害者・知的障害者が働き続けるために必要な要因の検討：思春期のキャリア教育を考える前段階として」『植草学園大学研究紀要』第 7 巻，p.65
11　佐竹隆幸（2017）『前掲書』p.326
12　取材日　2021年 1 月12日，2021年 6 月26日，2022年 2 月 7 日に訪問。
13　2021年決算はコロナ禍による経済活動の停滞により，減収となっているが，2014年を上回っている。
14　取材日　2021年 7 月 9 日，2021年10月17日，2022年 2 月 9 日に訪問。
15　犯罪・非行をした人をその事情を理解したうえで雇用し，その改善・更生に協力する民間事業主のこと。保護観察所を通じて登録する。2020年10月 1 日現在で24,213事業者が登録している。
法務省「厚生保護における就労支援」
https://www.moj.go.jp/hogo1/soumu/hogo02_00030.html（2021年 9 月22日閲覧）
16　財務省（2020）「刑務所出所者等に対する就労支援 総括調査票」p.1
https://www.mof.go.jp/policy/budget/topics/budget_execution_audit/fy2021/sy0306/06.pdf（2021年 9 月22日閲覧）

〈参考文献〉
1　太田進一（2009）「CSR（企業の社会的責任）と企業経営のあり方」『同志社商学』第60巻第5-6号，pp.143-158
2　許伸江（2015）「中小企業のCSRの特徴と課題」『日本中小企業学会論集』第34号，pp.79-91
3　桑田良子・渡邉章（2015）「発達障害者・知的障害者が働き続けるために必要な要因の検討：思春期のキャリア教育を考える前段階として」『植草学園大学研究紀要』第 7 巻，pp.59-67
4　財務省（2020）「刑務所出所者等に対する就労支援 総括調査票」
https://www.mof.go.jp/policy/budget/topics/budget_execution_audit/fy2021/sy0306/06.pdf（2021年 7 月10日閲覧）
5　佐竹隆幸編著（2017）『現代中小企業のソーシャル・イノベーション』同友館
6　佐竹隆幸（2008）『中小企業存立論』ミネルヴァ書房
7　谷本寛治（2020）『企業と社会　サスティナビリティ時代の経営学』中央経済社
8　中小企業庁（2021）『中小企業白書（2021年版）』
9　出家健治（2018）「企業の社会的責任（CSR）と社会的企業・社会的資本の社会的役割の同床異夢：市場と非市場の連携の視点から」『熊本学園商学論集』第22巻第 2 号，pp.1-45
10　深尾京司・牧野達治・池内健太・権赫旭・金榮愨（2014）「生産性と賃金の企業規

模間格差」『日本労働研究雑誌』第649号，pp.14-29

11　Stoian, C., & Gilman, M. (2017). "Corporate social responsibility that "pays" : A strategic approach to CSR for SMEs." *Journal of Small Business Management*, Vol.55, No.1, pp.5-31

（査読受理）

自然災害発生時に事業を継続させる
企業の特徴と有効な対策
―被災企業の事業中断状況からみた分析―

日本政策金融公庫総合研究所　長沼大海

1．問題意識

　近年，わが国で大規模な自然災害の発生が目立つ。日本政策金融公庫総合研究所が2020年10月に実施した「自然災害の経営への影響に関するアンケート」によると，2010年代の大規模自然災害で被災した中小企業の割合は，全国で21.9％を占め，そのうち被災によって事業を中断した企業は36.9％であった。事業の中断は経営に大きな影響を及ぼすだけではなく，財やサービスの供給中断を通じて被災地の復旧の遅れや，サプライチェーンの毀損につながる可能性がある。この状況を回避するには，防災・減災や事業継続に関する対策（以下，備え）が必要であるが，発生頻度の低さなどから十分な備えが実施されておらず，特に中小企業では経営資源などの不足から取り組みに遅れがみられる（井上・長沼，2021）。

　本稿では，被災して事業を中断した中小企業と中断しなかった中小企業の違いに関する実証分析を行う。分析の目的は，先行研究で指摘された被災時に事業を継続する企業の特徴を，前述のアンケートを用いて再検証することにある。加えて，事業継続につながる備えの効果の検証を行う。個々の自然災害によって被害の大きさや中小企業への影響が異なることは十分に予想できるが，2010年代の大規模自然災害に共通する要因を探ろうとするものである[注1]。2010年代の大規模自然災害のいずれかに被災した中小企業を対象に，備えの効果を実証分析した研究は筆者の知る限りほとんどなく，本分析は有用なデータになるとともに事業継続に関する政策立案の一助になると考える。

２．先行研究と仮説の設定

　自然災害の影響に関する分析はこれまでも数多くなされている（Cavallo and noy，2011）。そのうち，企業レベルのデータを用いた分析も多岐にわたり，海外の研究をみると，Dahlhamer and Tierney（1998），Webb, Tierney, and Dahlhamer（2002）など，米国のハリケーンや地震によって被災した企業を対象にした研究のほか，ヨーロッパの企業のデータを用いて，洪水被害が企業の資本や労働，付加価値の成長に負の影響を及ぼすことを指摘したLeiter, Oberhofer, and Raschky（2009）などがある。また，De Mel, Mckenzie, and Woodruff（2012）は，スリランカの企業データを用いて，2004年の津波被害からの企業の復旧過程を分析し，資金制約が復旧の足かせになったことなどを示している。

　他方，日本では，東日本大震災で被災した企業を対象にした研究が多い。乾・枝村・一宮（2016）は，経済産業省の「生産動態統計」「企業活動基本調査」の個票データを用いた分析から，高い労働生産性，潤沢なキャッシュフローが，生産金額を被災前の水準まで回復させるに当たってプラスに影響すること，従業者規模が小さいほどマイナスの影響が大きいことを指摘している。製造業を対象にした独自アンケートの結果から操業停止期間の決定要因を分析した若杉・田中（2013）は，建物の損壊など直接的な被害が大きいほど操業停止期間が長く，電力供給や工業用水供給の寸断，取引先の被災など間接的な被害も操業停止につながることを指摘している。食品関連の業界紙に掲載された食品製造業の工場535件の情報を基に操業停止期間の実証分析を試みた鎌田（2014）は，建物や設備の直接的な被害のほか，計画停電，断水，重油やガスの不足といった間接的な被害も操業停止期間を長期化させることを示している。

　以上を整理すると，既存の研究からは経営状況が良好な企業ほど，また，従業者規模が大きい企業ほど自然災害によって事業が中断しにくいこと，直接的な被害だけでなく間接的な被害も事業中断につながっているという特徴を指摘できる。

　ただし，これまでの研究は大企業や中小企業のなかでも比較的規模の大きな企業を対象としたものが多く，分析対象の自然災害も限られている。そこで本稿では，従業者数が299人以下の企業に対象を絞り，複数の自然災害による被害状況などを尋ねたアンケートのデータを使用して，次の仮説を検証する。

仮説1：経営状況が良好な中小企業ほど事業を中断しにくい

仮説2：従業者規模の大きい中小企業ほど事業を中断しにくい

仮説3：直接的な被害，間接的な被害ともに中小企業の事業の中断につながる

　他方，自然災害への備えに関する研究では，分析の指標の一つとしてレジリエンス（弾性）が挙げられる。近年，自然災害に耐え得る力として研究が進む概念である（渥美，2021）。経済・経営の分野では，「ショックを受けた際に機能を維持する，または復旧させる能力」（Rose, 2007, p.384），「自然災害や経営環境の変化など，危機時の耐性と急回復する力」（大成，2018, p.63）と定義づけされ，自然災害を含む危機において事業を継続する力といえよう。さらに上田（2017）は，企業のレジリエンスはコントロール可能で，リスクマネジメントの観点からレジリエンスを醸成する取り組みが必要と指摘する。被災時に自社への影響を抑える，被災後に素早く復旧させる備えは，企業のレジリエンスを高めると考えられる。

　畠山ほか（2013）では，企業の事業継続計画（BCP）の策定やレジリエンスを高める取り組みの必要性を述べ，「頑強性」「冗長性」「資源」「即応性」の四つのレジリエンスの構成要素をもとに，具体的な取り組みを提示している。例えば，頑強性を高める取り組みとして「建物の強度・耐震化」「備品の固定」などがあり，冗長性の例として「サテライトオフィスの準備」「流通拠点の多重化」「部品調達先の多重化」「電源確保」などがある。資源の例は「人的資源の確保」「資機材の保有」など，即応性の例は「目標復旧時間と目標復旧レベルの明確化」「重点復旧ポイントの優先順位・復旧体制の明確化」などである。劉・浦島・松川（2015）は，レジリエンスに関する先行研究をテキストマイニングで分析し，「堅牢性」「冗長性」「多様性」の三つを主な構成要素と主張している。大成（2018）は，産業競争力懇談会や世界経済フォーラムなどで提言されたレジリエンスの要素を「堅牢性」「冗長性」「多様性」「臨機応変性」「迅速性」の五つに整理している。

　以上を整理すると，①耐震工事など建物，設備を補強する備えを頑強性または堅牢性，②代替生産の提携や仕入先の複数化など代替手段を用意する備えを冗長性または多様性，③資金確保や従業員の多能化など緊急時の対応力を高める備えを資源または臨機応変性，④優先順位などを定め，即時に行動できるようにする備えを即応性または迅速性，と四つに分けられる。企業はレジリエンスを高める備えを行うことで，自然災害などの危機に耐え得る力を獲得できるといえよう。

しかし，いずれの先行研究も事例分析や整理にとどまり，実証的な分析はされていない。取り組みは多岐にわたり，それらを含んだ大規模な個票データがなかったことが一因と考えられる。そこで，本稿では被災時までに企業が実施していた備えの情報を含んだアンケートを使い，次の仮説を検証する。

仮説4：レジリエンスを高める備えを実施した中小企業は事業を中断しにくい

3．分析の方法

以上の四つの仮説を回帰分析で検証する。分析に使用する「自然災害の経営への影響に関するアンケート」は，インターネット調査会社の20歳以上の登録モニターに対して，事前調査と詳細調査の2段階で実施したものである。事前調査では，対象の自然災害で被害を受けたかどうかを尋ね，詳細調査の対象を抽出した。対象の自然災害は，気象庁が公表する「気象庁が名称を定めた気象・地震・火山現象一覧」の自然災害のうち，2010年代に発生した八つの気象災害と三つの地震災害である（表1）[注2]。従業者数が299人以下で2018年以前から事業を営んでいる人に，直接被害，間接被害を受けたかどうかを尋ね，1万521社から回答を得た[注3]。詳細調査では，事前調査において大規模自然災害の被害を受けたと回答した企業を対象に被害の状況や備えについて尋ね，1社当たり最大三つの自然災害について答えてもらい，1,326社から回答を得た。推計の際は被害を受けた自然災害ごとに回答データをプールして使用するため，観測数は1,754件となる[注4]。

次に分析に使用する変数を説明する。先行研究では，若杉・田中（2013），鎌田（2014）のように，実際の操業停止期間を被説明変数にするモデルが多いが，本稿で用いるデータでは，中断期間をカテゴリーでしか判断できない。そこで，「被災による中断の有無」（推計①）と，「被災による事業の中断期間」（推計②）の2変数を被説明変数に設定し，事業の中断状況の決定要因を探る[注5]。仮説を踏まえた推計式は以下のとおりである。

被災による中断の有無，または，被災による事業の中断期間

$$= \alpha + \beta_1 経営状況 + \beta_2 従業者規模 + \beta_3 被害状況 + \beta_4 備えの内容 + \gamma_1 業種 + \gamma_2 エリア + \gamma_3 被災した自然災害 + \gamma_4 各自然災害のエリア別の建物被害数 + \gamma_5 業歴 + \varepsilon$$

推計に用いる変数の記述統計量は表2に示した。推計①の中断の有無は「中断した」を1，「中断していない」を0とした二項ロジットモデルによる推計を行

表1　分析対象の自然災害

名　称 ［本稿における略称］		概　要
気象災害	2019年東日本台風 ［東日本台風］	10月12日に伊豆半島に上陸した後、関東地方を通過し13日未明に東北地方の東海上に抜けた台風19号。東日本の広い範囲における記録的な大雨により多数の河川の氾濫等による被害が生じた。
	2019年房総半島台風 ［房総半島台風］	9月9日に三浦半島付近を通過して東京湾を進み、千葉市付近に上陸した後、茨城県沖に抜けた台風15号。房総半島を中心とした各地で暴風等による被害が生じた。
	2018年7月豪雨 ［西日本豪雨］	6月28日から7月8日にかけて西日本を中心に広い範囲で発生した大雨。広島県・愛媛県の土砂災害、倉敷市真備町（岡山県）の洪水害など、広域的な被害が生じた。
	2017年7月九州北部豪雨 ［2017年九州北部豪雨］	7月5日から6日にかけて九州北部地方で発生した大雨。朝倉市・東峰村（福岡県）、日田市（大分県）などで洪水害・土砂災害等が生じた。
	2015年9月関東・東北豪雨 ［関東・東北豪雨］	9月9日から11日にかけて西日本から北日本の広い範囲で発生し、特に関東地方と東北地方で記録的な降水量となった大雨。鬼怒川（茨城県）・渋井川（宮城県）の氾濫等が生じた。
	2014年8月豪雨 ［丹波・広島豪雨］	7月30日から8月26日にかけて日本の広範囲で発生した大雨。福知山市（京都府）の洪水害や広島市の土砂災害などが生じた。
	2012年7月九州北部豪雨 ［2012年九州北部豪雨］	7月11日から14日にかけて西日本から東日本にかけての広い範囲で発生し、特に九州北部地方で激しかった大雨。八女市（福岡県）・竹田市（大分県）の土砂災害・洪水害、矢部川（福岡県）の氾濫等が生じた。
	2011年7月新潟・福島豪雨 ［新潟・福島豪雨］	7月27日から30日にかけて新潟県と福島県で発生した大雨。五十嵐川・阿賀野川の氾濫等が生じた。
地震災害	2018年北海道胆振東部地震 ［北海道胆振東部地震］	9月6日に発生した地震。厚真町（北海道）で震度7を記録。厚真町を中心に多数の山崩れ、道内で大規模停電が生じた。
	2016年熊本地震 ［熊本地震］	4月14日に発生した地震。益城町（熊本県）（4月14日、4月16日）、西原村（熊本県）（4月16日）で震度7を記録。熊本市内でも震度6強を観測。家屋等の被害のほか、大規模な山崩れが発生した。
	2011年東北地方太平洋沖地震 ［東日本大震災］	3月11日に発生した地震。栗原市（宮城県）で震度7を記録。東北地方を中心に太平洋沿岸の津波により大きな被害が生じた。

資料：気象庁「気象庁が名称を定めた気象・地震・火山現象一覧」をもとに筆者作成
（注）　名称の元号年は西暦に置き換えている。

う。推計②の事業の中断期間は「1週間未満」に1，「1週間以上1カ月未満」に2，「1カ月以上3カ月未満」に3，「3カ月以上6カ月未満」に4，「6カ月以上9カ月未満」に5，「9カ月以上1年未満」に6，「1年以上」に7をそれぞれ割り当てて，順序ロジットモデルによる推計を行う。いずれも，係数がプラスであれば事業を中断しやすい，または中断期間が長くなりやすい。マイナスであれば事業を中断しにくい，または中断期間が長くなりにくいことを示す。なお，事業の中断期間に関する推計は，中断しなかった企業の影響を除くため，中断の有無で「中断していない」と回答した企業をサンプルから外すこととした。

　説明変数は，仮説1を検証する経営状況に関する変数，仮説2を検証する従業者規模に関する変数，仮説3を検証する被害状況に関する変数，仮説4を検証する備えの内容に関する変数を，推計①，推計②のいずれにも用いる。

　まず，乾・枝村・一宮（2016）で指摘されたキャッシュフローの潤沢さや労働生産性の高さを示す代理変数として「被災直前の採算状況」を用いる。直前の採

表2　記述統計量

	変　数	観測数	平均値	標準誤差	最小値	最大値
被説明変数	事業の中断の有無（中断した＝1，中断していない＝0）	1,754	0.355	0.479	0	1
	事業の中断期間（1週間未満＝1，1週間以上1カ月未満＝2，1カ月以上3カ月未満＝3，3カ月以上6カ月未満＝4，6カ月以上9カ月未満＝5，9カ月以上1年未満＝6，1年以上＝7）	623	1.799	1.258	1	7
企業の状況	被災直前の採算状況（黒字＝1，赤字＝0）	1,754	0.603	0.489	0	1
	被災時の従業者数 1～4人（該当＝1，非該当＝0）	1,754	0.767	0.423	0	1
	5～19人（同上）	1,754	0.158	0.365	0	1
	20人以上（同上，参照変数）	1,754	0.075	0.263	0	1
直接被害	建物被害　事務所・店舗・工場・倉庫など建物が破損・浸水した（該当＝1，非該当＝0，以下，被害の内容は同じ）	1,754	0.259	0.438	0	1
	設備被害　機械・車両・事務機器・什器など設備が破損・浸水した	1,754	0.080	0.271	0	1
	在庫被害　商品・仕掛品・原材料など在庫が破損・浸水した	1,754	0.094	0.292	0	1
間接被害	出勤不可　経営者や従業員が出勤できなくなった	1,754	0.145	0.353	0	1
	販売等中断　被害を受けた販売先・受注先との取引が中断・停止した	1,754	0.192	0.394	0	1
	仕入等中断　被害を受けた仕入先・外注先との取引が中断・停止した	1,754	0.126	0.332	0	1
	インフラ中断　水道・電気・ガスなどの供給が中断した	1,754	0.251	0.434	0	1
	通信物流中断　通信ネットワーク・物流が途絶した	1,754	0.191	0.393	0	1
備えの内容	頑強性　「建物や設備の耐震・免震工事，設備の固定」「設備の配置や在庫の保管方法の工夫」のうち一つでも該当した場合，1をとるダミー変数	1,754	0.109	0.312	0	1
	冗長性　「重要な情報の電子化やバックアップ」「事業所の分散」「新たな事業所の設置」「災害リスクの低い地域への移転」「非常用発電機など予備電源の確保」「衛星電話など被災時の連絡手段の確保」「複数の物流手段の確保」「仕入先・外注先の分散や代替先の確保」「生産設備の貸借に関する他社との提携」「代替供給や代替生産に関する他社との提携」のうち一つでも該当した場合，1をとるダミー変数	1,754	0.217	0.412	0	1
	資源　「商品・仕掛品・原材料など在庫の積み増し」「従業員の多能化」「事業継続に必要な手元資金の確保」「自然災害の被害を補償する損害保険等への加入」「事業の中断による喪失利益を補償する損害保険等への加入」のうち一つでも該当した場合，1をとるダミー変数	1,754	0.186	0.389	0	1
	即応性　「安否確認や関係先への連絡など初動対応手順の設定」「復旧を優先させる業務の選定」「事業継続計画（BCP）の策定」のうち一つでも該当した場合，1をとるダミー変数	1,754	0.071	0.257	0	1
コントロール変数	業種　「建設業」「製造業」「情報通信業」「運輸業」「卸売業」「小売業」「不動産業，物品賃貸業」「学術研究，専門・技術サービス業」「宿泊業，飲食サービス業」「生活関連サービス業，娯楽業」「教育，学習支援業」「医療，福祉」「サービス業（他に分類されないもの）」「その他」においてそれぞれ1をとるダミー変数（参照変数は「小売業」）	1,754	–	–	0	1
	エリア　「北海道」「東北」「北関東・信越」「東京・南関東」「東海」「北陸」「近畿」「中国」「四国」「九州」においてそれぞれ1をとるダミー変数（参照変数は「東京・南関東」）	1,754	–	–	0	1
	被災した自然災害　「東日本台風」「房総半島台風」「北海道胆振東部地震」「西日本豪雨」「2017年九州北部豪雨」「熊本地震」「関東・東北豪雨」「丹波市・広島豪雨」「2012年九州北部豪雨」「新潟・福島豪雨」「東日本大震災」においてそれぞれ1をとるダミー変数（参照変数は「東日本大震災」）	1,754	–	–	0	1
	自然災害ごとのエリア別の建物被害数（件）	1,754	34,654	92,836	0	364,516
	被災回数　「1回目」「2回目」「3回目」においてそれぞれ1をとるダミー変数（参照変数は「1回目」）	1,754	–	–	0	1
	被災時の業歴（年，対数）	1,754	2.753	1.073	0.0	5.4

（注）業種（14区分），エリア（10区分），被災した自然災害（11区分），被災回数（3区分）の分布の記載は省略。

算が良ければ，それだけ被害に耐え得る手元資金を確保している可能性が高い。変数は，黒字が1，赤字が0をとるダミー変数とした。同様に被災時にマンパワーを確保できることは事業の継続につながる可能性があることから，「被災時の従業者数」のダミー変数を用いる。「1〜4人」「5〜19人」「20人以上」のそれぞれに該当する場合に1をとる変数で，推計では「20人以上」を参照変数とする。

　直接被害に関する変数は，事業継続に影響を及ぼすと考えられる物理的な被害として「事務所・店舗・工場・倉庫など建物が破損・浸水した」（以下，建物被害），「機械・車両・事務機器・什器など設備が破損・浸水した」（以下，設備被害），「商品・仕掛品・原材料など在庫が破損・浸水した」（以下，在庫被害）のダミー変数を用いる。間接被害に関する変数も同様の観点から，「経営者や従業員が出勤できなくなった」（以下，出勤不可），「被害を受けた販売先・受注先との取引が中断・停止した」（以下，販売等中断），「被害を受けた仕入先・外注先との取引が中断・停止した」（以下，仕入等中断），「水道・電気・ガスなどの供給が中断した」（以下，インフラ中断），「通信ネットワーク・物流が途絶した」（以下，通信物流中断）といったダミー変数を用いる[注6]。

　備えの内容に関する変数は，被災時までに実際に行われていた備えの内容を，畠山ほか（2013）の分類に倣い，企業のレジリエンスを高める「頑強性」「冗長性」「資源」「即応性」の四つに分けて変数を作成した[注7]。災害に対する物理的な強度を高める「頑強性」は，「建物や設備の耐震・免震工事，設備の固定」「設備の配置や在庫の保管方法の工夫」のいずれかに取り組んでいた場合1をとるダミー変数とした。主に直接被害を軽減する効果が期待される。

　緊急時に代替可能な手段などを用意する「冗長性」は，「重要な情報の電子化やバックアップ」「事業所の分散」「新たな事業所の設置」「災害リスクの低い地域への移転」「非常用発電機など予備電源の確保」「衛星電話など被災時の連絡手段の確保」「複数の物流手段の確保」「仕入先・外注先の分散や代替先の確保」「生産設備の貸借に関する他社との提携」「代替供給や代替生産に関する他社との提携」のいずれかに取り組んでいた場合，1をとるダミー変数とした。事業が中断した際に代替生産を依頼したり，復旧を早めたりするうえで有用な備えである。

　緊急時の対応力を高める「資源」は，「商品・仕掛品・原材料など在庫の積み増し」「従業員の多能化」「事業継続に必要な手元資金の確保」「自然災害の被害

を補償する損害保険等への加入」「事業の中断による喪失利益を補償する損害保険等への加入」のいずれかに取り組んでいた場合に1をとるダミー変数とした。資源が十分にあれば，事業の再開に取り組みやすくなると思われる。

　緊急時の迅速な行動につながる「即応性」は，「安否確認や関係先への連絡など初動対応手順の設定」「復旧を優先させる業務の選定」「事業継続計画（BCP）の策定」のいずれかに取り組んでいた場合に1をとるダミー変数とした。被災時の迅速な対応は，被害や中断を最小限に抑えるだろう。

　そのほか，推計に影響を及ぼすと考えられる要素をコントロール変数に用いる。「業種」は，「建設業」「製造業」「情報通信業」「運輸業」「卸売業」「小売業」「不動産業，物品賃貸業」「学術研究，専門・技術サービス業」「宿泊業，飲食サービス業」「生活関連サービス業，娯楽業」「教育，学習支援業」「医療，福祉」「サービス業（他に分類されないもの）」「その他」のダミー変数を用いる。参照変数は最も多い「小売業」とした。同様にエリアは「北海道」「東北」「北関東・信越」「東京・南関東」「東海」「北陸」「近畿」「中国」「四国」「九州」のダミー変数を用いて，観測数が最も多い「東京・南関東」を参照変数とした[注8]。

　「被災した自然災害」にもそれぞれ固有の特徴があり，実施された支援も異なるため，前述の11の災害についてそれぞれダミー変数を作成し，モデルに追加する。参照変数は，観測数が最も多い「東日本大震災」とした。さらに，「被災した自然災害」「エリア」の変数だけで捉えきれない影響をコントロールするため，自治体や省庁が公表している各自然災害によって被害を受けた建物の件数（半壊，全壊，および，床上浸水を合計した件数）を「自然災害ごとのエリア別の建物被害数」としてモデルに追加した。

　「被災回数」によっても備えの状況が異なる可能性があるため，回答した自然災害が前述の11の自然災害のうち，何回目の被災かを示す「1回目」「2回目」「3回目」のダミー変数を用いて，観測数が最も多い「1回目」を参照変数とした。また，業歴が長くなると自社の被災経験の有無に関わらず，自然災害への備えを進めている可能性があることから，「被災時の業歴」の対数値も推計に加える。

4．推計結果

　推計結果は表3のとおりである。まず，経営状況の代理変数である「被災直前

表3　推計結果

		推計①：中断の有無		推計②：中断期間	
		係数	標準誤差	係数	標準誤差
企業の状況	被災直前の採算状況	−0.351 ***	0.125	−0.838 ***	0.188
	被災時の従業者数　1～4人	−0.346	0.259	−0.108	0.370
	被災時の従業者数　5～19人	0.031	0.279	0.200	0.398
	被災時の従業者数　20人以上	参照変数		参照変数	
被害の内容	直被害　建物被害	0.708 ***	0.149	0.214	0.211
	直被害　設備被害	0.662 ***	0.229	0.844 ***	0.256
	直被害　在庫被害	1.025 ***	0.214	0.435 *	0.256
	間接被害　出勤不可	1.221 ***	0.174	−0.362 *	0.219
	間接被害　販売等中断	0.576 ***	0.168	0.974 ***	0.240
	間接被害　仕入等中断	0.032	0.208	0.079	0.279
	間接被害　インフラ中断	0.810 ***	0.159	−0.166	0.232
	間接被害　通信物流中断	0.449 ***	0.169	−0.274	0.249
備えの内容	頑強性	0.057	0.200	−0.505 *	0.289
	冗長性	0.569 ***	0.144	0.086	0.203
	資源	−0.306 *	0.165	0.281	0.241
	即応性	−0.435 *	0.257	−0.336	0.371
定数項		−0.889 **	0.408	−	
閾値1		−	−	−0.378	0.578
閾値2		−	−	1.211	0.584
閾値3		−	−	2.293	0.595
閾値4		−	−	3.217	0.613
閾値5		−	−	3.687	0.629
閾値6		−	−	3.977	0.643
観測数		1,754		623	
疑似決定係数		0.227		0.163	

(注)　1　***は1％，**は5％，*は10％水準での有意を示す。
　　　2　業種，エリア，被災した自然災害，自然災害ごとのエリア別の建物被害数，被災回数，被災時の業歴については記載を省略。

の採算状況」は推計①，推計②で係数がマイナスの符号で有意となった。採算が黒字であると中断しにくい，もしくは中断期間が長くなりにくいといえる。よって，「仮説1：経営状況が良好な中小企業ほど事業を中断しにくい」は支持された。

　従業者規模を示す「被災時の従業者数」は推計①，推計②ともに非有意で中断状況との関係性は認められなかった。「仮説2：従業者規模の大きい中小企業ほど事業を中断しにくい」は支持されなかった。本稿で使用したデータは中小企業のなかでも「1～4人」の企業の割合が高い。例えば，従業員を雇用していない企業や家族経営の企業の場合，従業員の出勤が困難になるなどの被害を受けることは少ないため，仮説どおりにならなかったのではないかと推測できる。

　次に直接被害をみると，推計①ではいずれの変数もプラスの係数で有意となった。直接被害を受けると中断しやすいという結果であり，仮説3の一部が支持さ

れた。推計②では「設備被害」「在庫被害」がプラスの係数で有意となった。被災時は，さまざまな備品や設備，資材が品不足に陥りやすいため，新たに調達できるまでの間，中断を継続せざるを得ない。結果として中断期間が長引くのではないかと考えられる。間接被害は，推計①では「出勤不可」「販売等中断」「インフラ中断」「通信物流中断」がプラスの係数で有意となった。こちらも仮説3と整合する結果である。推計②では「販売等中断」がプラスの係数で有意となった。新たな販路の開拓は，代替の仕入先，外注先を見つけることに比べて困難なため，販売先との取引停止による事業の中断は期間が長引くのだろう。また，「出勤不可」はマイナスの係数で有意となった。仮に出勤ができない理由のみで事業を中断していた場合，出勤が可能になれば再開は容易なため，他の被害に比べて中断期間が短い傾向になると考えられる。以上より，「仮説3：直接的な被害，間接的な被害ともに中小企業の事業の中断につながる」はおおむね支持された。

　最後に，備えの内容をみると，推計①では「資源」「即応性」がマイナスの係数で有意となった。在庫の積み増しや従業員の多能化，手元資金の確保といった「資源」に該当する備えは事業を中断させにくくする。「即応性」に該当する，被災時の優先順位の設定やBCPの策定も同様である。また，推計②では「頑強性」がマイナスの係数で有意となり，建物や設備の耐震工事や設備の固定，設備の配置位置や在庫の保管方法の工夫といった備えは，事業の中断期間を短くするといえる。以上より，「仮説4：レジリエンスを高める備えを実施した中小企業は事業を中断しにくい」はおおむね支持された。

　ただし，「冗長性」は推計①，②ともに仮説とは異なる結果になった。特に推計①はプラスの係数で有意である。冗長性のある企業は，自社が事業を中断しても取引先への供給責任を果たせる体制を整えていると考えられる。畠山ほか（2013）によれば，企業の活動は，地域，サプライチェーン，インフラにおけるレジリエンスにも関連している。仮にサプライチェーンの継続を目的に据えた場合，企業単体では事業を中断する結果になっても，サプライチェーン全体として供給責任が果たせれば直ちに大きな問題とはならない。その意味で，「冗長性」を高める備えは，地域，サプライチェーンなどのレジリエンス強化につながっており，事業を中断しても他者に迷惑をかけることがないため，被災の際に一時的に事業の中断を選択しやすいのかもしれない[注9]。

　なお，本稿では複数の説明変数を推計モデルに加えているが，説明変数同士に

多重共線性が起こり，推計結果を歪めている可能性がある。例えば，採算状況の良い企業ほど災害に対する備えに取り組んでいる，といった関係である。そこで，説明変数の分散拡大係数（VIF）を確認したところ，各説明変数の係数はすべて5以下で，多重共線性の存在は認められなかった。また，前述の推計モデルから採算状況の説明変数を除いて再推計を実施してみたが，「冗長性」を高める備えやそのほかの説明変数の有意水準と符号に大きな違いはみられなかった。

5．おわりに

　本稿では，2010年代の大規模自然災害に被災した中小企業を対象にしたアンケートの実証分析により，中小企業が事業を中断しにくい要因を分析した。その結果から，経営状況が良い中小企業ほど事業を中断しないこと，直接被害だけでなく間接被害も中小企業の事業の中断につながることがわかった。また，レジリエンスの観点からみた備えについては，手元資金の確保や従業員の多能化など「資源」を充実させる備え，復旧を優先させる業務の選定やBCPの策定など「即応性」を高める備えは事業の中断を抑制すること，建物の耐震工事や設備の固定といった「頑強性」を高める備えは事業が中断した際に期間を短くすることもわかった。

　以上より，先行研究で指摘された自然災害発生時に事業を継続させる企業の特徴を，2010年代の大規模自然災害のいずれかに被災した中小企業のデータを用いて実証する，という本稿の目的は達成できた。これまで実証が進んでいなかった備えの効果についても，実証分析を行い，一定の成果を得られたと考える。

　ただし，「冗長性」を高める備えの解釈には課題が残った。本稿では畠山ほか（2013）の分類に従って備えの内容を振り分けたが，企業におけるレジリエンスだけでなく，地域やサプライチェーンレベルのレジリエンスの議論を踏まえて，「冗長性」に含める備えの内容や目的を，さらに精査する必要があるだろう。

　もう一つの課題として，備えの内容の効果を検証するに当たって，備えたことで被害を受けなかった企業や，備えていたが廃業した企業がサンプルに含まれていないことが挙げられる。また，分析で用いたエリア区分が大きすぎる点，市町村が作成するハザードマップの警戒区域に該当するかどうかといったデータが含まれていない点にも留意が必要である。限られたデータセットのなかで行った本

稿の分析には一定の意義があると考えるが，別のサンプルを用いて，同様の結果が得られるか検証することは今後の課題としたい。

　以上の本稿の限界点を念頭に置きつつ，分析結果をもとに政策的含意を提示する。まず，中小企業に対して自然災害のリスクや対策の必要性を周知することが必要である。採算の悪い中小企業ほど事業を中断しやすい傾向が示されたが，こうした企業は目の前の業績改善を優先するため，どうしても災害への対策の優先度が低くなりがちである。被害を受けると，事業を継続できないほどの影響を受ける事態も想定されるが，自然災害の不確実性もあり，切迫感をもって捉えられているとはいえない面がある。官公庁や中小企業支援機関などがセミナーを開催したり，金融機関などが経営者に接触するなかで情報提供を行ったりと，自然災害のリスクに関する情報を提供する機会を増やしつつ，防災に対する意識を深め，備えに取り組むよう促していくことが求められる。

　また，前述したとおり，自然災害への備えは地域の経済活動やサプライチェーンの維持の観点からも取り組みが求められる。例えば，地域の防災は，周辺の企業や住民，自治体など各関係者が横断的に，地域ぐるみで対策を講じるによって強化される。その一翼を担っているという点からも，中小企業の自然災害への備えを促進する意義はあるといえよう。

　また，本稿の分析からは，中小企業は直接被害，間接被害の両方を想定しつつ，「頑強性」「資源」「即応性」を高めるような備えに取り組む必要が示された。こうした備えに取り組む企業を増やすために，助成金など備えを講じた際にメリットを享受できる仕組みを一層充実させることが有効ではないだろうか。ただし，取り組む意欲があったとしても，資金的，時間的に制約の多い中小企業が備えを進めるのは容易ではない。資金的な問題には，金融機関による融資や官公庁の助成金制度などで対応できるが，時間的な問題から取り組めていない企業も多い。以上より，メリットを享受できる仕組みの充実と併行して，BCP策定の支援などに関するアドバイザリー機能を拡充することも中小企業の自然災害への備えを促進するうえで重要といえるのではないだろうか。

〈注〉

1　各自然災害における地域別の被害状況やリスクの大きさを考慮して複数の自然災害を扱うことが分析の課題となる。本稿では，後述する各自然災害のエリア単位の建物

被害数をモデルに加えることで一定のコントロールを試みた。

2　名称を定める基準は気象庁ホームページを参照。

3　直接被害の定義は，「事務所・店舗・工場・倉庫などの破損や浸水」「機械・車両・事務機器・什器など設備の破損や浸水」「商品・仕掛品・原材料など在庫の破損や浸水」などである。また，間接被害は「従業員の出勤難」「被害を受けた取引先との取引の中断・停止」「水道・電気・ガスなどの供給の中断」「通信ネットワーク・物流の途絶」「商品・原材料・燃料などの不足や価格高騰」「観光客減少・自粛ムードなどによる消費の落ち込み」などとした。

4　回答件数の内訳は，1件が993社，2件が238社，3件が95社であった。

5　アンケートでは，単に自然災害の影響で事業を中断したかどうか，中断した場合はその期間を尋ねている。事業所ごとの中断状況は尋ねていないため，複数の事業所をもつ企業の場合，いずれかの事業所が中断してもほかの事業所が継続していれば，事業は中断していないと回答している可能性がある。

6　アンケートでは間接被害の内容として「商品・原材料・燃料などの不足や価格高騰が生じた」「観光客減少・自粛ムードなどにより消費が落ち込んだ」「風評被害により消費が落ち込んだ」「その他」の選択肢も設けているが，直ちに事業の中断につながるものではないと判断して，推計から除いた。

7　どの要素にどの備えを含めるかは先行研究によって意見が分かれているが，本稿では取り組みの例示が豊富な畠山ほか（2013）を参考に分類した。

8　自然災害の影響を分析するうえで所在地に関する情報が細かいほど精緻な分析になることは先行研究でも指摘されているが，今回使用したアンケートでは回収率を高めるためにエリア区分にとどめている。

9　なお，「冗長性」に含まれる備えのうち，最も取り組む企業が多かったのは「重要な情報の電子化やバックアップ」（12.7%）であった。バックアップ自体は，自社のための備えであることに間違いないが，事業を中断した場合の他社による代替供給にも不可欠な備えともいえるため，ここでは代替供給を可能にする「冗長性」の一種と捉える。参考までに「冗長性」に含まれる備えをそれぞれ単体のダミー変数にして同様のモデルで推計したところ，「代替供給や代替生産に関する他社との提携」「重要な情報の電子化やバックアップ」はともにプラスの係数で有意であった。

〈参考文献〉

1　Cavallo, Eduardo A. and Ilan Noy（2011）"Natural Disasters and the Economy : A Survey." *International Review of Environmental and Resource Economics*, 5（1）, pp.63-102

2　Dahlhamer, James M. and Kathleen J. Tierney（1998）"Rebounding from Disruptive Events: Business Recovery Following the Northridge Earthquake." *Sociological Spectrum*, 18（2）, pp.121-41

3　De Mel, Suresh, David McKenzie, and Christopher Woodruff（2012）"Enterprise

Recovery Following Natural Disasters." *The Economic Journal*, 122 (559), pp.64-91

4　Leiter, Andrea Marald, Harald Oberhofer, and Paul A. Raschky (2009) "Creative Disasters? Flooding Effects on Capital, Labor and Productivity within European Firms." *Environmental and Resource Economics*, 43 (3), pp.333–350

5　Rose, Adame (2007) "Economic Resilience to Natural and Man-made Disasters: Multidisciplinary Origins and Contextual Dimensions." *Environmental Hazards*, 7 (4), pp.383-398

6　Webb, Gary R., Kathleen I. Tierney, and James M. Dahlhamer (2002) "Predicting Long-term Business Recovery from Disaster: Comparison of the Loma Prieta Earthquake and Hurricane Andrew." *Global Environmental Change Part B: Environmental Hazards*, 4 (2), pp.45-58

7　渥美公秀 (2021年3月)「レジリエンスについて災害研究を通して考える」未来共創センター『未来共創』第8号 pp.109-121

8　乾友彦・枝村一磨・一宮央樹 (2016年3月)「東日本大震災が生産活動に与えた影響：事業所の早期回復に与えた要因の分析」経済産業研究所『RIETI Policy Discussion Paper Series』16-P-017

9　井上考二・長沼大海 (2021年5月)「中小企業における自然災害の被害と備えの実態」日本政策金融公庫総合研究所『日本政策金融公庫論集』第51号 pp.1-40

10　上田和勇 (2017年6月)「ビジネス・レジリエンス思考法への展開」日本リスクマネジメント学会『危機と管理』第48巻 pp.1-10

11　大成利広 (2018年9月)「企業の財務情報によるレジリエンスの評価」岐阜聖徳学園大学経済情報学部紀要委員会『Review of Economics and Information Studies』第19巻 第1・2号 pp.63-74

12　鎌田譲 (2014年7月)「東日本大震災における食品製造業の被害状況と復旧対応―専門誌からみた被災実態・被災への対応と操業停止期間の計量分析―」農林水産省農林水産政策研究所『農林水産政策研究』第22号 pp.1-31

13　畠山慎二・坂田則夫・川本篤志・伊藤則夫・白木渡 (2013年7月)「地域継続の視点を考慮した企業BCP策定と災害レジリエンスの強化対策の提案」土木学会『土木学会論文集F6 (安全問題)』第69巻 第2号 pp.I_25-I_30

14　劉唐・浦島陸朗・松川弘明 (2015年8月)「テキストマイニングによるレジリエンス構造モデルに関する研究」日本経営工学会『日本経営工学会論文誌』第66巻　第2号 pp.67-74

15　若杉隆平・田中鮎夢 (2013年2月)「震災からの復旧期間の決定要因：東北製造業の実証分析」経済産業研究所『RIETI Policy Discussion Paper Series』13-J-002

(査読受理)

新型コロナウイルス感染症流行下における組織レジリエンス

―農業法人における実証分析―

香川大学　塩谷　剛

1　はじめに

　本研究の目的は，新型コロナウイルス感染症（以下，COVID-19）に直面している農業法人を対象とし，組織の適応能力である組織レジリエンス（organizational resilience）が危機的状況に対処するために必要な経営資源の充足と組織対応に与える影響を明らかにすることである。

　周知の通り，COVID-19の拡大による影響は社会・経済の多方面に及び，甚大な被害をもたらしている。農業分野も例外ではなく，対外活動の自粛による販売機会の喪失，飲食店の営業自粛，学校の一斉休校に伴う食材取引停止，観光農園の営業停止などを主因とした売上減少に見舞われた。一方で，インターネット通販や加工品の販売等で新規需要を開拓し，反転攻勢に取り組む農業法人も存在する（日本政策金融公庫，2020）。

　株式会社やまがたさくらんぼファーム（山形県）は，コロナ禍で観光農園の休業を余儀なくされていたが，山形県内の生産者と連携し，果物の頒布会を実施し，わずか10日間で3,000セットを完売した。これに続けて，同社は，山形市売上増進支援センター「Y-biz（ワイビズ）」の助言を受け，ビデオ会議アプリ「Zoom」を使用したオンラインのラ・フランス収穫体験会「王将果樹園AIR農園部」を実施している。

　株式会社葉っぴーFarm（富山県）は，飲食店向けの小松菜の出荷が激減したものの，以前から模索していた加工場を整備し，ペーストや粉末などの加工に注力している。さらに同社は，小松菜，小松菜ペースト・粉末を展示商談サイト「ア

グリフードEXPOオンライン」へ出展している。

　これらの企業事例は，COVID-19流行以前，もしくは感染拡大期以降に，社外との協力関係や生産設備といった経営資源を整備し，オンラインを活用した組織対応を実践してきた点において共通している。

　近年，不測の事態や危機に直面しながらも，そこから再起し，さらなる成長を実現する組織に注目が集められ，組織のレジリエンスという能力への関心が高まってきている。COVID-19流行直後に実施された調査でも，組織レジリエンスが高い企業ほど，予め事業継続計画(BCP) 部門などの専門組織の設置やテレワーク導入を行っている傾向があることが報告されている（佐々木ほか，2020）。同様に，組織レジリエンスが高い農業法人ほど，前述の事例のように経営資源を整備し，柔軟な組織対応を可能としているのではないかと推察される。

　以上のような問題意識から，本研究では，農業法人を対象とした質問票調査を実施し，組織レジリエンスがCOVID-19流行下において業務を実施していくために必要な経営資源の充足やオンライン対応に与える影響について検討する。

　本稿の構成は次のとおりである。第2節では本研究において農業法人の事例に着目する理由について述べる。第3節ではCOVID-19に関する調査研究を概観し，本研究の位置づけを確認する。次に，組織レジリエンスの定義と実証研究について議論し，仮説を提示する。第4節では調査方法の説明を行う。第5節では統計分析の結果を報告する。第6節では分析結果を考察し，今後の研究課題について述べる。

2　農業法人と組織レジリエンス

　本研究の対象である「農業法人」とは，公益社団法人日本農業法人協会によると法人形態によって農業を営む法人の総称であり，学校法人や医療法人等の法的に定められた名称とは異なり，農業を営む法人に対して任意で使用される。なお，法人形態は株式会社，有限会社などの「会社法人」と「農事組合法人」とに分けられる。中小企業庁ホームページFAQ「中小企業の定義について」によると，「会社法人」は「資本金の額又は出資の総額」，「常時使用する従業員の数」のいずれかの基準を満たせば，中小企業基本法上の中小企業者に該当するが，「農事組合法人」は該当しない。

　農業法人を本研究の対象とした理由として，農業経営の柔軟性があげられる。農業をはじめとした中小企業における経営者は企業戦略を批准し決定づけるだけではなく，直接的に日々の戦略の実行に参加するため（Lubatkin, Simsek, Ling, & Veiga, 2006），彼らは自身の裁量で行動し，直接結果に影響を及ぼす機会を与えられる（Ling, Simsek, Lubatkin, & Veiga, 2008）。例えば，塩谷（2020）では，農業経営者は，新規顧客を開拓後，短期間のうちに彼らとの関係性を深め，企業パフォーマンスを向上させていることが示唆されている。また，農業法人は，気象変動，市場価格の変動など日常的に不確実性の高い自然環境の中で生産活動を行っている。加えて，近年では，農業分野においてこれまで重視されてきた品質や効率性の向上だけではなく，農産物加工による高付加価値化や独自の販路開拓などの新しい取り組みに従事する法人が増加してきている。このように農業法人はCOVID-19流行以前から経営の柔軟性を高めてきた可能性がある。したがって，農業分野では，組織レジリエンスが経営資源の充足や組織対応に及ぼす影響が他の組織以上に顕著に現れるのではないかと考えられる。

3　先行研究のレビュー

（1）COVID-19に関連する調査研究
　COVID-19が企業経営にもたらす影響への学術界からの関心は大きく，複数の調査研究が実施されている。
　2020年4月に国内大企業および中小企業314社を対象に実施された「新型コロナウイルス感染症への組織対応に関する緊急調査：第一報」（原ほか, 2020）では，産業界全体の約7割以上の企業が売上減少に直面しながらも殆どの企業において雇用および雇用条件は最大限維持されようとしていること，テレワークが8割以上の企業で広範に採用されつつあること，従業員間のコミュニケーションと個人のメンタルケアに悪影響が出始めていることなどが明らかにされている。同調査第二報（服部ほか，2020）では，組織規模，立地，産業，組織年齢ごとに企業間でCOVID-19の影響や組織対応が異なるのか検討されている。第三報（佐々木ほか，2020）では，組織対応が現場にどのような影響を与えているのか，何によって組織対応が促進・阻害されているのか示されている。
　江夏ほか（2020a）は，2020年4月中旬に大企業および中小企業の従業員4,363

名を対象に行われた質問票調査から，COVID-19の流行下における組織や個人の対応と個人の就労上の心理・行動へ影響を与える要因を明らかにしている。同調査では，企業は，普段以上に現場の裁量を許容したり，従業員・職場の不利益を最小化したりするなど，現場への一定の配慮を示しているものの，それらは総じて一種の場当たり的な対応になっている可能性が高いことが指摘されている。また，COVID-19によって生じた変化が就労者の心理・行動に与える影響は限定的で，それ以前からの生活環境・職場環境の影響の方が大きいことが示されている。

　江夏ほか（2020b）は，江夏ほか（2020a）のサーベイデータに基づき，COVID-19によって就労者が経験する変化の大きさは，居住・勤務の地域，所属組織の特徴，雇用形態，所得，家族構成等によって異なることを明らかにしている。この結果を踏まえ，江夏（2020b）は，COVID-19によるネガティブな影響に関しては，就労者への一律的な支援による全体的な緩和のみならず，大きな影響を受けた就労者への集中的な支援による格差是正が必要であることを指摘している。

　関・河合・中道（2020）は，中小企業家355名を対象とした質問票調査から，COVID-19が中小企業ないし中小企業家に及ぼす影響や，それらの影響に対する中小企業家の対応を，アントレプレナーシップ研究の視点から明らかにしている。同調査では，COVID-19の影響下において，中小企業の財務状況は売上高の減少など厳しい現状にあり，中小企業家の多くはCOVID-19の影響は長期的に持続し，その程度は大きなものであるとみていることが示されている。一方で中小企業家はCOVID-19の影響を受けて，新製品・サービスの開発，新たな販売方式の導入などの取り組みを迅速に実践していることが示されている。

　以上のように，2020年4月の「新型コロナウイルス感染症緊急事態宣言（以下，「緊急事態宣言」）」前後からCOVID-19流行下における日本企業の実態について，組織・個人の両面から明らかにされてきた。また，これらの実態を前提として，企業が置かれている状況の背後にある原因や，因果関係を探ることを目的とした研究も行われている。特に，佐々木ほか（2020）は組織レジリエンスがテレワークの実施，新しい組織の設置など対内的な組織対応に与える影響について検証している。これに対して，本研究では，佐々木ほか（2020）と同様に組織レジリエンスに着目しながらも，経営資源の充足と対外的な組織対応である営業・マーケティングに関するオンライン対応に焦点をおいた分析を行う。経営資源の充足に

加えて，オンライン対応に着目するのは，それがCOVID-19下においてマルシェ等の対面販売や飲食店との取引を制限されていた農業法人が販売機会を確保するための有効な手段であると考えられているためである。

（2）組織レジリエンスの定義と仮説

レジリエンスという概念の起源は物理学にあり，「変形した素材が元の形に戻ろうとする力」として捉えられてきた。水野（2017）によると，最も古いレジリエンス研究は1818年の木材の弾性に関するものであり，以降，レジリエンスは工学，教育学，心理学，生態学など，多様な学問領域で応用されていくことになる。同時にレジリエンス研究の分析対象も「個人」，「生態系」，「地域」，「社会」，「組織」へと拡大していく。

レジリエンスの持つ本来の意味は「元に戻る」というものであったが，心理学，生態学，社会生態学領域における研究を通じて，分析対象の「再構築」，「成長」という動的視点が強調されるようになっていく。例えば，社会生態学研究であるWalker, Holling, Carpenter, and Kinzing（2004, p.1）では，レジリエンスを，「本質的に同じ機能，構造，アイデンティテイ等を維持するために変化を経験しながらショックを吸収して，再編成するシステムの能力」と定義している。

経営学においてレジリエンスは危機的状況に反応し，そこから回復し，成長することができる組織や個人の能力を表すために使用されてきた。Meyer（1982）は，組織レジリエンスを個別の環境的衝撃を吸収し，以前の秩序を回復する組織の能力を表現する用語として使用している。Gittell, Cameron, Lim, and Rivas（2006, p.303）は，先行研究をもとに，レジリエンスとは，「時間とともに成長し発展する，動的な組織の適応能力」であると論じている。Lengnick-Hall and Beck（2005）はレジリエンスを認知的レジリエンス，行動的レジリエンス，文脈的レジリエンスから構成される能力であると捉えている。認知的レジリエンスとは，組織が変化を認識し，未知の状況を解釈する能力のことである。行動的レジリエンスは，組織が学習し，新しいルーティンを実践し，危機的な状況下で資源を活用することを可能にする能力である。文脈的レジリエンスとは，認知的レジリエンスと行動的レジリエンスを統合し，不確実で予期しない状況下で迅速に行動するための基盤を提供する能力である。先行研究を踏まえると，組織レジリエンスとは組織が危機的な状況から復旧，成長するために必要な環境を整える能

力であると考えられる。

　前述のとおり組織レジリエンスは多次元の概念であり，先行研究では様々な次元が示されてきた（Lengnick-Hall & Beck, 2005; Ponomarov & Holcomb, 2009; Lee, Vargo, & Seville, 2013）。しかしながら，研究者間で組織レジリエンスをどのように評価するか十分な合意が得られていないため定量的な研究はほとんど蓄積されてこなかった（Oeij, Dhondt, Gaspersz, & Vuuren, 2017）。これに対して，Kantur and Iseri-Say（2015）は，詳細なインタビューと質問票調査を基に，頑健性，敏捷性，統合力の３つの次元によって組織レジリエンスを測定することを提案している。頑健性は，組織が不利な状況に耐え，回復する能力を評価している。敏捷性は，迅速に行動を起こす組織の能力を評価している。統合力は，組織内の従業員の結束力を評価している。

　Kantur and Iseri-Say（2015）の研究では尺度開発に留まり，組織レジリエンスと他の変数との関係性については検討されていないが，COVID-19流行直後に同尺度を用いて組織レジリエンスが現場の状況や組織対応に与える影響に関する分析が実施されている（服部ほか，2020；佐々木ほか，2020；佐々木・今川・中川，2020）。服部ほか（2020）では，相関分析により組織レジリエンスと経営資源の充足の間における正の相関が示されている。佐々木ほか（2020）では，組織レジリエンスが高い組織においては，COVID-19流行以前からテレワーク導入やリスク管理部門・事業継続計画（BCP）部門，在宅勤務リモートワーク支援室などの新しい組織の設置が実施されている傾向にあることが示されている。佐々木・今川・中川（2020）は，COVID-19流行下におけるテレワーク導入に伴うコミュニケーション・トラブルが，組織レジリエンスの高い組織では緩和されていることを明らかにしている。

　以上の議論から，組織レジリエンスの高い組織は不測の事態に対処するために必要な経営資源を充足させ，柔軟な組織対応を実施すると考えられ，以下の仮説が導出される。

　仮説１：組織レジリエンスは経営資源の充足を促進させる。
　仮説２：組織レジリエンスはオンライン対応を促進させる。

4　調査方法

（1）データ

　本研究で使用するデータ収集において，2020年6月上旬に公益社団法人日本農業法人協会会員である約1,900法人のうち1,000法人に対して質問調査票を送付した。送付先の抽出に関して，送付先が都道府県別に均等になるように各都道府県のリストから25法人程度を抽出した。25法人に満たない都道府県についてはリスト中全ての法人に質問調査票を送付した。回収期間は2020年6月10日から7月31日までとし228法人から回答を得られた。うち，有効回答171法人（回答率17.1%）を分析対象とした。観測法人の法人形態内訳は「会社法人」131法人，「農事組合法人」36法人，「その他・不明」4法人であった。観測法人の従業員数は1〜200名（平均値17.4名）であり，中小企業基本法における「製造業その他」に該当する企業と同程度の規模であると考えられる。

　本調査の質問項目の大部分は，「新型コロナウイルス感染症への組織対応に関する緊急調査」（原ほか，2020；服部ほか，2020；佐々木ほか，2020）をもとにしている。本調査で使用するデータの特徴的な点は，2020年4月以降に全国で発令された緊急事態宣言が解除された直後に収集されたということである。本稿を執筆している2022年2月時点においてもCOVID-19の流行は収束しておらず，予断を許さない状況が続いている。しかしながら，データを収集した2020年6月は休校措置，商業施設・飲食店等の休業要請などを経た特別な状況下にあり，同時期においてCOVID-19に対する組織対応について分析しておくことには大きな意義があると考えられる。

（2）変数

　本研究では重回帰分析を用いた仮説検証を実施する。被説明変数は「経営資源の充足」（仮説1）及び「オンライン対応」ダミー（仮説2）である。「経営資源の充足」は服部ほか（2020），「オンライン対応」ダミーは原ほか（2020）の質問項目を基にしている。「経営資源の充足」については，回答者に「貴社が新型コロナウイルス感染症流行下において業務を行うにあたって，以下の項目（人材・物的資源・予算・情報）は，どの程度充足しているでしょうか。」と尋ね，6点尺度（不足している〜十分である）で評価してもらい，これら4項目の平均値（α

=0.71）を算出した。「オンライン対応」ダミーについては，新型コロナウイルス感染症に対する事業形態の変化について尋ね，「営業・セールスなどの顧客接点をオンライン化した」，「オンライン・マーケティングの比重を高めた」いずれかまたは両方に該当する場合1，いずれにも該当しない場合を0とした。

　説明変数は「組織レジリエンス」である。「組織レジリエンス」については，「我が社では総じて，平時から多様な解決策が生み出されている」，「我が社では総じて，平時から非常に素早い対応策が取れている」，「我が社では従業員一丸となって，平時から変化する状況に対応することが出来る」という3項目について6点尺度（全くそう思わない～非常にそう思う）で尋ね，これらの平均値（α =0.89）を算出した。各質問項目は，Kantur and Iseri-Say（2015）によって示された組織レジリエンスの3次元である頑健性，敏捷性，統合力にそれぞれ対応している。なお，同尺度の日本語訳は服部ほか（2020）によるものである。

　統制変数については，組織年齢，従業員数，品目ダミー（水稲，露地野菜，施設野菜，果樹，酪農，養鶏，養豚）を用いた。組織年齢，従業員数については，極端に大きな値を取る法人がわずかながら存在するため，外れ値への対応として自然対数に変換している。

　表1は各変数の定義及び記述統計，表2は各変数の相関係数を表している。

表1．変数の定義および記述統計

変数	変数の定義	平均	標準偏差	最小値	最大値
経営資源の充足	経営資源の充足6段階尺度の単純平均（α =0.71）	4.102	1.016	1.5	6
オンライン対応	オンライン対応を実施していれば1そうれなければ0	0.199	0.400	0	1
ln 組織年齢	組織年齢の自然対数	3.164	0.613	0	4.868
ln 従業員数	正社員数（非正社員を除く）の自然対数	2.248	1.039	0	5.298
水稲	自社の最も売上の大きい農産物が水稲であれば1そうでなければ0	0.287	0.453	0	1
露地野菜	自社の最も売上の大きい農産物が露地野菜であれば1そうでなければ0	0.117	0.322	0	1
施設野菜	自社の最も売上の大きい農産物が施設野菜であれば1そうでなければ0	0.076	0.266	0	1
果樹	自社の最も売上の大きい農産物が果樹であれば1そうでなければ0	0.088	0.284	0	1
酪農	自社の最も売上の大きい農産物が酪農であれば1そうでなければ0	0.064	0.246	0	1
養鶏	自社の最も売上の大きい農産物が養鶏であれば1そうでなければ0	0.099	0.300	0	1
養豚	自社の最も売上の大きい農産物が養豚であれば1そうでなければ0	0.058	0.235	0	1
組織レジリエンス	組織レジリエンス6段階尺度の単純平均（α =0.89）	3.747	1.038	1	6

n=171

注）品目ダミーのベースグループは上記7品目以外の品目の売上が最も大きい法人から構成される。
　　ベースグループには「麦類」，「豆類・雑穀」，「花卉・観葉植物」，「果樹」，「キノコ類」，「飼料作物」，「肉用牛」が含まれる。

表２．変数間の相関係数

	1	2	3	4	5	6	7	8	9	10	11
1 経営資源の充足											
2 オンライン対応	-.058										
3 ln 組織年齢	.119	.051									
4 ln 従業員数	.080	.070	.355 ***								
5 水 稲	.016	-.186 **	-.124	-.326 ***							
6 露地野菜	-.046	-.045	-.286 ***	.053	-.231 ***						
7 施設野菜	-.062	-.088	-.018	.006	-.182 **	-.104					
8 果 樹	-.026	.208 ***	-.012	.080	-.197 **	-.113	-.089				
9 酪 農	.191 **	.168 **	.022	.034	-.166 **	-.095	-.075	-.081			
10 養 鶏	.063	-.068	.271 ***	.335 ***	-.211 ***	-.121	-.095	-.103	-.087		
11 養 豚	-.025	.001	.205 ***	.098	-.158 **	-.091	-.071	-.077	-.065	-.083	
12 組織レジリエンス	.414 ***	.183 **	.104	.095	-.136 *	-.063	.134 *	-.091	.156 **	.062	-.019

n=171 * p<0.1 ** p<0.05 *** p<0.01

「オンライン対応」ダミーの平均値より観測法人の約20％がCOVID-19下においてオンライン対応を実施したと回答していることがわかる。品目ダミーの平均値より，取扱い農産別の法人内訳は水稲28.7％，露地野菜11.7％，施設野菜7.6％，果樹8.8％，酪農6.4％，養鶏9.9％，養豚5.8％，その他21.1％であった。

（3）回帰モデルの推計

本研究では，仮説１を検証するために，「経営資源の充足」を被説明変数とした統制変数のみのモデル１，「組織レジリエンス」を説明変数として追加したモデル２を推計する。次に，仮説２を検証するために「オンライン対応」ダミーを被説明変数とした統制変数のみを含んだモデル３，説明変数に「組織レジリエンス」を追加したモデル４を推計する。なお，モデル１，２は最小二乗法（OLS），モデル３，４はプロビットモデルを用いて推計する。

5　分析結果

表３は最小二乗法（モデル１，２）およびプロビットモデル（モデル３，４）による推計結果を示している。すべてのモデルにおけるVIFの最大値は1.75であり，閾値である10以下であった。

表3．回帰分析結果

	モデル1	モデル2	モデル3	モデル4
	OLS	OLS	Probit	Probit
ln組織年齢	.18 (.15)	.13 (.14)	.12 (.23)	.11 (.24)
ln従業員数	.04 (.09)	.02 (.08)	.05 (.13)	.01 (.14)
水稲	.21 (.23)	.33 (.21)	-.77 (.34) **	-.71 (.35) **
露地野菜	.09 (.30)	.19 (.27)	-.43 (.43)	-.37 (.45)
施設野菜	-.07 (.33)	-.23 (.30)	-.85 (.56)	-1.01 (.59) *
果樹	.05 (.31)	.21 (.29)	.50 (.40)	.64 (.41)
酪農	.87 (.35) **	.66 (.32) **	.46 (.44)	.33 (.45)
養鶏	.20 (.32)	.20 (.29)	-.70 (.48)	-.67 (.48)
養豚	-.07 (.37)	.03 (.34)	-.33 (.51)	-.30 (.53)
組織レジリエンス		.40 (.07) ***		.29 (.13) **
定数項	3.31 (.49) ***	1.93 (.51) ***	-1 .07 (.75)	-2 .09 (.89) **
調整済み決定係数	.01	.17		
疑似決定係数			.11	.14
AIC	498.87	469.67	171.88	168.53
n	171	171	171	171

括弧内は標準誤差　* p<0.1 ** p<0.05 *** p<0.01
品目ダミーベース：その他
VIF最大値1.757

　「経営資源の充足」を被説明変数としたモデル2において，「組織レジリエンス」の回帰係数は正の値を取り，統計的に有意であり仮説1は支持された。「オンライン対応」ダミーを被説明変数としたモデル4において，「組織レジリエンス」の回帰係数は正の値を取り，統計的に有意であり仮説2は支持された。以上の結果から「組織レジリエンス」は「経営資源の充足」と「オンライン対応」を促進していることが示された。

6　考察

（1）組織レジリエンスが経営資源の充足とオンライン対応にもたらす影響

　組織レジリエンスは，経営資源の充足に正の影響を与えることが示された。平素から多様な解決策が生み出され，問題に対して素早い対応がなされて，社員一丸となって変化する状況に対応できている農業法人においては，COVID-19に対処するために必要な経営資源が整備されていると考えられる。

　組織レジリエンスの高い農業法人は，COVID-19の感染拡大に対して，営業やマーケティングに関するオンライン対応を実施する傾向にあることが明らかになった。すなわち，組織レジリエンスの高い組織は，必要が生じたらいち早く組

織対応を実行していることが示唆された。

　一般的に農業法人は資金，従業員数といった規模の点では小規模の組織であり，経営資源の面で制約を持っている。しかしながら，前述のとおり農業法人の経営者は直接経営の実行に関与しており，その小回りの良さを活かして柔軟な対応を行っているのかもしれない。

　ただし，これらの対応は必ずしもCOVID-19の感染拡大を機に行われたとは限らない。むしろ，対応力のある組織は，予め危機的状況を考慮して対応に備えてきた可能性も考えられる。すなわち，常に不確実性を考慮し，組織レジリエンスを高めてきた組織がCOVID-19への対応を実現したとも考えられる。したがって，経営者は，日ごろから代替的なビジネスを検討し，それらを実現させる組織づくりに取り組むという防災的な視点を持つことも求められる。

　以上の議論から，COVID-19のような危機的な状況に対処するため，組織レジリエンスが重要な役割を果たしていると考えられる。この点を踏まえると，平時から組織レジリエンスを高めておくということが一つの教訓になると考えられる。

（2）本研究の貢献と今後の研究課題

　本研究では，COVID-19に直面した農業法人を対象とし，組織レジリエンスが経営資源の充足とオンライン対応を促進していることを示した。服部ほか（2020）においても組織レジリエンスと経営資源の充足の間に正の相関があることが指摘されていたが，本研究では両変数の因果関係をより厳密な形で把握することができた。佐々木ほか（2020）では，組織レジリエンスがテレワークの導入や組織の設置などの対内的な組織対応を促進することが示されていた。これに対して，本研究では，対外的な組織対応に着目し，組織レジリエンスの高い農業法人は，COVID-19の感染拡大に対して，営業やマーケティングに関するオンライン対応を実施する傾向にあることを明らかにした。

　以上の点は本研究の貢献であると考えられる。一方，本研究にはいくつかの限界と課題が残されている。

　第1に，本研究に用いたデータは横断面データであり，組織の短期的な状況に焦点を置いた分析に留まっている。経済・社会に対するCOVID-19の影響は継続しており，組織レジリエンスが中長期的な組織対応やパフォーマンスに及ぼす影響についても検討していく必要があると考えられる。

　第2に，本研究では組織レジリエンスの先行要因について十分な検討を行えていない。先行研究では，戦略的人的資源管理（Bouaziz & Hachicha, 2018），経営トップの発信力やICTツールの利用（佐々木ほか，2020）が組織レジリエンスの先行要因として定量的に検討されているが，これらに加えて経営者のリーダーシップ，組織内外における社会関係資本，組織の経験などが組織レジリエンスの形成にどのように寄与しているかについても議論を深めるべきである。

　第3に，組織レジリエンスが発揮される企業活動の範囲について議論の余地が残されている^{（注1）}。組織が柔軟に環境変化に対処するためには，新たな取り組みを始めるだけではなく，既存業務を見直すことも必要である。したがって，組織レジリエンスが既存業務の削減・廃止に与える影響についても検討していく必要があると考えられる。

　最後に，本研究では組織レベルのレジリエンスに着目したが，農業法人をはじめとした中小企業における柔軟性とパフォーマンスの関係は，経営者の影響力の大きさに起因している可能性があり（Miller & Toulouse, 1986），経営者自身のレジリエンスが組織レベルのレジリエンスやパフォーマンスに与える影響に関する研究の蓄積も求められる。

〈注〉
1　例えば，水野（2019）は，事例調査からダイナミック・ケイパビリティ（以下，DC）の適応が組織外部の適応要素を組織内部に取り込んで再配置するという線形的な均衡に到達することを表しているのに対し，組織レジリエンスは，組織そのものが変態するという非線形な均衡をもたらす組織の能力であると論じている。しかしながら，適応要素の再配置と組織の変態の境界はあいまいなものであり，組織レジリエンスとDCは連続変数の関係にあると結論づけられている。

〈参考文献〉
1　Bouaziz, F., & Hachicha, Z. S. (2018) Strategic human resource management practices and organizational resilience. Journal of Management Development, 37 (7), pp.537-551

2　江夏幾多郎・神吉直人・高尾義明・服部泰宏・麓仁美・矢寺顕行（2020年5月a）「新型コロナウイルス感染症の流行への対応が，就労者の心理・行動に与える影響」『Works Discussion Paper Series』31, pp.1-120
　https://www.works-i.com/research/paper/discussionpaper/item/DP_0031.pdf 2022年2月1日閲覧。

3　江夏幾多郎・神吉直人・高尾義明・服部泰宏・麓仁美・矢寺顕行（2020年5月b）「新型コロナウイルス感染症の流行下で就労者や企業が経験する変化―デモグラフィック要因の影響」『RIEB Discussion Paper Series（神戸大学経済経営研究所）』,DP2020-J08, pp.1-83
https://www.rieb.kobe-u.ac.jp/academic/ra/dp/Japanese/dp2020-J08.pdf
（2022年2月1日閲覧）

4　Gittell, J. H., Cameron, K. S., Lim, S., & Rivas, V.（2006）Relationships, layoffs, and organizational resilience. Journal of Applied Behavioral Science, 42（3）, pp.300-329

5　原泰史・今川智美・大塚英美・岡嶋裕子・神吉直人・工藤秀雄・高永才・佐々木将人・塩谷剛・武部理花・寺畑正英・中園宏幸・服部泰宏・藤本昌代・三崎秀央・宮尾学・谷田貝孝・中川功一・HR総研（2020年5月）
「新型コロナウイルス感染症への組織対応に関する緊急調査：第一報」
『一橋大学イノベーション研究センターIIR Working Paper』20-10, pp.1-14
http://pubs.iir.hit-u.ac.jp/admin/ja/pdfs/show/2390 2022年2月1日閲覧。

6　服部泰宏・岡嶋裕子・神吉直人・藤本昌代・今川智美・大塚英美・工藤秀雄・高永才・佐々木将人・塩谷剛・武部理花・寺畑正英・中川功一・中園宏幸・宮尾学・三崎秀央・谷田貝孝・原泰史・HR総研（2020年5月）「新型コロナウイルス感染症への組織対応に関する緊急調査・第二報」『一橋大学イノベーション研究センターIIR Working Paper』20-11, pp.1-65
http://pubs.iir.hit-u.ac.jp/admin/ja/pdfs/show/2391 2022年2月1日閲覧

7　Kantur, D. & Iseri-Say, A.（2015）Measuring organizational resilience: a scale development. *Journal of Business, Economics and Finance*, 4（3）, pp.456-472

8　Lee, A. V., Vargo, J., & Seville, E.（2013）Developing a tool to measure and compare organizations' resilience. *Natural Hazards Review*, 14（1）, pp.29-41

9　Lengnick-Hall, C. A., & Beck, T. E.（2005）Adaptive fit versus robust transformation: How organizations respond to environmental change. *Journal of Management*, 31（5）, pp.738-757

10　Ling, Y., Simsek, Z., Lubatkin, M. H., & Veiga, J. F.（2008）The impact of transformational CEOs on the performance of small-to medium-sized firms: Does organizational context matter? *Journal of Applied Psychology*, 93（4）, pp.923-934

11　Lubatkin, M. H., Simsek, Z., Ling, Y., & Veiga, J. F.（2006）Ambidexterity and performance in small-medium-sized firms: The pivotal role of top management team behavioral integration. *Journal of Management*, 32（5）, pp.646-672

12　Meyer, A. D.（1982）. Adapting to environmental jolts. *Administrative Science Quarterly*, 27（4）, pp.515-537

13　Miller, D., & Toulouse, J. M.（1986）Chief executive personality and corporate strategy and structure in small firms. *Management Science*, 32（11）, pp.1389-1409

14　水野由香里（2017年3月）「Resilienceに関する文献レビュー―経営学研究における理論的展開可能性を探る―」『経営論争』6（2），pp.117-153

15　水野由香里（2019年）『レジリエンスと経営戦略―レジリエンス研究の系譜と経営学的意義―』白桃書房

16　日本政策金融公庫（2020年）『アグリ・フードサポート2020年秋号』pp.1-12
https://www.jfc.go.jp/n/findings/agri-food/pdf/afs202010.pdf（2022年2月1日閲覧）

17　Oeij, P., Dhondt, S., Gaspersz, J., & Vuuren, T.（2017）Innovation resilience behavior and critical incident: validating the innovation resilience behavior-scale with qualitative data. *Project Management Journal*, 48（5），pp.49-63

18　Ponomarov, S. Y., & Holcomb, M. C.（2009）Understanding the concept of supply chain resilience. *The International Journal of Logistics Management*, 20（1），pp.124-143

19　佐々木将人・今川智美・塩谷剛・原泰史・岡嶋裕子・大塚英美・神吉直人・工藤秀雄・高永才・武部理花・寺畑正英・中園宏幸・中川功一・服部泰宏・藤本昌代・宮尾学・三崎秀央・谷田貝孝・HR総研（2020年5月）「新型コロナウイルス感染症への組織対応に関する緊急調査・第三報」『一橋大学イノベーション研究センターIIR Working Paper』20-12，pp.1-51
http://pubs.iir.hit-u.ac.jp/admin/ja/pdfs/show/2393　（2022年2月1日閲覧）

20　佐々木将人・今川智美・中川功一（2020年）「統計的検証：組織レベルで求められること―組織レジリエンス―」中川功一（編著）『感染症時代の経営学』（pp.69-79）千倉書房

21　関智宏・河合隆治・中道一心（2020年9月）「COVID-19影響下における中小企業の企業家活動プロセス：アントレプレナーシップ研究からの接近による実態把握」『同志社商学』72（2），pp.249-276

22　塩谷剛（2020年9月）「経営者による探索と活用が企業パフォーマンスへ及ぼす影響-農業法人における実証分析-」『組織科学』54（1），pp.46-59

23　Walker, B., Holling, C. S., Carpenter, S. R., & Kinzing, A.（2004）Resilience, Adaptability and Transformability in Social– ecological Systems. Ecology and Society, 9（2），5［online］
https://www.ecologyandsociety.org/vol9/iss2/art5/（2022年2月1日閲覧）

（査読受理）

規模間生産性格差に関する業種別分析

大阪産業経済リサーチ&デザインセンター　町田光弘

1. はじめに

　2020年10月から開催されている政府の成長戦略会議の有識者の一人であるデービッド・アトキンソン氏は，日本の生産性が低迷している原因を労働者が大企業や中堅企業に集約されていないことと捉えている。イノベーションを起こせない大多数の中小企業について，「無駄にたくさんの人を雇うので，現在のような労働生産性の向上が求められる時代では，特に小規模事業者は邪魔な存在でしかない（アトキンソン，2020，p.148）」と述べている。

　アトキンソン（2019）における「中小企業数が激増したことが生産性低迷の原因」とする見解に対しては，港（2021）が批判的検討を加えている。すなわち，「日本で中小企業が増加した期間と生産性が低迷した期間とはほとんど一致していない（p.8）」ことや，「中小企業数の増加は生産性上昇に対して正の相関がある（p.10）」ことを挙げたうえで，日本の「90年代以降の生産性低迷は，技術進歩率の停滞と情報技術革新によって既存産業の付加価値額が減少し，その減少分を補うほどのIT関連の新興企業の発展が見られなかったこと（p.16）」にあるとしている。また，渡辺（2021）も，「過去の中小企業政策を振り返ってみれば，企業統合や個別企業の資本蓄積による生産規模の拡大は格差解消には結びつかなった」と述べるなど，アトキンソン氏の見解に対して否定的である。

　2020年版『中小企業白書』は，中小企業・小規模事業者の労働生産性の問題を取り上げ，業種によって生産性が異なり，格差の度合いも違うことを示している。

　他の業種に比べて生産性が高い製造業においても，規模が小さくなるほど生産性が低下するという傾向が認められる（表1）。

　生産性に規模間格差がみられることは事実であるが，その原因や背景について

の多角的な考察を抜きには，規模が小さい企業が日本経済の生産性に及ぼす影響について正しい評価ができない。

　本研究は，規模を拡大することによって生産性が上昇するのかについて考察する。製造業を取り上げ，規模と生産性について，業種別に検討することによって，政策的に規模構造を拡大させることの是非の検討に資することが期待できる。

表1　企業規模別・業種別の労働生産性と格差（中央値）

（万円，倍）

	小規模企業	中規模企業	大企業	倍率
建設業	304	500	953	3.1
製造業	248	450	827	3.3
情報通信業	291	480	900	3.1
運輸業，郵便業	277	398	657	2.4
卸売業	270	474	817	3.0
小売業	131	272	387	2.9
学術研究，専門・技術サービス業	277	468	741	2.7
宿泊業，飲食サービス業	105	177	230	2.2
生活関連サービス業，娯楽業	101	250	333	3.3
非一次産業	174	326	585	3.4

資料：中小企業庁『2020年版 中小企業白書』。
(注)　原資料は，総務省・経済産業省「平成28年経済センサス―活動調査」再編加工。
　　　各数値は，規模別の労働生産性の中央値で，倍率は，小規模企業に対する大企業の労働生産性（中央値）の倍率を示している。

２．企業規模間格差を説明する理論

　企業規模間格差を説明するに際しては，幾つかの視点がある[注1]。

　最初の視点は，需給のどちらを重視するかという視点である。モノ・サービスを生み出す「供給」面から格差が生じるか，モノ・サービスに対する「需要」面から格差が生じるかということである。

　次に，モノ・サービスの単位労働量あたりの生産量の違いという「数量」を重視した視点か，生産物の取引価格に影響される単位労働量当たりの生産額の違いという「価格」を重視した視点かということである。

　三つめの視点は，「企業内部」の生産構造に注目するか，「企業間関係」に注目するかである。企業内部の生産構造への着目は，企業の生産要素の投入と産出の

関係から格差を説明する捉え方である。一方，企業間関係のあり様から格差を把握する捉え方には，受注先との取引関係に注目するか，同業者との競争関係に注目するかという2つの視点がある。

　これらの視点に基づくと，企業規模間格差を説明する理論は3つに分類できる。企業の生産要素の投入と産出の関係に注目した見方を生産要素論，取引関係に注目した視点を搾取のヒエラーキー論，競争関係に注目した視点を利潤率階層化論と呼ぶ（表2）。

表2　企業規模間格差についての理論

視点		生産要素論	搾取のヒエラーキー論	利潤率階層化論
視点	需給	供給面	需要面	供給面
	量・価	数量	価格	価格
	企業内外	企業内部	企業外部（企業間関係）	
		生産関数（投入産出）	取引関係	競争関係
格差要因		生産要素（資本装備率，全要素生産性）	購入寡占による収奪（下請取引：業態）	最低必要資本量に基づく参入障壁（資本量）
論者		有沢廣巳 深尾京司	伊東岱吉，巽信晴 牛尾眞造，三井逸友	北原勇，中村秀一郎 延近充

資料：町田光弘（2015）「製造業の規模間格差に関する理論の整理と考察」大阪産業経済リサーチセンター『産開研論集』第27号

　まず，企業内部の投入産出関係を捉えた「生産要素論」においては，小零細工業では資本量が少ないため，従業者1人当たりの資本装備額が少なく，物的生産性が低いことが主たる問題とされた。これは，資本という生産要素の投入がどれだけの生産量を生むかという生産関数を前提とした分析である。企業の内部構造，供給面・数量に着目したアプローチと言える。

　次に，取引関係，とくに下請関係を分析の中心においた「搾取のヒエラーキー論」は，独占資本によって非独占が収奪を受ける中で，格差が生じるとの見方である。すなわち，巨大資本が末端の零細企業層における低賃金労働から生み出される価値を吸い上げる商業資本的性格の機構の下で格差が生じると捉える。これは，購入寡占に基づく買いたたきを問題とする，企業間関係，需要面・価格を重視したアプローチである。

　最後に，「利潤率階層化論」は資本量そのものを重視し，それにより利潤率の

構造的階層化が生じるとの見方である。最低必要資本量に基づいて参入障壁が生じ，同一資本階層内の競争が基本となる。すなわち，小資本で参入が可能な市場では，競争が激しくなり，そのため生産物価格が低下し，その結果，得られる付加価値も少なくなるとの見方である。市場での供給者の数に基づく階層ごとの競争の程度によって格差が生じるという見方で，企業間関係・供給面・価格を中心に見ている。

　規模間格差は，3つの理論の中で，二重構造論から現在に至るまで生産要素論を中心に捉えられてきた[注2]。本研究では，生産要素論を念頭に，製造業の規模と生産性について，法人企業統計を用い，まず，特定の時点での規模間格差の状況をみたうえで，規模の変化と付加価値生産性の変化を検討する。

3．横断的考察

　特定の時点において規模と付加価値生産性の関係をみると，規模が大きい企業群では，付加価値生産性が高いという関係が見いだせる。何故，そうなるかについては，規模が大きい企業群では，従業者1人当りの資本ストックが大きい，すなわち資本装備率が高いため，従業者1人が生み出す付加価値額も大きくなるということが暗黙の了解となっている。

　法人企業統計をみると，資本金階層別の資本装備率，付加価値生産性は，資本金が大きくなるほど高い（図1）。

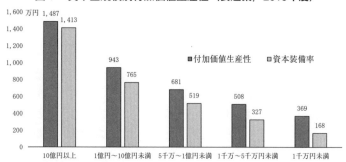

図1　資本金規模別付加価値生産性（製造業，2019年度）

資料：財務省「法人企業統計」

　産業・規模別に集計されたデータだけでなく，企業レベルでも同様に資本装備率と付加価値生産性の相関が確認されている。そうした分析としては，例えば，『2020年度版　中小企業白書』では，資本装備率の「大企業と中小企業の格差が大きく，労働生産性の規模間格差につながっていると考えられる（p.98）」としている。また，滝澤（2020）は，東京商工リサーチの2015年1月期〜2018年12月期決算の企業レベル135,097（企業数×決算期）件の財務データを用いて，資本装備率の高い企業では従業員一人当たりの売上高が高く，従業員一人当たりの売上高が高い企業では労働生産性が高いことを明らかにしている。関連した研究結果として，奥・井上・升井（2020）は，法人企業統計（2018年度）と経済センサス活動調査（2016年）の個票データを用いて，企業規模が大きくなればなるほど，労働生産性が高いという結果を得，労働生産性を高めていくには，現状よりも企業規模を大きくしていく政策が重要である，としている。

　こうした研究結果は，特定の時点における規模と付加価値生産性の関係を捉えた横断的な分析である[注3]。しかしながら，規模を拡大すると，付加価値生産性が上昇するかという問題については時系列で考える必要がある。そこで，規模の変化と付加価値生産性の変化についてみていく。

4．高度成長期からの時系列での概観

　まず，1960年代以降の製造業全体の平均規模と生産性の関係を法人企業統計からみると，1983年頃までは，平均規模が縮小する中で生産性が上昇してきた（図2(1)）。しかし，1980年代後半以降は，平均規模は横這いのまま付加価値生産性が向上し，1990年代以降はランダムな動きとなった。

　一方，資本装備率と付加価値生産性は，1990年頃までともに増加傾向が続き，資本装備率上昇が付加価値生産性の増加につながったようにみえる（図2(2)）。しかし，1990年代前半になると，資本装備率上昇にもかかわらず，付加価値生産性は横這いで推移するようになった。1990年代後半以降になると，両者はランダムに動き，製造業全体を時系列でみる限り，もはや資本装備率と生産性の間に相関関係が見いだせない。

図2　各指標と付加価値生産性（製造業，1961〜2019年度）

（1）　平均規模　　　　　　　　　　　**（2）　資本装備率**

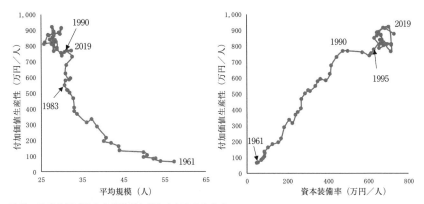

資料：財務省編『法人企業統計年報』各年度より作成。
（注）　平均規模＝従業者数／母集団企業数，付加価値生産性＝粗付加価値／従業者数，
　　　　従業者数＝期中平均役員数＋期中平均従業員数，粗付加価値＝付加価値＋減価償却費
　　　　資本装備率＝固定資産（土地を除く）／従業者数，
　　　　固定資産（土地を除く）＝その他の有形固定資産＋無形固定資産

5．2010年代の変化

　製造業全体を対象とした長期的トレンドからは規模と付加価値生産性の変化についての関係が不明瞭であった。ここでは，2010年代の変化について詳しく検討する（表3）。

表3　製造業の平均規模と付加価値生産性の変化

	2010年度	2019年度	変化率（％）
企業数（社）a	386,644	334,631	− 13.5
従業者数（人）b	10,967,318	9,941,412	− 9.4
粗付加価値額（百万円）c	90,641,990	87,130,748	− 3.9
固定資産（百万円）d	73,598,022	72,401,808	− 1.6
平均規模（人）b/a	28.4	29.7	4.7
付加価値生産性（万円）c/b × 100	826.5	876.4	6.0
資本装備率（万円）d/b × 100	671.1	728.3	8.5

資料：財務省「法人企業統計」

　法人企業統計で，製造業全体についてみると，平均規模は2010年度の28.4人から2019年度の29.7人へと拡大し，付加価値生産性も826万円から876万円へと増加した。この期間に，企業数が13.5％減少した一方で，従業者数は9.4％の減少に留まったことから，平均規模拡大は企業数減少によってもたらされたことになる。付加価値生産性については，粗付加価値額の減少率が3.9％に留まり，従業者数の減少率9.4％よりも小さかったことにより上昇した。

　問題は，付加価値生産性上昇が平均規模拡大によると言えるか否かである。このことを検討するために，中分類の業種別に平均規模，資本装備率，付加価値生産性の増減率間の関係についてみていく。

　まず，2010年度から2019年度にかけての業種別の平均規模増加率と付加価値生産性増加率をみると（図3(1)），両者の相関係数は0.133（決定係数は0.0184）であり，ほとんど相関関係が見いだせない[注4]。

図3　平均規模と付加価値生産性，資本装備率（製造業・業種別，2010〜19年度）

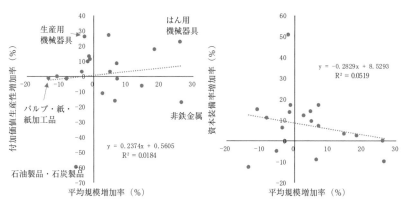

（1）付加価値生産性　　　　　　　　　　　（2）資本装備率

資料：財務省「法人企業統計」

　次に，平均規模増加率と資本装備率増加率については，符号がマイナスになっており逆相関の可能性すらある（図3(2)）。逆相関になるのは，図の第2象限に位置する業種，すなわち，平均規模が縮小する一方で，資本装備率が上昇する業種が少なくないことが影響している。例えば，ある業種においてリストラにより

従業者数が減る一方で，固定資産がそれほど減らなければ資本装備率が上昇することになる。その際，従業者数の減少率が企業数の減少率よりも大きければ平均規模が縮小し，平均規模縮小と資本装備率増加が観測される。

　固定資産の増加率と従業者数の増加率の業種別の関係をみると，右肩上がりの関係にあり，資本と労働は，代替的というよりも補完的な関係にあったことがみてとれる（図4(1)）[注5]。従業者数，固定資産ともに減少した第3象限に位置する業種が11業種と過半を占める。このうち，45度線の右下に位置する業種，すなわち，従業者数が固定資産よりも大きく減少したのが7業種で，こうした業種では資本装備率が高まった。このうち，「印刷・同関連業」「繊維工業」など5業種では，従業者数の減少率が企業数の減少率よりも大きかったので，平均規模が縮小する一方で，資本装備率が増加した。これら5業種では，いずれも業種の粗付加価値額が縮小している。業界の生産規模が縮小する中で，従業員のリストラが進み，結果的に資本装備率が高まったと言えそうである。

　資本装備率の増加がリストラの結果生じた業種が少なくないことから，資本装備率の増加が生産性向上につながらなかった。このため，資本装備率増加率と付加価値生産性増加率の間の相関係数は0.3259（決定係数0.1062）と，弱い相関にすぎない（図4(2)）。

図4　各指標増加率の関係（製造業・業種別，2010〜19年度）

(1)　固定資産と従業者数　　　　　(2)　資本装備率と付加価値生産性

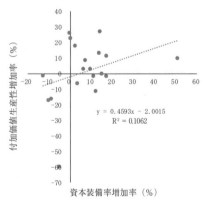

資料：財務省「法人企業統計」

　法人企業統計を用いた業種別分析では，平均規模の増減により資本装備率，付加価値生産性が増減する訳ではないことがわかる。

６．変化要因分析

　これまで平均規模の拡大が，付加価値生産性拡大に直結しないことを確認してきたが，一方で，いつの時代にも，規模別にみて付加価値生産性格差があることも事実である。冒頭のアトキンソンの考えに基づくと，規模の小さい企業群から規模の大きい企業群への労働投入量のシフトは付加価値生産性向上に寄与する。
　そこで，規模が大きいほど付加価値生産性が高く，それが不変であると仮定し，そうした規模に労働という資源を相対的に多く投入した場合の産業全体での付加価値生産性の向上という観点で，規模拡大の影響を試算する。

表４　付加価値生産性等の増減

（単位：人，百万円，％）

			全規模	10億円以上	1億円〜10億円未満	5千万円〜1億円未満	1千万円〜5千万円未満	1千万円未満
従業者数	実数	2010年度	10,967,318	3,107,158	1,502,653	1,234,229	3,776,532	1,346,746
		2019年度	9,941,412	3,033,167	1,491,070	1,220,139	2,999,127	1,197,909
	構成比	2010年度	100.0	28.3	13.7	11.3	34.4	12.3
		2019年度	100.0	30.5	15.0	12.3	30.2	12.0
	増加率		−9.4	−2.4	−0.8	−1.1	−20.6	−11.1
付加価値生産性		2010年度	8.26	14.59	8.86	6.53	5.14	3.36
		2019年度	8.76	14.87	9.43	6.81	5.08	3.69
粗付加価値額	実額	2010年度	90,641,990	45,320,038	13,319,453	8,065,573	19,417,876	4,519,050
		2019年度	87,130,748	45,095,625	14,054,636	8,313,552	15,243,826	4,423,109
	増加率		(a) −3.9	−0.5	5.5	3.1	−21.5	−2.1
粗付加価値額（＊）	実額	2019年度	82,163,148	44,240,828	13,216,782	7,973,496	15,420,676	4,019,623
	増加率		(b) −9.4	−2.4	−0.8	−1.1	−20.6	−11.1
	実額	2019年度	84,871,405	各規模の粗付加価値額（＊）の合計額				
	増加率		(c) −6.4					
従業者構成比が変化したことによる粗付加価値額増加率：(c)−(b)							3.0	
各規模における付加価値生産性増加率の合計：(a)−(c)							2.5	

資料：財務省「法人企業統計」
（注）　粗付加価値額（＊）は，2010年度の付加価値生産性で2019年度の従業者数を投入したと仮定した場合の粗付加価値額。

　法人企業統計ベースでの製造業の従業者数は2010年度に1,097万人であった（表4）。規模別構成比では資本金10億円以上が28.3％，　１億円以上10億円未満が

13.7％，５千万円以上１億円未満が11.3％であり，資本金５千万円以上の企業の従業者数構成比は2010年度に53.3％であった。その割合は，2019年度には57.8％へと上昇し，規模構造が上方へシフトした。

　一方，付加価値生産性は規模が大きくなるほど高く，資本金10億円以上の規模層では１千万円未満の規模層の４倍以上の付加価値生産性となっている。労働投入は，生産性の高い規模の大きい企業群へとシフトしたので，規模別の付加価値生産性が不変であれば，各規模での付加価値生産性に変化がない場合でも，全規模での付加価値生産性を押し上げる。

　そこで，労働投入量のシフトの付加価値生産性向上への影響度合いをみるために，規模ごとに2010年度の付加価値生産性のままで，労働投入量が2019年度の投入量になった場合の粗付加価値額を試算した。例えば，資本金10億円以上では，従業者数が2010年度の311万人から2019年度の303万人へと2.4％減少したので，付加価値生産性が2010年度のままであれば粗付加価値額も2.4％減少する。各規模層においても同様で，従業者数の減少率と同じ割合だけ粗付加価値額も減少する。これらを合計すれば粗付加価値額は84兆8,714億円で6.4％減となる。これに対して，全規模では従業者数が9.4％減となっていることから，2010年度における全規模での付加価値生産性が維持されると，粗付加価値額も9.4％減になる。規模別の付加価値減少額合計でみた6.4％減との差3.0ポイントは，規模の大きな企業群に相対的に多くの労働を投入した効果と考えることができる。

　一方，上記の規模別合計での6.4％減と実際の全規模の粗付加価値額3.9％減との差2.5ポイントは，各規模において付加価値生産性が増加したことによる効果と考えることができる。

　つまり，2010年度から2019年度にかけて労働投入量が9.4％減少したにも係わらず，実際の粗付加価値額が3.9％減に留まったが，この差5.5ポイントのうち，3.0ポイントは規模構造が上方へシフトしたことによる効果で，残りの2.5ポイントは各規模における付加価値生産性上昇効果である。製造業全体でみれば，規模構造を上方にシフトさせる効果が大きかったようにみえるが，これは各業種でみても確認できる頑健性のある結果であろうか。このことを検討するために，業種別に同様の分析を試みる。

　まず，業種別の粗付加価値額，従業者数の増減率をみると，業種によって大きくばらついている（表５）。粗付加価値額増加率と従業者増減率との差，すなわ

ち付加価値生産性増加率についても，「はん用機械器具製造業」の25.5％増から「石油製品・石炭製品製造業」の49.4％減までばらつきが大きい^{注6)}。付加価値生産性増加率は，業種ごとに格差が大きい。

　次に，業種ごとの全規模ベースでの付加価値生産性増加率を，製造業全体での分析と同様に規模要因とその他要因に分解した。その結果，規模要因では「情報通信機械器具製造業」の6.9ポイント増から「食料品製造業」の7.8ポイント減までの間でばらつきが小さいのに対して，その他要因では，「木材・木製品製造業」の21.2ポイント増から「石油製品・石炭製品製造業」の41.8ポイント減まで，ばらつきが大きかった。業種ごとに2つの要因のいずれが付加価値生産性の変化への寄与が大きいかをみると，「食料品製造業」「情報通信機械器具製造業」「その他の製造業」を除き19業種中16業種で，規模要因よりもその他要因の寄与の方が大きい。前節で平均規模増加率と付加価値生産性増加率の相関が弱かったのは，

表5　業種別付加価値生産性増加率の要因

（単位：％）

	粗付加価値増加率(a)	従業者数増加率(b)	差(a)−(b)（付加価値生産性増加率）	規模要因	その他要因（各規模での付加価値生産性増加要因）
製造業	− 3.9	− 9.4	5.5	3.0	2.5
食料品製造業	2.7	9.7	− 7.0	− 7.8	0.8
繊維工業	− 29.1	− 27.9	− 1.1	1.0	− 2.1
木材・木製品製造業	5.4	− 17.1	22.5	1.3	21.2
パルプ・紙・紙加工品製造業	− 29.3	− 28.3	− 1.0	6.1	− 7.1
印刷・同関連業	− 32.9	− 32.8	− 0.1	5.3	− 5.4
化学工業	10.0	1.4	8.6	1.7	6.9
石油製品・石炭製品製造業	− 66.7	− 17.3	− 49.4	− 7.5	− 41.8
窯業・土石製品製造業	− 6.5	− 17.4	10.9	2.8	8.1
鉄鋼業	− 23.0	− 8.0	− 15.0	2.7	− 17.7
非鉄金属製造業	− 13.2	4.6	− 17.9	− 2.8	− 15.0
金属製品製造業	− 7.7	− 10.4	2.6	1.2	1.4
はん用機械器具製造業	37.0	11.5	25.5	4.7	20.8
生産用機械器具製造業	7.8	− 14.6	22.4	3.8	18.6
業務用機械器具製造業	− 13.5	− 12.1	− 1.4	2.8	− 4.2
電気機械器具製造業	− 9.3	− 18.6	9.3	2.6	6.7
情報通信機械器具製造業	− 9.5	− 17.5	8.0	6.9	1.1
自動車・同附属品製造業	20.9	2.6	18.2	5.3	12.9
その他の輸送用機械器具製造業	− 10.0	1.3	− 11.3	− 3.2	− 8.1
その他の製造業	− 8.4	− 10.9	2.5	3.7	− 1.2

資料：財務省「法人企業統計」

規模要因の寄与が小さいことによるとみられる。

　製造業の全体では規模要因が大きかったかのようにみえたのは，その他要因において，各業種の正負のばらつきの大きいことによって相殺された結果とも考えられる。実際には，各業種における各規模で付加価値生産性が高まったことが，労働投入量が9.4％減少したにも係わらず，粗付加価値額の減少が3.9％に留まった要因として大きかったとみられる[注7]。

7．規模間の付加価値生産性格差を拡大させる要因の再考

　まず，ある時点において，規模別に付加価値生産性格差，資本装備率格差があることは事実である。しかし，このことは規模が拡大さえすれば付加価値生産性が上昇するという短絡的な結果をもたらす訳ではない。1980年代半ばまでは，平均規模が縮小する中で付加価値生産性が上昇してきた。

　次に，資本装備率が付加価値生産性の多寡を決める主要な生産要素であり，規模の拡大と付加価値生産性上昇とをつなぐ主要な媒介要素と考えられてきた。しかし，2010年代の業種別の変化をみると，平均規模拡大が資本装備率増加につながったとは言えず，資本装備率増加が付加価値生産性上昇につながったとも言えない[注8]。少なくとも近年においては，規模拡大⇒資本装備率上昇⇒付加価値生産性上昇という論理に基づく「生産要素論」では，規模間付加価値生産性格差の変化について説明することが難しくなっているということである。

　第三に，ある時点の規模間付加価値生産性格差を与件としても，付加価値生産性の低い規模が小さい企業群から，付加価値生産性の高い規模が大きい企業群へと労働投入量をシフトさせることの効果が大きいかには疑問がある。今回の分析からは，製造業全体でみると，一見，その効果が大きいようにみえても，業種別にみると，規模間の労働投入のシフトよりも各規模における付加価値生産性の上昇の効果が大きいことがわかった。規模拡大よりも各規模における付加価値生産性を上昇させることに注力した方が有意義であると考えられる。

　こうした分析結果からは，「付加価値生産性を高めるには，企業規模を拡大すればよい」という発想からの政策の有効性は大いに疑問である。付加価値生産性を高める方策の検討には，改めて，付加価値生産性格差がどのようにして拡大・縮小するのかを考えていくことが不可欠である。

　では，本稿でみたように，生産関数を前提にした供給面からのアプローチである「生産要素論」の有効性が低下しているとすれば，付加価値生産性格差の問題をどのように考えていけばよいのであろうか。これまでの他の理論についてみると，「利潤率階層化論」は，小資本で参入が可能な市場で競争が激しくなり，付加価値生産性が低下するという見方であるが，小零細企業が減少している近年においては，規模間格差の変化を説明するには適当とは考えにくい。そこで，需要面に注目することになるが，近年，下請企業が減少してきたことから，購入寡占に基づく買いたたきを問題とする「搾取のヒエラーキー論」についても，かつてのような説明力を持っていないと考えられる。このように，供給面からのアプローチや，価格面からのアプローチで，近年の規模間付加価値生産性格差の拡大要因を説明することが困難になっている。

　そうだとすれば，近年の付加価値生産性格差の拡大について考えるうえでは，需要面・数量面からのアプローチが有効ではないだろうか[注9]。資本装備率が低いため物的生産性が低いというよりも，作っても売れないという販売面の問題で設備の稼働率が低位で留まる，販売数量の増加が見込めないため設備投資が進まず，結果として設備のヴィンテージが上昇するといったことにより，生産性が低下しているとみた方が妥当ではないだろうか。このような視点からの分析を今後の課題としたい。

〈注〉

1　規模間生産性格差に関する理論の整理については，町田（2015）を参照のこと。

2　これら３つの視点におけるそれぞれ２つの捉え方は，排他的なものではない。企業内部での生産構造をみるとともに，企業間関係を分析することは可能であるし，生産数量が増えると，価格が低下するといった相互に関連した側面もある。

3　滝澤（2020）は，複数年の財務データを用いているが，プールドデータによる分析とみられる。

4　工業統計を用いて細分類の業種別に平均規模，付加価値生産性の増減率をみると，両者の相関係数は0.079であり，細かい産業分類でみても，平均規模が拡大すれば，付加価値生産性が上昇するという関係は見いだせない。

5　傾向から大きく外れるのは，情報通信機械器具製造業である。液晶テレビや同部品などが含まれる同業種では，コンビナートと称されるような生産ラインを構築している。資本集約的生産方式が採用されたことが固定資産の大幅な増加と従業者数減少の併存という特異な変化の背景にあるとみられる。

6　付加価値生産性＝粗付加価値／従業者数　との定義から，粗付加価値＝付加価値生産性×従業者数となるので，粗付加価値増加率≒付加価値生産性増加率＋従業者数増加率　が近似的に成立する。

7　集計化された製造業のデータを業種別にみると，各要因の寄与度合いが異なるということは，今後，細かい業種，さらに企業レベルでの規模拡大と付加価値生産性上昇の関係を分析することが重要であることを示唆する。

8　先にみたように，資本装備率上昇は，新たな投資ではなく，従業者数の減少の結果として生じることもある。資本装備率の多寡だけでなく，どのように資本装備率が上昇したかということも重要である。

9　需要面からの規模間付加価値生産性格差の考察は，町田（2014）参照のこと。

〈参考資料〉

1　デービッド・アトキンソン（2019年）『国運の分岐点：中小企業改革で再び輝くか，中国の属国になるか』講談社

2　デービッド・アトキンソン（2020年）『日本企業の勝算　人材確保×生産性×企業成長』東洋経済新報社

3　町田光弘（2013年）「規模間生産性格差と中小工業の存立基盤について」大阪産業経済リサーチセンター『産開研論集』第25号　pp.1-12

4　町田光弘（2014年）「中小工業における規模別付加価値生産性格差の拡大要因について」大阪経済大学中小企業・経営研究所『中小企業季報』通巻第169号　pp.14-26

5　町田光弘（2015年）「製造業の規模間生産性格差に関する理論の整理と考察」大阪産業経済リサーチセンター『産開研論集』第27号　pp.1-12

6　港徹雄（2021年）「中小企業は経済成長の足かせか？—アトキンソン『説』の考察—」商工総合研究所『商工金融』2021年1月号　pp.7-17

7　奥愛・井上俊・升井翼（2020年）「第5章　企業規模と賃金，労働生産性について」財務省財務総合政策研究所編『人口減少と経済成長に関する研究会報告書』2020年6月
https://www.mof.go.jp/pri/research/conference/fy2019/jinkou_report05.pdf
（2021年11月20日閲覧）

8　滝澤美帆（2020年）「第3章　企業レベルデータに基づく日本の労働生産性に関する考察」財務省財務総合政策研究所編『人口減少と経済成長に関する研究会報告書』2020年6月
https://www.mof.go.jp/pri/research/conference/fy2019/jinkou_report03.pdf
（2021年11月20日閲覧）

9　渡辺俊三（2021年）「中小企業憲章制定から十年　中小企業は多すぎるのか，生産性格差を解消するために何が必要か」『中小企業家しんぶん』2021年4月5日

（査読受理）

女性に事業承継した中小企業の
新事業展開を促進する要因

―中小製造業者を事例として―

法政大学大学（院）　黒澤佳子

1　はじめに

　中小企業の事業承継問題が深刻化する中で，女性への事業承継が増えつつある。後継者確保に苦慮する中小企業にとって今後期待が高まることが予想されるが，女性への事業承継は男性と比較して準備期間がとれない傾向にあり，企業経営経験が少ない中で行われることが多い。そのような女性後継者に対し円滑に事業承継が行われる環境を整えるだけでなく，承継後の事業存続さらには事業成長が重要と考えた。

　中小企業にとって事業承継は単なる経営者の交代ではなく，大企業の事業承継とは違った要素が複雑に絡み合う。女性に承継した場合に，前経営者との関係性や女性ならではの視点の多様性は，承継後の組織運営や新事業展開にどのような影響を及ぼすのであろうか。

　本稿のねらいは，女性に承継した中小企業の新事業展開を促す要因について考察することである。女性後継企業の事業成長はどのような指標に特徴づけられるのかを分析した上で，新事業を展開する事例企業を調査分析し，多面的に事業成長要因を明らかにすることで学術的貢献を図るとともに，今後の女性への事業承継の推進に寄与することで実務的貢献に繋げたい。

2　本研究の背景と問題意識

2-1　中小企業における女性への事業承継の現状

　近年女性への事業承継は増加傾向にあるが，中小企業全体の後継者内訳をみると，男子への承継42.8％に対し，女子への承継は2.3％にとどまり，配偶者2.6％と合わせても女性への承継は5％未満である（中小企業庁，2019）。一方で女性経営者は男性経営者と比較して事業承継によって経営者となる割合が高く[注1]，少子化が進む日本の中小企業経営において，今後女性への事業承継の機会がより高まることが予想される。しかし女性への事業承継は突然あるいはやむを得ず発生することが多く，十分な準備ができない中で事業を承継した女性後継者が一定程度存在している[注2]。であるならば，円滑な事業承継の促進はもとより，承継後の事業存続・成長が重要となる。

　なお，本稿における「事業承継」とは，「事業」そのものを「承継」し，継続して事業を行っている企業を対象とし，「新事業」とは，承継後の事業存続さらには成長を図るために，承継前の既存事業以外の新事業活動をさす。

2-2　中小企業における男性後継企業と女性後継企業の特性

　まず中小企業の事業承継において，男性後継企業と女性後継企業の特性に違いはあるのだろうか。本研究の予備的調査として，日本政策金融公庫総合研究所が

表1　男性後継企業と女性後継企業の比較

	男性後継企業 (n=1,253)			女性後継企業 (n=173)			F検定 (p値)	t検定[5] (t値)
	平均値	中央値	標準偏差	平均値	中央値	標準偏差		
従業員数[1]	2.95	2	1.78	2.45	2	1.88	0.1579	3.44*** (1)
企業年齢（年）	48	44	59.29	28.72	20	46.83	0.000063	4.90*** (2)
就任年齢（歳）	42.10	41	10.64	37.10	35	11.77	0.0346	5.30*** (2)
経営者年齢（歳）	52.20	51	10.71	47.07	46	12.52	0.000061	5.16*** (2)
経営経験（年）	10.10	7	9.69	9.97	7	9.92	0.3239	0.16 (1)
売上前年比[2]	2.20	2	0.79	2.32	2	0.81	0.2931	-1.94* (1)
売上他社比[3]	2.66	3	0.77	2.62	3	0.84	0.0386	0.50 (1)
事業の将来性[4]	2.43	2	0.84	2.43	2	0.94	0.0200	-0.07 (2)

注）＊1　1：1人（本人のみ），2：2～4人，3：5～9人，4：10～19人，5：20～29人，6：30～49人，7：50～99人，8：100～299人，9：
　　　300～499人，10：500～999人，11：1,000人以上
　　＊2　1：増加，2：不変，3：減少，4：1年前は事業を始めていなかった
　　＊3　1：良い，2：やや良い，3：やや悪い，4：悪い
　　＊4　1：成長が期待できる，2：成長は期待できないが，現状維持は可能，3：事業を継続することはできるが，今のままでは縮小してしまう，
　　　4：事業をやめざるをえない
　　＊5　(1) F検定の結果，p値＞有意水準0.05の場合は等分散性があると言えるため，等分散を仮定した2標本によるt検定を行った。(2) F検定
　　　の結果，p値＜有意水準0.05の場合は等分散性があるとは言えないため，分散が等しくないと仮定した2標本によるt検定を行った。

（出所：筆者作成）

2015年に実施した「中小企業の事業承継に関するインターネット調査」の個票データ（n=4,110）を用いて，男性後継企業と女性後継企業の間に有意な差があるかのＦ検定およびｔ検定を行った。

　その結果，「従業員数」「創業からの年数（企業年齢）」「回答時の後継者年齢（経営者年齢）」「代表就任時の年齢（就任年齢）」「前年より売上が増加傾向にあるか（売上前年比）」は有意な差がみられるが，「経営者年齢と就任年齢の差（経営経験）」「他社と比較して売上高が高い傾向にあるか（売上他社比）」「事業の将来性」については有意な差はみられなかった（表１）。女性後継企業は男性後継企業と比較して，企業年齢，経営者年齢，就任年齢が低く，従業員数は少ない特徴があるといえる。女性後継者は男性後継者より若くして事業承継をする傾向にあり，仕事に就く年齢に男女差はないとすると，準備期間が十分にとれないまま後継者となり，経営者としての資質やノウハウの蓄積が乏しい分，承継後の経営に苦難を生じさせることが考えられる。また従業員規模が小さく，経営資源不足に悩むことが想定される一方で，小規模でも一定の売上が確保できている，あるいは生産性が高い経営が行えているともいえる。一般的に小規模であれば小回りが利き，かじ取りのしやすさや事業リスクが小さく抑えられる点からも，効率的な経営ができると考えられる。

2-3　本研究の位置づけ

　事業承継において女性への承継の割合が少数に留まる現状と，男性後継企業と女性後継企業の特性に違いがみられることを踏まえると，女性が事業承継し，事業を継続していく過程において，何らかの課題や障壁の存在が考えられる。Jimenez（2009）によると，女性経営者の研究は進められている一方で，女性後継者に関する研究は海外でも数少ない。中でも世界的に男性優位女性劣位の考えがあり，女性は後継者候補としてみなされにくいとされている（Barbara S. H. & Wendi R. B.,1990; Dumas, C., 1998）。

　国内中小企業の女性後継者にはどのような障壁要因があるのだろうか。中小企業の女性後継者５名に対し，事業承継前後における障壁要因についてインタビュー調査を実施した[注3]。その結果，企業経営経験の不足，家事・育児の担い手としての時間的制約，ロールモデルの不足が障壁要因としてあげられた。中小企業の女性後継者はこれらの障壁の中で日々苦慮し模索しながら経営を行っている。

　本稿では，中小企業の女性後継者がこれらの障壁を克服し，事業成長させる要因は何かについて考察する。

3　先行研究レビュー

3-1　中小企業の事業承継に関する先行研究

　中小企業の事業承継の円滑化を阻害する最大の要因は，後継者の確保が困難なことである（堀越昌和，2017，p.48）。これまで後継者選定プロセスの意思決定に関する議論や円滑な事業承継を行うため方法論を中心として多くの研究がなされてきた。近藤（2013）は，親子間の承継において，従業員や取引先からの支持・理解，適切な時期の権限移譲，先代とのコミュニケーション，人とのネットワーク，従業員教育，時代に適合した経営戦略が不可欠だとしている。これらを実施するための準備期間はどれくらい必要か，実務的見地からも準備期間の存在は重要であり，後継者育成には最低でも３年以上かかるとされる（中小企業庁，2014）。

　また円滑な事業承継ができたとしても，承継後の業績維持・向上が課題となる。中小企業は財務指標を公表している企業が少なく，客観的に業績を分析するための情報も限られるため，中小企業の承継後の業績に着目した研究は数少ないが，安田（2005）は承継後のパフォーマンスの決定要因に関して，子息への承継と第三者への承継で承継後の企業のパフォーマンスに与える要因が異なることを指摘している（安田武彦，2005，p.62）。これは子息への承継企業のパフォーマンスがより悪いとしたGonzalez（2006）とは異なる指摘であるとともに，安田（2005）は承継前の準備期間の存在が承継後の企業のパフォーマンスにプラスの影響を与えるとし，親族内承継では４年，第三者承継では２年が有意に高いパフォーマンスを示すとしている（安田武彦，2005，p.80）。

3-2　事業存続と成長に関する先行研究

　「承継後」は後継者が自らの経営を確立する時期で，事業継続を図るために最も重要な時期であり（神谷宜泰，2020，p.5），「自分の代で会社を潰してはならない」と多くの後継者は承継後の事業存続に注力する。落合（2014）は，事業承継を「世代から世代への承継を通じた伝統と革新の二律背反的な事柄の発展的解消」と表現している（落合康裕，2014，p.40）。企業は成長のためではなく存続

するためにイノベーション活動を行っており，存続を重視するからこそ時代に合わせた新しい取り組みを行って事業を維持している（小野瀬拡，2014，p.57）。

文能（2013）は，事業承継後に新製品・サービスを開発すると事業成長につながることを明らかにした。つまり事業存続のためには既存事業に留まらず，新事業，経営革新，イノベーション活動を活性化させることが有効といえる。中小企業庁（2021）は経営者の世代交代を経営革新のチャンスととらえ，承継後に経営革新に取り組む企業に対し補助金等の支援策を用意している。

では経営革新を阻害する要因はあるのだろうか。落合（2014）は，先代の後見が後継者の能動的行動の芽を摘んでしまうことを指摘している（落合康裕，2014，p.49）。前経営者の影響力の強さが，改革にさまざまな困難を生じさせ，承継前の企業内の慣性（inertia）がその後の経営に影響を及ぼす。Dokko and Gaba（2012）は新事業の展開には慣性の変更が重要としている。Sakano and Lewin（1999）は，日本企業が承継後なかなか経営改革を行わないのは従来の経営の慣性が続くことによるものであり，この慣性が残りやすければイノベーションが起きにくいことを指摘している。さらに小野瀬（2014）は，前経営者の欠点を現経営者が把握するとイノベーションの可能性が高まるとしている。

3-3　女性経営者の特徴と女性起業家に関する先行研究

海外の先行研究においてジェンダーバイアスの存在が指摘されている。Dumas（1998）は，女性後継者は事業承継後に経営者としての正統性を確保するために，ジェンダーバイアスを含む多くの障壁を克服し，リーダーシップを発揮するとした。後継者育成の過程では，家族のサポートや励ましに加え，企業経営経験や長期にわたるトレーニングが必要とされる。国内では，日本政策金融公庫総合研究所（2013）が男性経営者との比較において，女性経営者はリスクに対し慎重で事業拡大を好まない傾向があり，家事育児介護の担い手である女性経営者は経営に全精力を注ぎこめない実態があるとした。

女性後継者に着目した研究は国内では数少ない一方で，女性経営者の特性を捉える研究や女性起業家に関する研究は進んでいる。小野瀬（2013）は，別の世界にいた者は社内の状況を客観的に評価することができ，さらに企業経営と並行して家庭や子育て・介護などを担うことの多い女性特有のバランス感覚で効果的な従業員教育ができる点において，女性後継者の優位性を明らかにした。

　遠藤（2006）は，日常において男性よりも社会活動に参加している女性経営者は社会的責任に対して積極的とし，高橋・本庄（2017）は，女性の独自の視点やアイデアの多様性を「女性視点」として事業に活用することの有効性，および組織マネジメントにおける人材育成の観点での「女性視点」は女性経営者の強みであることを示した。

　さらに滝本（2011）は，商品・サービス，ビジネスモデル，顧客のいずれかの新規性や革新性が女性起業の成功要因となることを指摘している。しかしながら，能動的に経営者になった女性起業家でさえも，経営ノウハウ，資金調達，人材確保，顧客・取引先の開拓の面で不安を感じており，これらを支援する体制が必要とされる（田中恵美子，2008，p.199）。近年女性起業家の支援体制は整備が進み，一定の効果は出ているものと考えられるが，事業承継については女性後継者に特化した支援策は現状整備されていない。

3-4　先行研究の限界とリサーチクエスチョン（RQ）

　中小企業の事業承継は，単なる所有の移転ではなく，見えざる資産を含めた複雑な要素が影響しあうものであり，立場の違いによる多面的な視点や継承プロセスをフェーズに分けた研究が進められているものの，「承継前」から「承継中」への着眼が多く，準備期間の存在が中小企業の事業承継の議論の中心となっている。企業は社員の生活・生計にも責任を負っており，事業存続は絶対条件である。事業存続のためには経営革新が必要であり，その一つに新事業展開がある。後継者は経営革新を阻害する要因を回避または排除し，自社に合った経営革新をいかに進められるかが，事業承継の成否を分ける鍵となる。

　先行研究によると，前経営者の存在が経営革新の阻害要因の一つであるとされているが，中小企業の事業承継において，前経営者が会長として残ることは少なくない。また経験の浅い後継者が，前経営者が作り上げた企業風土のもとで成熟した社員を束ね，組織の中枢で社内改革を進めることができるのだろうか。

　また後継者として育てられていない場合，本人が後継者と意識して行動する期間は当然短くなり，本来なら時間をかけて育成されるべき経営者の素養が十分といえないまま事業承継することになる。社会人経験や企業経営の経験が少ない女性後継者が新事業を展開する場合，事業成長にプラスに作用する要因にはどのようなものがあるのだろうか。小野瀬（2013）が明らかにした事業への客観性や人

材育成の優位性はプラス要因となりうるのか，それ以外にもプラス要因はないのだろうか。女性経営者研究や女性起業家研究で得た知見は，女性後継者研究にもあてはめて考えることができるのだろうか。

　中小企業における女性後継者の事業成長要因を探るために，以下のリサーチクエスチョン（RQ）を設定する。

RQ1：準備期間が十分でない女性後継者にとって，前経営者の影響力，慣性（inertia）が承継後の事業成長の阻害要因となるのか。

RQ2：企業経営の経験が少ない女性後継者が新事業を展開する場合，経営に対する客観性や人材育成における優位性が事業成長要因となるのか。

4　調査概要

　女性へ事業承継した中小企業が事業存続のために新事業戦略をとるのであれば，そこに生ずる様々な課題を乗り越えて事業成長につながる何らかの要因があるはずである。まず前出の個票データを用いて定量分析を行い，事業成長要因の導出を試みる。その上で新事業を展開する際の事業成長を促す要因の可能性について多面的に探るため，インタビュー調査を用いた定性調査を行う[注4]。

4-1　女性後継企業の事業成長要因

　表2は2-2で用いた個票データを用いて，男性後継企業と女性後継企業の売上増加要因および事業将来性の決定要因について，プロビット回帰モデルにより

表2　男性後継企業と女性後継企業の事業成長要因

	男性後継企業 (n=1,253)				女性後継企業 (n=173)			
	モデルⅠ		モデルⅡ		モデルⅠ		モデルⅡ	
	係数	標準誤差	係数	標準誤差	係数	標準誤差	係数	標準誤差
従業員数	0.050 ***	(0.008)	0.062 ***	(0.008)	0.033 *	(0.020)	0.079 ***	(0.019)
企業年齢	− 0.056 ***	(0.016)	− 0.057 ***	(0.016)	− 0.031	(0.042)	− 0.090 **	(0.040)
就任年齢	0.254 **	(0.118)	0.212 *	(0.118)	0.480	(0.298)	0.034	(0.285)
経営者年齢	− 0.404 ***	(0.140)	− 0.343 **	(0.140)	− 0.881 **	(0.357)	− 0.314	(0.341)
経営経験	0.050 **	(0.024)	0.032	(0.024)	0.136 *	(0.069)	0.048	(0.066)
定数項	1.190	(0.278)	0.616	(0.279)	1.905	(0.557)	1.608	(0.533)
F 値	13.103 ***	−	17.235 ***	−	3.070 **	−	5.881 ***	−
補正 R2	0.046	−	0.061	−	0.057	−	0.124	−

(注) ***：1%有意，**：5%有意，*：10%有意

(出所：筆者作成)

分析した結果である。モデル I は被説明変数を「売上増加，変わらない」(1)，「売上減少」(0)，モデル II は「事業の将来性あり，現状維持」(1)，「縮小，事業をやめる」(0) とし，それぞれの説明変数は従業員数，企業年齢，就任年齢，経営者年齢，経営経験とした。

　分析の結果，男性後継企業は，モデル I では従業員数，就任年齢，経営経験で符号がプラス，企業年齢，経営者年齢は符号がマイナスで有意，モデル II では従業員数，就任年齢で符号がプラス，企業年齢，経営者年齢は符号がマイナスで有意となった。つまり男性後継企業は，従業員数が大きく就任年齢が高い方が，企業年齢や経営者年齢は低い方が売上や事業の将来性に有効であるといえる。一方，女性後継企業は，男性後継企業と符号は同じであるものの，従業員数のみが売上や事業の将来性に有意に作用していた。

　以上より，女性後継企業にとって従業員規模の大きさが事業成長の要因の一つであることが示唆されたが，定量調査ではデータ項目が限定的であり，従業員数以外にも女性後継企業の事業成長要因はないのか，多面的に調査する必要がある。

表3　企業概要と事業承継の経緯

会社名	サツマ電機	森川製作所	山崎製作所
本社所在地	静岡県沼津市	東京都墨田区	静岡県清水市
創業（設立）	1970年	1974年（1982年）	1967年（1970年）
創業者	梶川一弘（現経営者の祖父）	森川清（現会長，現経営者の父）	山崎一正（現経営者の父）
代表者	代表取締役 梶川久美子	代表取締役 森川明子	代表取締役 山崎かおり
従業員	43名	正社員8名 パート5名	26名
資本金	1,000万円	300万円	300万円
年商	5億円	1億5,000万円	2億5,000万円
事業内容	産業用ブレーキの設計開発・製造・販売を行う。人命に直接影響を与える製品を扱う特性上，品質管理を最重要業務としつつ，メンテナンス講習会を実施。	ところ狭しと工作機器が敷き詰められた下町の町工場。試作品1点から対応する地域に根ざした金属加工の一貫生産を行う。（各種金属，樹脂類の機械加工，複合加工，設計，製図，組立）	精密板金加工を行う町工場。板金加工を行う大型機械の扱いは力が必要で，技術者は男性中心。女性メンバーで板金技術を活かしたアクセサリー製作販売を開始。
創業～現経営者	祖父が創業し，祖母，父と承継した。現経営者は四代目。	父が医療器具の部品加工工場を創業。現経営者は二代目。	父が創業し，現経営者は二代目。
承継年	2016年（父71歳，娘43歳）	2006年（父62歳，娘25歳）	2009年（父71歳，娘45歳）
兄弟・家族構成	弟（別会社の海外部門を担当）独身	兄（サラリーマン）と姉（パートで経理を手伝う）。夫は結婚と同時に入社し専務として現場を支える。小学生と保育園児の子供2人。	妹（会社には関わっていない）。夫も事業主（別会社）。成人した娘は新事業のメンバー。
現経営者の経歴	幼少期は父の横でのびのびと育つ。大学卒業後は都心で人事コンサルタントを10年以上経験する。東日本大震災を機に地元に帰り，先に家業に関わっていた弟が苦労する姿を見て2013年サツマ電機に入社。入社当時は専務。	幼少期は父の元で遊び，取引先にもつれてまわり，末っ子として周囲にかわいがられて育った。工業高校を卒業後には森川製作所に入社し，一社員として技能工として働いていた。	小さな頃は父母が働く工場の横で妹と遊んだ。大学卒業後は個人輸入雑貨業を営んだが，3年で廃業し，一般企業の総務部で働いた。1991年に山崎製作所に入社，当時は母の経理業務を手伝う。
事業承継の経緯	入社時点自分が後継者になるとは全く考えていなかった。父からも継いでほしいといわれたことはなかった。専務として父をサポートするうちに，なんとなく事業承継を意識するようになり，2017年に先代と共同代表，2年後に単独で代表となった。	先代は「60歳になったら引退する」と決めており当時の工場長を後継者として育成していたが工場長が辞めてしまったため，当時社内で働いていた娘に打診。娘は自分が承継しなければ廃業といわれ断れなかった。「若すぎる」と家族は困惑したが「たとえ40歳からいいということはない。若ければ自分が教えられる」と先代は話を進めた。	リーマンショックで業績が悪化。先代は継続の意欲が低下し，廃業を考えた。不安に思う社員たちをみて，現経営者が後継する意志を固め，先代に伝えたところ大反対。約1年間は口も利かない状態だった。
調査日	2020年12月21日	2019年10月21日	2020年10月6日

（出所：各社資料とインタビュー調査をもとに筆者作成）

4-2　女性後継企業の新事業展開を促す要因

　承継後に新事業展開に至るプロセスと要因を多面的に探るために，承継後に新事業を立ち上げた中小企業の女性後継者に対し，インタビュー調査を行う。ファミリービジネスの観点を踏まえ，親族内に承継した企業を調査対象とし，業種は新たな技術の導入や製品開発といった革新の実践が求められる中小製造業とした注5）。後継者に必要な能力を得るために経営塾で学び，経営者ネットワークに属して他の経営者と情報交換をしている後継者（現経営者）に対し，半構造化インタビューを行う（表3）。インタビュー項目は，準備期間なく事業承継した女性後継者の承継後の新事業戦略について探求的に調査注6）した結果から導出した。

5　事例分析と考察

　女性へ事業承継し，承継後に新事業を立ち上げた中小企業の女性後継者へのイ

表4　事例分析結果

	事業承継プロセス	前経営者との違い	承継後に実施した社内改革	承継後の事業戦略	今後の方向性
サツマ電機	2人兄弟の長女。弟は別会社の海外部門を任されていた。入社後は専務，その後共同代表。2年後に単独で代表就任。	アプローチ方法が違う。「自分だったらこうする」徹底して先代をたてつつも，社員たちの意見を聞きながら自分のやり方で進めた。	社員の抵抗に合わないように丁寧にゆっくりと改革した。社員育成は，元キャリアコンサルタントの現経営者の得意分野でもある。	製品を作るだけでなくアフターサービスを充実させる。顧客ニーズを汲み，他社（大手）がしないことできないことに対応すべく，事業ドメインの再編築を実施。	グローバル・ニッチ・トップを目指す。東南アジアへの販路拡大時の経験を活かし台湾に展開。
森川製作所	3人兄弟の末っ子。兄と姉がいる。工業高校卒業後入社，技能工として働く。後継者を予定していた工場長が辞め，後継者が診断され，やむを得ず引き受けた（当時25歳）。	リーダーのタイプが違う。「先代と同じことはできない」「自分にできることをする」先代は技術者であり，技術力で社員を束ね，ひっぱってきた実直な職人タイプ。	業種の本質に立ち返り，「技術力の伝承」を喫緊の課題とした。会社の将来のため「若手」に着目し，「若手」が働きやすい環境を作った。	取扱製品の拡充とオリジナル製品開発。手作業で精度が高い仕事が得意分野であることを活かし，金属加工のすべての工程を一貫受注する製造業。	墨田から世界の先端TEC企業を目指す。環境配慮型企業への転換，ISO取得。「現状に満足せず，いいモノを作り続ける」「モノづくりの前にヒトづくり」教えを守る。
山崎製作所	2人姉妹の長女。大学卒業後個人輸入雑貨業3年，一般企業の総務を経て，入社当時は経理。業績悪化し廃業を考えたときに，後継者になることを決断され，父は大反対。	めざす社風が違う。「現場には会話がない」「コミュニケーションこそ大切」承継前は「技術重視」で，黙々と働く職人集団。工具男性仕様で大きく重たい。	技術の伝承は，設備投資でカバーし，労働環境改善のために人事・労務の改善に取り組んだ。制度を作るだけでなく，社員にわかりやすく実行するように，女性中心に企画したオリジナルブランド「三代目板金屋」を立ち上げ，アクセサリー類を店舗とネットで販売。本業への波及効果あり。	開発型企業への転換やEコマースで海外進出。県下地域企業とのネットワークの中心メンバーであり，業種を超えて地域企業の魅力を守る。
	後継者候補として育てられておらず，入社時も後継者になる意思はなく，後継者候補ではなかった。他に後継者はいなかった。	前経営者と自分の違いを認識し，前経営者と同じことは判断で自分なりにできることを自分なりの方法で実行した。前経営者は基本反対せず，一定距離で見守る。	まずは「人」に着目した改革を中心に行った。そのやり方は多様であるが，社員中心に考えて，パターナリズムではなく，マターナリズム的に進めた。	自社にしかできないこと（他社にできないこと，差別化）を捉えて，新しい視点で製品やビジネスモデルの拡大を図った。新事業のアイデアには後継者ごとに多様な視点がみられる。	現状維持ではなく，成長志向が見られた。地域を代表する企業として，自社の強みを活かし，海外市場を視野に，自社をアピールしていくためにはどうするか模索している。

RQ1：前経営者の影響力と慣性が事業成長に与える影響
・前経営者と考え方やアプローチが違うことは現経営者は認識しており，前経営者と同じことはしない，できない，自分にできることを模索した。
・経営方針やアプローチが違っても，前経営者と対立することは少なく，山崎製作所は承継前にこそ対立が見られたものの，3社とも承継後は，前経営者は一定の距離を保ち，現経営者をサポートしていた。
・前経営者の影響力や慣性は少なからず存在するが，決してマイナス要因ではなく，むしろ企業経営の経験不足を補い，サポートが得られるプラスの要因がある。

RQ2：客観性や人材育成における優位性が新事業に及ぼす影響
・3社とも「人」に着目した社内改革を中心に行った。製造業にとって重要課題である技術の伝承に対し，直接的に推進するのではなく，職場環境を明るく話しやすくし，社内のコミュニケーションを促進。ベテラン職人と若手職人の距離を近づけ，若手職人が働きやすい環境を作ろうとしたことは，前経営者とは異なるアプローチであった。
・新事業展開の際には，自社の強みを最大限活かし，客観的で多様な視点でアイデアを捻出し，周囲の協力が得られるように新事業を進めたが，先代の反面教師的に新事業を進めたわけではない。

（出所：インタビュー調査をもとに筆者作成）

ンタビュー調査の結果は，インタビュー項目を大項目としてKJ法により分類した（表4）。また3社に対するインタビュー記録から1文単位に整理したデータをインプットとして，KH Coderによるテキストマイニング分析を行ったところ，「社員」「経営」の頻出が突出し，「会社（企業）」「技術」「製品」「工場」「先代」「女性」「自分」「環境」「オリジナル」「コミュニケーション」「スキル」「若手」と続いた（頻出語上位15）。抽出語についてサブグラフを見ると，「社員−コミュニケーション−会社」「女性−オリジナル−ブランド」「製品−自社−強み」のグループの関連性がみられた。これはKJ法の分析結果とも整合的である。

5-1　前経営者の存在が新事業展開に与える影響（RQ1）

　準備期間を十分にとれずに事業承継した中小企業の女性後継者にとって，前経営者の影響力や慣性は阻害要因なのだろうか。前経営者の影響力は少なからずあるが，阻害要因とまではいえない。森川製作所においては企業経営経験の不足を補ってくれる存在，サツマ電機においては共同代表という形で一定期間伴走してくれる存在であった。企業経営経験の少ない女性後継者にとって，前経営者は近くでサポートしてくれる心強い存在でもあり，プラス要因にもなっている。

　「会長は私のやることに基本反対はしないです。相談すればアドバイスはしてくれるけど，口出ししないようにしているようです。」

　「他に継ぐ者がいなかったし，娘だからですかね。本気の喧嘩にはならないです。」

　一方，企業経営経験が少ないことで，却って自社の現状を冷静に評価し，前経営者とは違ったアプローチで，特に「人」に関する社内改革を行い，客観的に女性的あるいは多様な視点で，前経営者がとらなかった事業戦略をとった。新事業のデザインには，ユーザ側や消費者側の視点や人材育成，組織マネジメントの視点が見られる。企業経営経験の少ない中小企業の女性後継者は，経営に対する客観性があり，前経営者になかった視点が新事業を促進する要因であるといえる。

　「品質を上げるだけではなく，何がユーザのためになるかを考えました。」

　「先代と同じことはできないので，自分のできることをやるしかないなと。」

　「男性中心の重たい工具（道具）を女性でも扱えるものに変えました。」

　事例企業の現経営者は，3名とも後継者候補として育てられたわけではなく，入社時も後継者になる意思はなかった。先代が事業承継を考えたとき，当初は後継者候補ではなく，しかし他に後継者になる者がいなかった点が共通している。

他に候補者がおらず，やむを得ず承継してくれた娘だからこそ，できる限り意見を尊重し，サポートしようとする姿勢が先代にもみられた。

5-2　客観性や人材育成における優位性が新事業に及ぼす影響（RQ2）

3社とも「人」に着目した社内改革を中心に行った点において，「女性後継者は人材育成に優位性がある」とした小野瀬（2013）の指摘と合致する。中小企業が技術者を採用しにくい中で，経営者の事業承継だけでは解消しない技能・ノウハウの承継に対し，ベテラン職人から若手職人に直接的に技術伝承を推し進めるのではなく，職場環境を明るく話しやすくすることで社内コミュニケーションを促進し，ベテランと若手の距離を近づけ，若手が働きやすい環境を作ろうとしたことは，前経営者とは異なるアプローチであった。
「工場の暗い雰囲気を何とかしないと若者は働いてくれないと思いました。」
「仕事以外でもベテランと若者の会話を増やそうと思いました。」
　また村上・古泉（2010）が明らかにしているように，サツマ電機や山崎製作所の現経営者は承継後の経営革新の必要性を感じており，承継後社内改革に着手したが，ともするとそれまで企業内で共有されてきた実践や考え方を否定し，先代や古参従業員のアイデンティティを退行させる（神谷宜泰，2020，p.9）可能性があった。それを回避し社内改革が遂行できたのは，女性後継者のコミュニケーション性や組織マネジメントにおける多様性が発揮されたといえる。新事業に対して，自社の強みを最大限活かせるように熟慮し，周囲の協力が得られるように配慮しながら進めた点において，決して前経営者の反面教師として新事業を展開したのではないことを意味している。既存の経営資源の中で自社の強みを活かした新事業展開は，事業承継だからできることであり，起業とは大きく異なる。また新事業のデザインに女性的あるいは多様な視点が活かされた可能性を否定できない。
「自分だったら違うやり方をするなと感じていて，でも急に変えて反発があるといやなので，少しずつ変えるようにしました。」
「製造業は製造だけしていればいいとは思わない。どうしたらこの技術が活かせるかを考えました。」
「これまで板金に興味がない人，特に女性に知ってもらいたいと思って。」
　今後の方向性は，3社とも現状維持ではなく成長志向が見られ，地域を代表する企業として国内市場にとどまらず，海外市場に対して自社をアピールしていく

ためにはどうするかを模索していた。これは「女性後継者は事業拡大を望まない，リスク回避傾向」（日本政策金融公庫総合研究所，2013）とは異なる結果が得られた。また，すでに環境報告書を公開しているサツマ電機，環境配慮型を目指す森川製作所，地域企業を束ねる役割を担う山崎製作所は，遠藤（2007）の指摘の通り「社会的責任に対して積極的」といえる。

　以上より，十分な準備期間がとれず企業経営経験が乏しい女性後継者は，自社や経営に対する客観性があり，前経営者とは違った多様な視点でアプローチすることで新事業を促進させていた。承継後の新事業展開時には，自社の強みを活かすべく人材育成に励むとともに，消費者視点を活かして新事業をデザインし新事業を進めていた。新事業をリスクと捉えて挑戦しないという姿勢はみられず，前経営者と同じことはできないが自分なりに考えてできることに挑戦しようとしている。さらに前経営者の存在は阻害要因とはいい難く，中小企業の親族内承継では後継者の企業経営経験の不足を補う役割として，プラスの要因といえる。

6　本研究の成果と今後の課題

　準備期間が短いにもかかわらず事業承継した中小企業の女性後継者は，自社を客観的に捉え，前経営者とは異なるアプローチをとり，自社の強みや人材育成の優位性，多様な視点を生かした新事業が展開されていた。女性後継者はリスク回避傾向が強いとはいえず，前経営者の存在が阻害要因ではなく企業経営経験の不足を補う役割を果たしていることを示せたことは学術的貢献であり，定量調査だけでは見いだしきれない多面的な要因を導き出せた。また企業経営経験の少ない女性後継者であっても承継後にとり得る事業戦略の選択肢が広がる点においては実務的貢献といえる。

　本成果を踏まえても，中小企業の女性後継者に着目した研究における知見の蓄積は必要である。資金調達における課題や業種・事業承継の類型化等，今後さらなる調査を進めていきたい。

本稿作成に当たり，東京大学社会科学研究所附属社会調査・データアーカイブ研究センターSSJデータアーカイブから〔「中小企業の事業承継に関するインターネット調査，2015」（日本政策金融公庫総合研究所）〕の個票データの提供を受けた。

〈注〉

1　帝国データバンク「全国女性社長分析調査（2020年）」にて就任経緯を性別にみると，男性は同族承継38.8％，起業・創業40.1％である一方で，女性は同族承継50.6％，起業・創業35.5％であり，顕著な差が見られる。

2　エヌエヌ生命「全国の女性中小企業経営者の意識調査」（2020年9月）では，中小企業の女性後継者206名へのアンケートの結果，「事業承継する準備期間はなかった」「突然だった」は44.6％を占めた。

3　女性後継企業の承継前後の障壁要因を探る目的で，中小企業の女性後継者5名に対しインタビュー調査を実施した。①サツマ電機（梶川久美子氏）②サンディオス（津賀由布子氏）③村上産業（村上すづ子氏）④森川製作所（森川明子氏）⑤山崎製作所（山崎かおり氏）（2019年10月〜2020年12月実施）

4　Yin（2011）によると，事例が決定的であるとともに極端あるいはユニークであり，対象が新事実である場合に事例研究の適切性が担保される。

5　帝国データバンクCOSMOS Ⅱ（2020年10月時点116万社収録）より女性へ事業承継した中小企業400社を無作為抽出し，女性に承継した中小企業の親族内承継と親族外承継を分ける要因について，プロビット回帰分析による定量調査を行った。その結果，親族内承継企業は資本金や従業員規模が小さく，企業年齢や経営者年齢が高い。売上高や利益は小さい一方で，従業員1人当たりの売上高は高く，業種では製造業，建設業，卸売業が有意に親族内承継となりやすいことがわかった。

6　先代（夫）の急逝により準備期間なく事業を承継した女性後継者が行った新事業戦略の調査を実施（2019年10月29日，（株）エスワーフード山本久美氏）。

〈参考文献〉

1　Barbara S. H. & Wendi R. B.（1990）Women, Family Culture, and Family Business, *Family Business Review*, 3（2）, pp.139-151

2　文能照之（2013年12月）「事業承継企業のイノベーション創出活動」『商経学叢』（169）pp.289-302

3　中小企業庁（2014年）『2014年版中小企業白書』日経印刷株式会社

4　中小企業庁（2019年）『2019年版中小企業白書』日経印刷株式会社

5　中小企業庁（2021年）『2021年版中小企業白書』日経印刷株式会社

6　Dumas, C.（1998）Women's Pathways to Participation and Leadership in the Family-Owned Firm, *Family Business Review*, 11（3）, pp.219-228

7　遠藤ひとみ（2006年）「わが国における企業の社会的責任と女性経営者の意思決定」『現代社会研究』第4巻, pp.85-92

8　Gonzalez, F. P.（2006）Inherited Control and Firm Performance, *American Economic Review*, 96（5）, pp.1559-1588

9　堀越昌和（2017年5月）「わが国における中小企業の事業承継研究の現状と課題」『事業承継』vol.6,pp.44-57

10　井上孝二（2008年11月）「小企業における事業承継の現状と課題」『日本政策金融公庫論集』第１号，pp.1-24

11　Jimenez, R.M.（2009）Research on Women in Family Firms: Current Status and Future Directions, *Family Business Review*, 22（1），pp.53-64

12　神谷宜泰（2020年７月）「後継経営者の状況的学習と課題―中小製造業の事業承継と経営革新―」『日本中小企業学会論集』第39号，pp.3-16

13　鹿住倫世・河合憲史（2018年７月）「女性の起業支援策と女性起業家の自己効力感―日本のデータから―」『企業家研究』第15号，pp.109-134

14　近藤信一（2013年11月）「中小企業の親子間親族内事業承継における経営面の一考察」『総合政策』第15巻第１号，pp.65-79

15　村上義昭・古泉宏（2010年８月）「事業承継を契機とした小企業の経営革新」『日本政策金融公庫論集』第８号，pp.1-30

16　日本政策金融公庫総合研究所（2013年）「中小企業の女性経営者に関する実態と課題―ジェンダーギャップの所在について―」No.2013-3

17　落合康裕(2014年３月)「ファミリービジネスの事業承継と継承者の能動的行動」『組織科学』47巻３号，pp.40-51

18　小野瀬拡(2013年３月)「女性後継者への事業承継―強みとしての女性後継者―」『九州産業大学経営学会 経営学論集』第23巻第３号，pp.1-13

19　小野瀬拡（2014年６月）「事業承継後のイノベーション―寿企業を対象に―」『日本経営学会誌 経営學論集』第33号，pp.50-60

20　Robert K. Yin.（2011年）『Case Study Research: Design and Methods』（近藤公彦訳『ケース・スタディの方法』千倉書房）

21　Sakano, T. & A.Y. Lewin（1999）Impact of CEO Succession in Japanese Companies: A Coevolutionary Perspective. *Organization Science*,10（5），pp. 654-671

22　高橋千枝子・本庄加代子（2017年９月）「女性の視点とは何か―女性起業家による働く女性のためのビジネスの創造と共感構造―」『マーケティングジャーナル』37巻２号，pp.33-54

23　滝本佳子（2011年７月）「女性起業家が成功に至った要因は何か？―女性起業家7事例からの分析―」『経営戦略研究』vol.5,pp.123-138

24　田中恵美子（2008年７月）「中小企業研究の今日的課題 女性起業家の創業の困難性とその回避策」『日本中小企業学会論集』第31号，pp.19-35

25　Vibha, G. & Gina, D.（2011）Venturing into New Territory: Career Experiences of Corporate Venture Capital Managers and Practice Variation, *Academy of Management Journal*, 55（3），pp.563-583

26　安田武彦（2005年11月）「中小企業の事業承継と承継後のパフォーマンスの決定要因」『中小企業総合研究』創刊号，pp.62-85

（査読受理）

中小企業における女性活躍促進に関する一考察
—兵庫県下の中小製造業を中心に—

武庫川女子大学　山下紗矢佳

1. はじめに

　本研究の目的はヒアリング調査より中小製造業における女性活躍の可能性と課題を明らかにすることである。これまで製造業では女性の担う業務は主に事務職が中心とされてきた。ここでは製造現場等で従事する女性に注目する。

　今回対象とする兵庫県における女性を巡る働き方に目を向ける。2015年国勢調査によれば女性の就業率は45.2％と，47都道府県のうち45位である。非正規労働者の割合は一貫して上昇傾向にあり，そのうち女性が69.6％（全国 68.7％）を占めている[注1]。さらに20代前半の転出超過数が2014年からの5年間で1.7倍，県内大学生の県内就職率は3割弱で推移している。

　兵庫経済は高度成長期以降，一般機械・電気機械等の加工組立型産業によってけん引された。2018年工業統計調査結果によれば，製造品出荷額の全国シェアは4.9％であり，都道府県別では全国5位である[注2]。しかしながら製造業における女性の就業割合は他業種と比較して低く，非製造業における男女比率はおおむね同率であるのに対し製造業では男性7：女性3[注3]である。兵庫県下の状況を踏まえると，①そもそも女性の就業率が低い，②女性・若者を中心とする人口の域外流出に歯止めがかからない，③就職先としての製造業不人気，と一見製造業において女性活躍促進どころではないように思われる。しかし女性活躍推進法の有無にかかわらず，女性活躍を進める中小製造業がある。どのように女性活躍を進めているのか，また女性活躍が自社にもたらす効果や成果を明らかにすることで，中小製造業における女性活躍の手がかりを考察していきたい。研究方法は関連する文献整理と中小製造業におけるヒアリング調査結果の分析である。

2．先行研究

2．1．女性活躍

　本研究の重要な視点となる「女性活躍」について整理する。「女性活躍」の議論は大きく分けて２つのタイプに分けられると考えられる。

　一つ目は女性の就業者数や管理職比率，育休・産休（または職場復帰）の割合を高めるなど数値による定量的な女性活躍の促進である。背景には男女雇用機会均等法をはじめとする男女平等や格差解消，働き方改革の推進が挙げられる。代表的なものとして女性活躍推進法がある。この法は，常時雇用する労働者数が301人以上[注4]の事業主に対し，①女性労働者に対する職業生活に関する機会の提供，②職業生活と家庭生活との両立に資する雇用環境の整備及び女性の活躍に関する項目のうち，１項目以上を公表することを義務化するものである。すなわち，①女性採用比率，②勤続年数の男女差，③労働時間の状況，④女性管理職比率といった数値目標設定による制度構築により女性の就業支援や雇用拡大，ワークライフバランスの確保を図ろうとしている。脇坂（2021）は女性活躍推進において企業は男女平等とテレワーク等をはじめとする柔軟な勤務の重要性を指摘しながら女性管理職比率ではなく女性の「管理職登用比」に着目[注5]している。奥山（2014）は男女雇用機会均等法の変遷を概観し，2000年頃より少子化対策として仕事と家庭の両立，いわゆる「ワークライフバランス」を中心にライフイベントに関わらず仕事に従事し続けられるような制度構築や指標設定による女性活躍の議論が進展したと指摘している[注6]。

　二つ目は企業における戦略の一環として女性活躍を進めることに意義があるという議論である。背景には今後さらに深刻化しうる人手不足に対する対策や，女性に限らずダイバーシティの促進が企業の戦略となりえるという視点がある。

　中原・トーマツイノベーション（2018）は「企業・組織内での活躍」を前提に，①（女性本人が望むのであれば）働きたいと思う女性が，企業においてより安定的・長期的に働き続けられる状態，②（女性本人が望むのであれば）成果を出して社会的上昇を果たしたいと思う女性が，企業において高いパフォーマンスを発揮し，職位を上昇させられる状態[注7]のことを「女性活躍」と捉えている。基本的にはこの概念を指示する。ここでは男女を比較すると女性のほうが「できるだけ長く仕事を続けたい」という就業継続意欲が高く，働くうえで男性は「見返り」

重視であるのに対し，女性は「やりがい」重視の傾向にあることを指摘している。
就業継続動機について「家計を支えるため」という動機を忘れてはならないと言
及している[注8]。他にも山極（2020）は女性活躍について「女性に権限，地位，
重要な仕事を与えることで組織のパワーバランスを変え，組織を活性化しようと
する経営戦略」[注9] と位置付けている。

　中小企業における定量的指標による女性活躍の促進は人手不足に悩む中小企業
において簡単に進められるものではない。総務省の「女性活躍の推進に関する政
策評価書」[注10] によれば，日本の全産業に占める産業別雇用者割合は「製造業」
（17.1％）が最も高い一方で，女性労働者比率及び女性管理職比が低い産業のひ
とつが「製造業」[注11] である。一つの目標として女性活躍にむけた数値目標を掲
げることは当然重要なことであるが，数値が低いこと自体を必ずしも製造業で
「女性活躍できない」「女性活躍が進んでいない」と捉えることには疑問が残る。
また中原・トーマツイノベーションの指摘にあるように女性は権限や地位ではな
くやりがいを重視する傾向にあるのであれば，本人が望む場合を別にして，女性
採用比率や女性管理職比率を無理に上げること自体は女性の働くモチベーション
や企業への定着に直結するとは考えにくい。むしろ女性の「できるだけ長く働き
続けたい」という就業継続意欲と，社員が企業に「定着」するように長く働き続
けられる環境整備や仕事への意欲を継続し続けられる仕組を企業が提供すること
が重要と考えられる。そこで次では女性の重視する傾向にある「やりがい」「働
きがい」に着目し文献整理をおこなう。

2. 2. やりがい・働きがいに関する研究

　日本政策金融公庫総合研究所（2018）による中小企業での離職防止に向けたレ
ポートをみていく。ここでは就業における「帰属意識」「働きがい」「転職への抵
抗感」「定着・離職に影響する要因」を明らかにしている。「帰属意識」について
は企業規模に関する大きな差異はみられず，勤続年数を伸ばし経験を積むほどに
高くなる傾向にあるとしている。「働きがい」については上位より「仕事の内容
が面白いと感じたとき」「仕事を通じて達成感を得たとき」「安定的な収入が得ら
れるとき」と続くが，客観的処遇よりも主観的な満足度が影響するとしている。
「転職への抵抗感」については「大企業よりも中小企業のほうが抵抗感は少ない」
としている。「定着・離職に影響する要因」については収入への不満が離職に直

結するわけではなく，その他の要因が絡んで離職行動へのトリガーになるとしている。また，働くうえでの不満を人間関係の良さや時間的猶予によって埋め合わせているケースに注目している[注12]。

牧野（2002）は経営組織において「組織と個人は対等」であることを前提に，「みずからのルールにもとづいて，自主的に決定，行動をおこなう」ことを個人の自立化形成と呼び，自立化形成が実現できない場合個人は充実感の欠如や不安・失望が生み出されると指摘している[注13]。

これらから分かることは，帰属意識の醸成にはある程度勤続年数との相関があり「勤続年数を伸ばし経験を積む」すなわちその企業に定着していく過程において「主観的な満足度」に繋がる要因が重要となる。つまり企業は社員に対し「自立化形成」を促すことのできるように，何らかの形で社員の思いを行動に移せる場，アウトプットできる場の提供が必要となってくるということである。これが「やりがい・働きがい」に影響するのではないかと考えられる。

女性活躍とやりがい・働きがいに関する既存研究より整理すると，<u>中小企業での女性活躍には，①本人の望む働き方に寄り添いながら家計を支えられる給料を得られる，②やりがい・働きがいを感じられることで安定して長く働き続けられる，状態が重要であると考えられる</u>。特に人手不足を課題と位置付けている中小製造業において，従来通りの人材採用・育成では今後ますます問題は深刻化するであろう。長く働き続けたい意欲のある女性人材に目を向けることで，人手不足の解消・組織の活性化・多様性のある職場づくりが可能となる。

次では，定量的に女性活躍の進んでいないとされる製造業分野における中小企業での女性活躍のあり方について，ヒアリング調査結果から実態を明らかにすることを試みる。

3．5社の女性活躍に向けた事例

3．1．A社[注14] [注15]（従業員数：27名（女性社員：4名）[注16]，創立年：1967年）

同社は1985年以降ロボット関連事業に本格参入して以降ロボットシステムインテグレータとして業界をけん引する存在である。ロボット事業の拡大のためにはロボットを扱える人材育成が重要となると考え，女性社員を中心にロボットインストラクターやオペレーターの育成に力を注いでいる。

　ロボットインストラクター業務については業務工程のすべてを女性社員が担える体制が整っている。オペレーション業務は機械工学や電気工学などの専門的知識を有していれば女性社員でも携わることは可能である。オペレーター業務の習得においては，規模の小さいデモンストレーション，展示会に出展するようなロボットシステムのティーチング，プログラミングなどへ段階的にステップアップし，その次の段階として現場に出られるように人材教育をおこっている。

　一方，これまで多くの女性社員を雇用しインストラクターやオペレーターを育成してきたが「定着」に課題がある。同社ではインストラクター業務は育休や産休を経た後でも復帰をしやすく女性が活躍しやすい業務と捉えている。産休や育休等の制度は設けられている。管理職を中心に「働きやすい職場のはずなのに，なぜ辞めていくのか」と課題を抱えている。そこで同社が現在力を入れているのがスポーツ経験豊富な人材である。学生時代にスポーツに熱心に取組んだ経験のある人材は，専門知識や経験を積むのに時間をかけ，スキルを習得するのに努力を重ねる傾向にあり，インストラクターの業務で人に指導をする講師としての能力が活かされている。

３.２.　Ｂ社[注17] [注18]（従業員数：50名（女性社員：15名）[注19]，創立年：1948年）

　同社は3Dプリンタ活用による精密部品加工で強みを発揮しデジタル倉庫サービス事業を展開している。以前は夜勤を入れた３交代制・長時間勤務・職人気質が当たり前の職場だった。デジタル化の進展を背景に性別に関わらず働きやすい環境づくりが重要であると考え，2016年〜2036年ロードマップ[注20] が作成された。以後，製造現場での女性社員の登用やパート社員の正社員化が進められている。

　基本になる考え方は家庭重視である。社員にとって，個人の各家庭が仕事の原動力となるように働き方改革が進められている。具体的には長時間勤務を是正するために，業務開始時間をずらした３パターンの勤務時間帯を設け，休日の取り方も３パターンに分けた。導入後間もなくは社員からのクレームもあったが，導入から１年経つ頃には平日に休むことのできるメリットを社員が体感し，新しい働き方への理解が進んだ。

　同時にデジタルトランスフォーメーションに対応できる社員教育に努め，全社員がiPadを所持，全マニュアルをデータ化，社内外での情報発信のデジタル化を促進している。製造現場に限らず全社員に，3Dプリンタ活用技術試験，3DCAD

利用者技術試験の受験を推奨している。また社員全員が検査できる体制を目指し，適正な測定道具の使用・測定結果の記録・データ蓄積を緻密におこなっている。

　また2018年に新工場が竣工した。地域のシンボル工場を目指しドイツの工場を参考にしたデザインが取り入れられた。新しい工場は地域でひときわ目立つ存在で，社員のモチベーションアップに大きく貢献した。またこれまでの工場勤務でマイノリティであった，女性・外国人・シニア・障がい者など誰しもが働きやすくなるように工夫された設計がなされている。

　　3．3．C社[注21) 注22)]（従業員数：70名（女性社員：12名)[注23)]，創立年：1944年）
　2006年に現在の社長が就任して以来，これまで主力として位置付けてこなかった文系出身者や女性の雇用に力を注ぐようになった。その理由は，いいものをつくるだけでは競争に勝ち残れないという考えによる。社長就任を機に「世の中に求められる製造業」について思考し，「コミュニケーション」が何よりも重要であると考えた。そこでコミュニケーションは男性より女性のほうが長けているのではないかという仮説のもと，女性雇用を積極的におこなうようになった。

　しかし女性を雇用したくてもエントリーが少ない。そこで同社の特徴的な取組として，鍋インターンシップが導入された。一般的な自社のPRを行うようなインターンシップはしない。学生が鍋を一からすべて準備することから始まり，鍋の準備が整ってから座談会がスタートする。座談会ではあらかじめ参加学生によるグループワークで「社会人になってから何を学びたいのか」，「働きたい会社とはどのような会社か」を議論し，作成したフレームワークを発表する。そして社長や社員とディスカッションをおこない，自己分析や自己PRのアドバイスとともに「会社に合う」とは一体どういうことなのか，助言を受けることができる。

　その他に社員旅行・忘年会・毎月のグループ懇親会など社内イベントを意図的に多く設けており，オープンであたたかな組織風土が形成されている。これは「社員同士の仲が良くないと良い商品は作れない」という社長のこだわりによる。また社長自ら率先して社員とのコミュニケーションを図り，社員との距離を近づけられるように社内に社長室を設けていない。

　　3．4．D社[注24) 注25)]（従業員数：120名（女性社員：54名)[注26)]，創立年：1948年）
　同社の製品はほとんどが手作業によるもので細やかな作業が多い。ゆえに，創

業当初から男性6：女性4と女性社員の割合が高い。現在ほぼ全ての部署に女性が在籍し，管理職登用も進んでいる。精密機器製造のため工場環境は清潔に整備されており椅子に座る製造工程が多い。細やかな作業を安定的に継続するのは男性よりも女性の方が向いているという。

同社の特徴のひとつは中途採用者の割合の高さである。中途採用者は全体の8割に上る。採用の方針は「素養があれば誰でも歓迎」である。女性・男性，文系・理系出身といった属性は問わず，やる気をもって仕事に臨む姿勢があれば採用する。中途採用者の方が他社の経験があるため，働くうえで重視する価値観が明確化されているという考えから，同社では積極的に採用をしている。また全社的にみて結婚や育児といったライフステージの変化を機に退職する社員はほとんどいない。平均勤続年数は男性で約16年，女性で約14年と男女格差はほとんどない。

社員に対する評価基準が明確であり，「結果重視ではないこと」と定められており，部分最適ではなく全体最適を目指している。①ミスをリスクと捉えて管理する（予防・軽減・緊急対応など），②知識を持って価値を創造する，③正しいことを提言していく，を行動規範として明確に示している。

3.5. E社[注27) 注28)]（従業員数（単体）：274名（女性社員：117名）[注29)]，創立年：1948年，本社：兵庫県姫路市）

本社工場には社員129名が従事しており，内訳をみると約半数は正社員，残り半数は契約社員，近隣の主婦を中心とするパート，外国人実習生などである。本社工場の従事者のうち約6割は女性である。

同社が女性活躍に取組むようになったきっかけに全員参加型のQC活動と女性管理職の誕生がある。まずは生産現場における変化があった。QC活動の取組を示す掲示板を社内外の人に見てもらうことを意識し，視覚的にきれいなものを作るようになった。その後，女性管理職を含む女性社員の有志により「女性改善プロジェクト」が発足され女性目線での改善活動が促進された。例えば重量物を取扱ううえでの危険性の排除や安全策が取り入れられた。また掲示物の見た目などにも気を配られるようになり，生産現場が明るくきれいになっていった。

人材育成の方法についても改善がおこなわれた。かつては「先輩の背中をみて学ぶ」ことも多かったが，習得している技術・スキルのレベルが視覚的にわかるように示されるようになり，管理職教育や作業現場での教育がおこなわれるよう

になった。また工場に「ものづくり道場」を設け，製造をするうえで「どうすれば失敗するのか（上達するのか）」を体験し覚られるように教育が実施されている。

　地域に対する社会貢献活動を積極的におこなうようになった。地域住民を対象とした「塗り絵コンクール」をきっかけに社員の新しい才能が発見された。他にもインターンシップの受入や，社員家族の社会見学，家族を大切にする「いい家庭づくり」のサポートがおこなわれるようになった。

4．事例の考察

　5社の事例と女性活躍にかかわる特記事項をまとめたものが表1である。

表 1　事例5社の概要と取組の特徴

企業		A社	B社	C社	D社	E社
規模		27名（女性4名）	50名（女性15名）	70名（女性12名）	120名（女性54名）	274名（女性117名）
女性活躍に関する社内規定		○	○	○	○	○
採用で重視する対象		スポーツ経験者	パート→正社員	インターン→新卒採用	中途社員	地域住民
定着の度合		△	○or△	△	○	○
女性管理職の有無		○	△（親族）	×	○	○
女性活躍推進の認定等		推進宣言企業	ひょうご仕事と生活の調和推進企業	推進宣言企業	-	ひょうご仕事と生活のバランス企業　ひょうご女性の活躍企業　えるぼし☆☆☆
特徴	組織・ヒト	親族が多い		年齢の近い女性社員が多い	創業時より女性多い風通し良い	創業時より女性多い
	社風		家庭重視	イベント多い・若手会	家庭重視	家庭重視
	QC活動・CSR	子ども向けのロボットイベント	シンボリックな工場	改善活動	全体最適重視	改善活動　地域住民に向けたCSR
	業務の幅	オペレータインストラクター	重筋作業などを除いて女性の従事が可能	重筋作業などを除いて女性の従事が可能	多能工化	多能工化
	人材育成の工夫	スキルマップ	スキルマップ	スキルマップ	スキルマップ	スキルマップ
	その他	デジタル化	デジタル化　資格取得		手作業が多い　評価基準が明確	セル生産　ものづくり道場

（出所：筆者作成）

　基本的には5社すべてにおいて，①本人の望む働き方に寄り添いながら家計を支えられる給料を得られ，②やりがい・働きがいを感じられることで安定して長く働き続けられる，工夫がなされている。一部若い世代からは「もっと給料が高ければいいな」といった意見も聞かれたが，一般的な会社員の意見に留まる程度で真剣に転職先を探すものではなかった。今回ヒアリングをおこなった5社で製造現場等に従事する女性のほとんどがものづくり未経験者であった。もともと専

門知識があったり，機械に興味があったり，ものづくりが好きで就職したわけではない。従事後にものづくりの楽しさを知り，やりがいや働きがいを感じられるようになった。事例5社の取組より得られた視点は次の通りである。

4．1．採用ターゲットの明確化と情報発信

5社ともに採用したいターゲットを明確にし，ターゲットに向け独自の情報発信がおこなわれている。BtoB中心でネームバリューの低い中小企業では，「働きやすそう」または「おもしろそう」な情報を発信し求職者の目にとまるようにする工夫が効果的である。就職活動の場においても情報の非対称性は存在する。求職者は主に大企業をはじめとする知名度の高く情報発信力の強い情報を収集するため，働きやすい中小製造業の情報を得る機会が少ない。したがって求職者の求める情報を積極的に発信していくことが重要となる。情報発信する内容は，ものづくりに関する細かな情報ではなく，働き方や自社の考え方に関する情報が中心であることが特徴である。A社ではスポーツ系学部のある大学へのアプローチ，B社ではパート社員の正社員化，またシンボリックな新しい工場を見て「おもしろそうなのでここで働きたい」と入社した女性社員がいる。C社では独自のインターンシップで自社についての認知を促す。D社では中途採用者，E社では地域住民に対する情報発信がおこなわれていた。

4．2．ものづくりに対するやりがい醸成

ものづくり未経験者への教育制度が整備されており，情報のインプットとアウトプットの場がうまく機能している。ここでいうインプットとは，業務に関わるあらゆる知識・経験等が個人に入力されることを指す。つまり製造業の未経験者でものづくりに関する知識・スキル・経験がゼロの状態で業務に従事するにあたり，知識・スキルを得て経験を積みスキルアップができる体制が整っている。5社ともスキルマップ導入により社員のスキルレベルの見える化がなされ，入社後に段階的に技術を教育（あるいは自ら習得）していく。また習得状況に応じた評価制度が設けられている。

B社の資格取得推奨，D社・E社ではジョブローテーション，E社のものづくり道場はこれに当てはまる。特にジョブローテーションによる多能工化は幅広いスキルを身につけながらも業務の属人化を回避できるため，社員が休みたいとき

に休みやすいという働き方の改善に繋がっている。D社では評価基準が明確であるため，全体最適実現のために自ら自主的に決定・行動できる範疇が大きい。A社ではインストラクター業務の習得からオペレーター業務の習得に向けた教育プログラムが設けられているが，オペレーター業務に進むまでに社員が辞めていくことが課題である。この点については4.4で述べる。

4．3．QC活動・CSRによるやりがい醸成

「ものづくり自体に強い関心を寄せているわけではない」という女性社員の傾向は全社的にみられた。もちろん仕事は（普通に）楽しくある程度のやりがい[注30]を感じている，だがその仕事でなければならないという強い意思があるわけではない。自身が携わっている製品が世の中でどのように用いられているか分からないことが要因のひとつであると考えられる。ものづくりに強いこだわりを持ちにくい社員にとって，やりがいを感じられる要素にQC活動・CSRがあった。E社では改善活動が始められた当初は身の回りの不便さや好ましくないものを見つけて改善していく小さな取組であった。C社・E社では女性社員がプロジェクトに関わることで，他の社員に心地よい空間や働き方を提供でき，工場を訪れる来客に自信をもって工場を見せられる（見てほしい）となりやりがいに繋がっている。改善活動を積極的に取入れているC社・D社・E社では，「女性社員は細やかな点によく気が付き改善活動に向いている」，「男性社員だけではこれほど取組むことは難しい」と社長や責任者による共通認識がみられた。さらに改善活動を通じて製品に対する意識が変わり，納期優先ではなく品質重視の姿勢に変化し業績の向上につながった。B社・E社は社員自ら「恥ずかしくない行動をとろう」と意識が変化し，地域住民に誇れる会社づくりとしてCSRを実践するようになった。

4．4．定着するための仲間の重要性

A社は他社と同様にスキルマップ導入や教育制度に力を入れているが女性社員の定着に課題がみられた。これについて，女性の少ない職場で女性活躍を進めるには「仲間」が必要であると考えられる。A社は事例のなかで最も企業規模が小さく女性社員4名うち2名は親族である。ヒアリングのなかで「インストラクターを増やしてほしい」という声があった。それは業務の負担という理由ではなく仲間がほしいということである。A社では社内規定で産休・育休等をとること

のできる環境にありこうした仕組を後押しする女性管理職もいる。しかしそれだけでは定着しづらい。先に示したQC活動・CSRによるやりがい醸成にあるような，自身が主体的に動き頑張ったことを仲間に見てもらえる，思いを誰かと共有できる場づくりが，女性社員の定着にはより重要になると考えられる。

　こうした課題解決に向けた工夫をしているのがC社である。毎年のように新卒で女性社員を採用するように心がけている。若い女性社員の孤立を防ぐとともに，仲間を作れるように若手会などのイベントを多く取入れ，社員同士の関係構築の場を作っている。すなわち女性活躍に向けた社内規定をつくることは当然のことであるが，こうした制度を遠慮せずに気軽に使える雰囲気や相談できる仲間の存在が女性社員の定着において重要となる。

4.5.　家庭重視

　事例5社のうち，3社では社長自ら「家庭重視」の社風を明確に示していた。B社は「仕事のために会社に身を捧げるという考え方の人はうちに来てほしくない。」と述べていた。D社では女性社員へのヒアリングから「この会社では仕事を休む理由を聞かれない。前の会社では休みを取りにくかった。」という意見が多数あった。B社は改善プロジェクトの成果により「いい仕事の休み方」を検討し推奨している。前節では詳しく記載していないが，A社は全社的にスポーツ経験者だけでなく，音楽，芸術などに携わってきた人を多く採用している。これらの経験により培われた感性がものづくりに生かされるため，仕事人間ではなく多様な経験をすることを推奨している。いずれも家庭重視の考え方を進めると同時に，長時間労働や残業が当たり前の風土の是正が図られ，労働環境の改善とともに経営の改善につとめることができた。

5.　おわりに

　本研究のまとめとして次の3点を指摘したい。1点目は，女性活躍を進める中小製造業では社員を採用・教育していくうえで男女差ではなく「経験者」と「未経験者」という視点に基づいた捉え方をしている。重量物を取扱うなど法令により女性では難しい業務は一部あるが，男女差という視点ではなく誰にとっても「安心・安全」な環境整備という視点によるものである。2点目は，ものづくり

で必要な知識・スキル獲得の側面と，ものづくり以外の側面との，二側面でのやりがいを醸成する仕組が存在することである。特にものづくり未経験者の女性社員では後者の側面でよりやりがいを感じている。事例ではQC活動やCSR実践に女性社員がやりがいを持っていることが分かり，それは単なるやりがいで終わらず，製品の品質向上や働き方の改善といった企業への貢献につながっていることが分かった。3点目は，人数や割合といった定量的指標を掲げるよりも，長く働き続けられる環境整備が必要で，その一つに仲間づくりが重要であるということが分かった。事例より属性の近い人材のロールモデルが社内にあるかどうかが定着に関わっていることが分かる。第2節では，中小企業での女性活躍には，①本人の望む働き方に寄り添いながら家計を支えられる給料を得られる，②やりがい・働きがいを感じられることで安定して長く働き続けられる，状態が重要，と示したが，さらに③属性の近い仲間づくり進める，ことでものづくり未経験の女性が安心して働き続けられる「定着」を促進できると考えられる。

　一般的にものづくり現場に従事する社員は顧客との接点が少なく，組織の目標は「効率的な生産」に主眼がおかれる。それは重要なことであるが効率的な生産のみを目標とすると対人間の志向は業務的になりがちである。ヒトは与えられただけのものごとに対しては責任感や所有意識は発生しない。自分の作り出した物事に対しては責任感や所有意識が発生する。つまり女性の従事が少ない中小製造業分野において，女性社員の自立化形成を促すためには，プロジェクト参加等を通じて主体的に考え・行動し・評価され，社員自身が組織内や社会に貢献していることを感じられる取組をおこなうことが効果的である。また女性の活躍を促進することは，誰しもにとって働きやすい企業づくりの第一歩となる。「女性活躍」を自社事ととらえ取組むことで誰しもの働きやすい企業づくりが進み地域雇用が促進されることを期待したい。

　最後に雇用について触れると，就職活動における情報の非対称から考えると，新卒の女性を中小製造業で現場採用することはなかなか難しい。特に文系出身となればさらに難しいであろう。5社でのヒアリングにおいても，C社を除くほとんどが転職経験のある人材であった。本論冒頭で兵庫県は「女性・若者を中心とする人口の域外流出に歯止めがかからない」ことを課題としていると示したが，中小製造業では必ずしも新卒の女性の雇用を重視しなくてはならないわけではないと考える。むしろ女性たちが転職を考える，あるいは一度仕事から離れて社会

復帰をする際に，中小製造業が長く働き続けられる雇用を提供することは社会的使命として期待されるのではないだろうか。当然，新卒の雇用問題についても検討は必要である。ここでは雇用や政策的視点での検討を十分にできなかったため，今後の課題として引続き研究にあたることとする。

〈注〉

1　兵庫県（2019a）pp.10-11.
2　兵庫県（2018）「工業統計調査結果（確報）（兵庫県統計課）」による。
3　兵庫県（2019b）pp.69-71.
4　2019年改定をうけ2022年4月以降は従業者数101人以上の事業者へと義務の対象が拡充される。
5　脇坂（2021）pp.31-32.
6　奥山（2014）pp.92-100.
7　中原・トーマツイノベーション（2018）pp.26-27.
8　中原・トーマツイノベーション（2018）pp.38-44.
9　山極（2020）p.12.
10　女性活躍推進法に基づき常用労働者数が300人前後の273事業者の公表する女性活躍の実施状況をレポートしている。
11　総務省（2019）pp.24-29.
12　日本政策金融公庫総合研究所（2018）pp.13-22.
13　牧野（2002）pp.51-59.
14　2019年〜2020年にわたり複数回ヒアリング等をおこなった。本研究は主に2019年12月26日に同社で実施したヒアリングに基づく。
15　主な事業内容を産業用ロボットシステム・ポジショナ・ターンテーブル等工場内大型設備の設計・製作，据付，保守及びロボットシステム導入のためのコンサルタント業務とする生産用機械器具製造業である。
16　2020年3月現在の数値。
17　2020年〜2021年にわたり複数回ヒアリング等をおこなった。本研究は主に2020年8月19日に同社で実施したヒアリングに基づく。
18　事業内容は精密部品加工製造である。
19　2020年10月現在の数値。
20　例えば，人事面では10年後には男女ともに活躍できる組織で女性は20名に増やす構想や，15年後にはフレックスな働き方，20年後には38時間／週労働（ヨーロッパ並）を目標としている。5年後には女性部門長がおり，15年後には女性役員が誕生しているという構想である。
21　2019年〜2020年にわたり複数回ヒアリング等をおこなった。本研究は主に2019年11

　月29日に同社で実施したヒアリング内容に基づく。
22　主な事業内容をアルミ・銅合金の鋳造品製造とする非鉄金属製造業である。
23　2020年3月現在の数値。
24　2019年～2020年にわたり複数回ヒアリング等をおこなった。本研究は主に2020年2
　月5日に本社工場を対象に実施したヒアリングに基づく。
25　主に微差圧計測機器，ガスタービンエンジン周辺機器の製造をおこなう。
26　2020年5月現在の数値。
27　2020年～2021年にわたり複数回ヒアリング等をおこなった。本研究は主に2020年12
　月24日に同社で実施したヒアリングに基づく。
28　主な事業内容はモータ・ポンプ製造販売とする電気機械器具製造業である。
29　2020年3月末時点の数値。同社第63期有価証券報告書に基づく。
30　ここでは一般的な口語的な表現。

〈参考文献〉
1　兵庫県（2019a）「2019ひょうごの男女共同参画」
2　兵庫県（2019b）「ひょうご経済・雇用活性化プラン（2019～2023年度）」
3　兵庫県（2020）「兵庫県地域創生戦略2020 – 2024」
4　（公社）兵庫工業会（2020）「兵庫業務仕分けロールモデル集」
5　（公社）兵庫工業会（2021）「兵庫業務仕分けロールモデル集」
6　牧野丹奈子（2002）『経営の自己組織化論：「装置」と「行為空間」』日本評論社
7　中原淳・トーマツイノベーション（2018）『女性の視点で見直す人材育成―誰もが
　働きやすい「最高の職場」をつくる』ダイヤモンド社
8　中西哲（2020年7月）「ダイバーシティ・マネジメントの重要性―経営学における
　位置づけとパラダイム・シフトから―」『跡見学園女子大学マネジメント学部紀要』
　第30号，pp.57-73
9　日本政策金融公庫総合研究所（2018年4月）「日本公庫総研レポート」No.2018-4
10　奥山明良（2014）「男女雇用機会均等法の課題―男女雇用平等法制の生成と発展―」
　武石恵美子編『女性の働きかた』ミネルヴァ書房，pp.71-130
11　総務省（2019）「女性活躍の推進に関する政策評価書」
12　脇坂明（2021年1月）「女性活躍指標の吟味からみた男女のキャリアの違い」『日本
　労働研究雑誌』63（727特別号），pp.31-42
13　山極清子（2021年3月）「企業における女性活躍の阻害要因とその解決への道筋」『社
　会デザイン学会学会誌』2020 Vol.12，pp.12-23
14　山下紗矢佳（2020年9月）「地域中小製造業における女性就業促進―（公社）兵庫
　工業会による調査事例より―」『日本地域政策研究』第25号，pp.88-89
15　山下紗矢佳（2020年10月）「中小製造業における女性就業促進の取組と意義」『商工
　金融』第70巻第10号，pp.48-62

（査読受理）

外国人経営者の資金調達力の決定要因

日本政策金融公庫総合研究所　**深沼　光**
日本政策金融公庫総合研究所　**山田佳美**[注1]

1. はじめに

　近年，日本では海外出身の外国人経営者が増加している[注2]。「経営・管理」の在留資格を有する外国人数は2000年には5,694人だったものが，2020年には2万7,119人と20年間で4倍以上となった（出入国在留管理庁，各年度）。日本の企業の大半が中小企業であることから，海外出身の外国人経営者も，ほとんどが中小企業を経営していると考えてよいだろう。生活習慣やビジネス環境が日本とは異なる海外で生まれ育った外国人経営者は，企業経営においても日本人経営者とは異なる視点を有していると思われる。そうした外国人経営者の増加は，多様性をもたらすという意味で，日本経済にプラスとなる可能性がある。中小企業の新たな担い手としても期待されよう。

　諸外国でも中小企業は資金調達が困難であるといわれており，間接金融が資金調達の主体である日本の中小企業も同様の問題を抱えている。円滑な資金調達ができなければ，中小企業の維持・成長は見込めない。日本で中小企業を経営する外国人経営者もこの問題に直面することが，先行研究で指摘されている。しかし，従来の日本の研究はヒアリングや小規模なアンケートによるものが多く，計量モデルを用いた実証研究は筆者の知る限りでは行われていない。

　そこで本稿では，日本政策金融公庫総合研究所が2020年10月に実施した「活躍する外国人経営者に関するアンケート」の個票データを用い，海外出身の外国人経営者が営む中小企業の金融機関からの資金調達力を左右する要因を検証する[注3]。中小企業の資金調達力には，企業自身の経営状況や属性のほか，経営者の能力や属性などの要因が影響を与えうるが，本稿では外国人経営者特有の要因

として，日本語能力に着目した。日本の金融機関で融資を受ける場合，申し込み，審査，契約締結など，あらゆる場で日本語が用いられるためである。分析は，本人の日本語能力のほかに，資金調達に影響を与えうる要因として，日本人配偶者の有無と日本国内にある出身国コミュニティーからの支援の有無を考慮して行った。

　今回の分析で用いるアンケートは，筆者の知る限りでは唯一の全国を対象とした，十分なサンプルサイズのある調査である。本稿では，この貴重なデータセットを用いて，外国人経営者が経営する中小企業の資金調達と経営者の日本語能力の関係を，資金調達力に影響を与えうる他の要因をコントロールしたうえで，実証分析を行った。この試みにより，外国人経営者の資金調達力の決定要因をより精緻に確認することは，新たな学術的知見となろう。また，資金の確保は企業の維持・成長には欠かせないものであり，外国人が経営する中小企業の資金調達を円滑にする要因を明らかにすることは，政策的にも意義があろう。

　結論を先に述べると，次の二点である。第一に，日本語能力が高い海外出身の外国人経営者は，金融機関からの資金調達が容易になることである。第二に，日本人の配偶者がいる場合，現時点の資金調達が行いやすくなることである。一方，日本国内にある出身国コミュニティーの支援は，資金調達力への明確なプラスの効果を見出すことはできなかった。

　本稿の構成は，以下の通りである。次の第2節では，外国人経営者に関する既存研究をまとめたうえで，外国人経営者の資金調達に対してどのような要因が影響を与えうるのかを示し，仮説を構築する。第3節ではデータと推計式を示し，第4節で推計結果を取りまとめる。第5節は全体のむすびである。

2．既存研究と仮説

　外国人経営者の増加は，中小企業のイノベーションを促進し，付加価値の増加につながることが期待される。Brown et al.（2019）は，2014年の米国のセンサスデータを用い，ハイテク産業での米国人（Native）と外国人（Immigrant）というオーナーの違いがイノベーションに及ぼす影響を分析した。その結果，オーナーが外国人である企業は，米国人である企業よりも，イノベーションを行う確率が高いことを指摘している。Azoulay et al.（2020）は，2005年から2010年に

米国で設立された米国人企業（Native-founded startups）と外国人企業（Immigrant-founded startups）の特許取得企業割合を，従業員規模別に比較している。その結果，全ての企業規模で外国人企業の方が特許取得企業の割合は高く，規模が大きくなるほどその差は拡大することを示した。移民の多い米国では，外国人経営者がイノベーションの推進に寄与しているようだ。野村（2015）は，既存研究と米国，英国，ドイツ，韓国，日本の外国人による起業動向と起業人材誘致の施策をまとめており，外国人の受け入れは，イノベーションの促進，海外市場の開拓につながることを指摘している。Pandey and Rhee（2015）は，日本の大企業に招聘された外国人 CEO のケーススタディから，外国人がCEOに就任することで企業文化や組織構造を大きく変化させた場合に，業績が向上することを示している。

　一方で，外国人が事業を行うには特有の問題が発生する。播磨（2021）はヒアリングをもとに，外国人起業家は，移住先の国で起業する際に言語，文化，制度の違いといった課題に直面すると指摘している。会話や読み書きの能力の不十分さがビジネスの障害となり，文化的背景の違いが不利な先入観となるため，周囲の人々から正当な理解を受けるための努力が必要だと述べている。制度の違いにより，出身国での職業資格や学位が移住先では認められない，出身国における価値よりも低く認識されるという課題があることも示した。一方で，言語能力の不足，保有する資格が認められないことは，失業や能力に見合わない条件での雇用につながり，結果として起業インセンティブが高まることになるとも指摘している。

　日本における海外出身の外国人中小企業経営者に関する研究は，それほど多くないが，ここではインターネットなどを通じて収集した既存研究を紹介する[注4]。外国人経営者の抱える課題について，日本総合研究所（2012）は日本で創業した外国人経営者へのヒアリングから，金融機関からの借入が少なく友人や親族からの資金に頼っていること，不動産の賃借が難しいことなどを挙げている。経済産業省近畿経済産業局（2019）は，行政書士，金融機関，外国人起業家へのヒアリングをもとに，外国人が日本で事業を行う際の課題として，資金，在留資格，事業所の確保を挙げ，それらを引き起こす原因の一つが日本語の能力だとしたうえで，金融機関などでの手続きには日本語を話し，読み書きできるサポーターが必要なことを指摘している。外国人起業家へのヒアリングをまとめた深沼・髙木・

西山（2021）は，事業に必要な日本語での書類作成の際に，日本人の配偶者，専門家，公的機関のサポートを受けているケースを示している。深沼・山口（2021）は，在日外国商工会議所の声として，外国人が日本で事業を行う場合に，資金調達や日本語による情報収集が難しいケースがあることを紹介している。

　アンケートによる研究としては江（2018）がある。その中で，日本で起業した外国人経営者10人のうち6人が，資金調達が大変だったと回答した[注5]。本稿の分析で使用する，日本政策金融公庫総合研究所が2020年10月に実施した「活躍する外国人経営者に関するアンケート」は，筆者の知る限りでは，唯一の外国人経営者に対する全国規模のアンケートである[注6]。それによると海外出身の外国人中小企業経営者の25.2％が，ビジネスで海外出身であることが不利だと感じる点として「金融機関からの借入が難しい」を挙げている（深沼ほか，2021）[注7]。

　このように，日本の中小企業では間接金融による資金調達が一般的であるにもかかわらず，金融機関からの資金調達が困難であるということは，日本における外国人経営者が直面する経営上の大きな課題の一つであるといえそうだ。仮に資金調達がうまくいかなければ事業経営は円滑に行われず，企業の成長やイノベーションにもつながらないことになる。もちろん，資金調達の問題は日本人経営者にも共通する。では，資金調達を困難にする外国人特有の要因を考えた場合，日本語能力の不足がその一つであると推測される。日本では，金融機関との取引は日本語で行われるのが一般的である。融資を受けるためには多数の書類を日本語で用意し，担当者と日本語でやり取りする必要がある。金銭消費貸借契約を締結する際には，日本語で書かれた法的事項も理解しなければならない。このような実務の面からも，資金調達を円滑に行うためには十分な日本語能力が必要である。

　以上の観点から，以下の仮説を構築する。

仮説：日本語能力が高い外国人経営者は，金融機関からの資金調達が容易である。

3．データと推計式

　分析に用いるのは，2020年10月に日本政策金融公庫総合研究所が実施した「活躍する外国人経営者に関するアンケート」の個票データである[注8]。調査対象は海外出身で日本国籍を持たない中小企業（従業者数299人以下，「農林漁業」「不

動産賃貸業」「発電業」「金融業」を除く）の経営者で，有効回答数は619人であった。調査票は日本語・英語併記で，漢字にはすべてルビが振られている。

　推計には二項ロジット・モデルを用いた。外国人経営者の金融機関からの資金調達の容易さの決定要因に関する推計式は以下のとおりである。

　　資金調達の容易さ
　　　　　= α + β₁ 日本語の会話能力 + β₂ 日本人配偶者
　　　　　+ β₃ 出身国コミュニティーからの支援 + γ₁ 年齢
　　　　　+ γ₂ 従業者規模 + γ₃ 性別 + γ₄ 業種 + γ₅ 地域 + ε

　変数の定義は表1に示した。外国人経営者の「資金調達の容易さ」を示す被説明変数は三つ作成した。一つ目の現時点の状況を示す変数は，「現在，何に苦労していますか」という設問で「金融機関からの借入が難しい」と回答しなかった場合は1を，回答した場合は0をとるダミー変数「借入_現在」である。二つ目は「海外出身であることがビジネスで不利だと感じる点についてあてはまるものをすべてお答えください」という設問で「金融機関からの借入が難しい」と答えなかった場合は1を，答えた場合は0をとるダミー変数「借入_外国人」である。質問は現在形だが，過去の経験をもとにした回答も含むと考えられる。三つ目は「ビジネススタート時のお金の調達先について，あてはまるものをすべてお答えください」という設問に「民間金融機関（銀行など）」と答えた人は1を，それ以外は0をとるダミー変数「借入_開業時」である。なお，この変数は自分で事業をスタートした経営者に設定し，ほかの人から引き継いだ経営者は欠損値とした。

　本稿で最も関心のある説明変数である「日本語の会話能力」は，「出身国の言葉と日本語の会話のレベルをお答えください」という設問の「日本語」について，「ネイティブ」が6，「流暢」が5，「ビジネス」が4，「日常会話」が3，「簡単な会話」が2，「ほとんどわからない」が1をとる変数である。値が大きいほど日本語の会話能力が高い。仮説に基づくと，係数の符号は「借入_現在」「借入_外国人」「借入_開業時」すべて正と予想される。なお，回答は現時点の会話レベルについてであるが，過去の会話レベルとも強い相関があると仮定して分析を進める。

表1　変数定義表

種　　類	変数名	代理変数名	変数の定義
被説明変数	資金調達の容易さ	借入_現在	「現在，何に苦労していますか」という設問に対し，「金融機関からの借入が難しい」と答えなかった人は1を，答えた人は0をとるダミー変数
		借入_外国人	「海外出身であることがビジネスで不利だと感じる点について，あてはまるものをすべてお答えください」という設問に対し，「金融機関からの借入が難しい」と答えなかった人は1を，答えた人は0をとるダミー変数
		借入_開業時	「ビジネススタート時の，お金の調達先について，あてはまるものをすべてお答えください」という設問に対し，「民間金融機関（銀行など）」と答えた人は1を，答えなかった人は0をとるダミー変数
説明変数	日本語の会話能力		日本語の会話のレベルについて，「ネイティブ」は6，「流暢」は5，「ビジネス」は4，「日常会話」は3，「簡単な会話」は2，「ほとんどわからない」は1をとる変数
	日本人配偶者		「配偶者は日本人ですか」という設問に対し，「はい」と答えた人は1を，それ以外は0をとるダミー変数
	出身国コミュニティーからの支援		「出身国人のコミュニティーから受けているサポートについて，あてはまるものをすべてお答えください」という設問について，選択肢にある何らかの支援を受けていると回答した人は1を，「特に支援はない」と回答した人は0をとるダミー変数
コントロール変数	Ln_年齢		外国人経営者の年齢の対数値
	Ln_従業者規模		従業者数（経営者も含む）の対数値
	性　　別		男性は1を，女性は0をとるダミー変数
	業　　種		「建設業」「製造業」「情報通信業」「運輸業」「卸売業」「小売業」「医療・福祉」「その他のサービス業」「その他」
	地　　域		「関東」「東海」「近畿」「その他」
コントロール変数（追加）	学　　歴		最終学歴が「大学院」の場合は4，「大学・短期大学」の場合は3，「高校」の場合は2，「中学校」の場合は1，「中学校未卒」の場合は0をとる変数
	Ln_来日後の年数		来日後年数の対数値
	経営者になる直前の職業		「経営者になる直前の職業をお答えください」という設問に対し，「現在の会社の役員・従業員」「関連会社の役員・従業員」は2，「そのほかの勤務者」「別の事業を経営」は1，「学生」「無職」「その他」は0をとる変数
	創業者		現在のビジネスについて，「自分でスタート」した人は1，「ほかの人から引き継ぎ」した人は0を取るダミー変数

　外国人経営者の日本語能力のほか，資金調達に影響を与えうる要因として「日本人配偶者」と「出身国コミュニティーからの支援」の有無も検討した。経営者自身の会話能力が低くても，日本人である配偶者や出身国コミュニティーの中で長く日本に滞在している人が金融機関とのコミュニケーションを行うことで，資金調達が容易になる可能性があると考えたためである[注9]。「日本人配偶者」の有無は，「配偶者（夫または妻）は日本人ですか」という設問に対し，「はい」と答えた人は1を，「いいえ」「配偶者はいない」は0をとるダミー変数である。「出身国コミュニティーからの支援」の有無は，「出身国人のコミュニティーから受けているサポートについて，あてはまるものをすべてお答えください」という設問に対し，いずれかの選択肢を回答した人は1を，「特に支援はない」は0をとるダミー変数である。どちらも係数の符号は，「借入_現在」「借入_外国人」「借入_開業時」それぞれに対して正と予想される。出身国コミュニティーからの支援は，開業時点の状況とも比較的相関が高そうだが，配偶者の状況は異なる可能性も否定できないことを付記しておく。

　コントロール変数は「Ln_年齢」「Ln_従業者規模」「性別」「業種」「地域」である。「Ln_年齢」「Ln_従業者規模」は対数値を用いた。「業種」は「建設業」「製造業」「情報通信業」「運輸業」「卸売業」「小売業」「医療・福祉」「その他のサービス業」「その他」の9業種，「地域」は「関東」「東海」「近畿」「その他」の4地域とした。

　表2は記述統計である。「借入_現在」では「金融機関からの借入が難しい」と答えなかった人の割合は84.9%であった。「借入_外国人」では外国人経営者であるために「金融機関からの借入が難しい」ことがビジネスで不利だと感じると答えなかった人は74.8%である。このように，資金調達に対して不安を抱える外国人経営者が多いことがわかる。「借入_開業時」ではビジネススタート時に民間金融機関から資金調達した割合は11.0%であった[注10]。なお，「借入_開業時」は創業者（全体の82.6%）のみの設定で，割合も創業者全体に対するものである。

　続いて，説明変数とコントロール変数の記述統計を確認する。「日本語の会話能力」の平均は4.5で，「ネイティブ」が9.4%，「流暢」が53.6%，「ビジネス」が21.6%と，8割以上がビジネスレベル以上の会話能力を有する。「日本人配偶者」がいる割合は29.1%，「出身国コミュニティーからの支援」を受けている割合は53.0%であった。「Ln_年齢」「Ln_従業者規模」は，ここでは原数値を示す。平

表2　記述統計

Variable	Obs.	Mean	Std. Dev.	Min.	Max
借入_現在	616	0.849	0.358	0	1
借入_外国人	611	0.748	0.435	0	1
借入_開業時	507	0.110	0.314	0	1
日本語の会話能力	606	4.5	1.1	1	6
日本人配偶者の有無	616	0.291	0.454	0	1
出身国コミュニティーからの支援	593	0.530	0.500	0	1
Ln_年齢	619	3.9	0.2	3.3	4.5
Ln_従業者規模	619	2.1	1.1	0	5.6
性　別	619	0.826	0.380	0	1
業　種　（9業種）	619	–	–	0	1
地　域　（4地域）	619	–	–	0	1
学　歴	586	3.1	0.8	0	4
Ln_来日後の年数	619	3.1	0.6	0.7	4.4
経営者になる直前の職業	609	1.2	0.7	0	2
創業者	616	0.826	0.379	0	1

（注）業種（9業種），地域（4地域）の分布の記載は省略。

均年齢は51.2歳で，日本の中小企業経営者の62.6歳より10歳程度低い[注11]。従業者規模は平均15.0人であった。全体の6割が従業者9人以下で，小さな企業が多い。「性別」は，「男性」が82.6％，「女性」が17.4％であった。

　ここで，参考までにサンプルの特徴を概説する。出身国は「中国（香港含む）」が45.5％，「韓国・北朝鮮」が19.7％，「台湾」が6.9％と東アジアが多い。学歴は「大学・短期大学」が56.0％，「大学院」が29.5％と高い。来日理由は「留学のため」が37.7％，「雇われて仕事をするため」が23.2％，「事業を経営するため」が17.2％である。経営者になる直前には約8割が勤務者であった。来日年齢は平均27.2歳，経営者になったのは平均38.1歳で，経営者になるまでの期間は平均10.9年である。日本の創業者の開業時の平均年齢（43.7歳），後継者の事業承継時の平均年齢（中規模企業48.2歳，小規模事業者42.3歳）と比べ若くして経営者になる傾向がある[注12]。経営者になってから現在までの平均期間は，創業者が14.0年，事業を引き継いだ人が9.2年で，全体では13.1年であった。このように，外国人経営者の多くが，当初から日本で事業を行おうとしていたわけではなく，日本で働いているうちに経営者になることを決意したと推測される。

表3　実証分析の結果

VARIABLES	(1)　借入_現在 係数(標準誤差)	オッズ比	(2)　借入_外国人 係数(標準誤差)	オッズ比	(3)　借入_開業時 係数(標準誤差)	オッズ比
日本語の会話能力	0.219 (2.075)	1.245 **	0.265 (2.848)	1.304 ***	0.447 (2.243)	1.563 **
日本人配偶者の有無	0.524 (1.750)	1.689 *	0.184 (0.772)	1.202	− 0.316 (− 0.782)	0.729
出身国コミュニティーからの支援	− 0.179 (− 0.717)	0.830	− 0.373 (− 1.728)	0.689 *	0.00748 (0.0224)	1.008
Ln_年齢	0.758 (1.245)	2.134	2.465 (4.545)	11.760 ***	0.798 (0.950)	2.221
Ln_従業員規模	0.151 (1.283)	1.163	0.0425 (0.427)	1.043	0.184 (1.186)	1.202
性別	− 0.025 (− 0.078)	0.975	− 0.0584 (− 0.214)	0.943	0.462 (0.900)	1.588
Constant	− 1.889 (− 0.711)	0.151	− 9.023 (− 3.925)	0.0001 ***	− 8.995 (− 2.391)	0.0001 **
擬R2統計量		0.050		0.111		0.114
サンプルサイズ		577		573		469
業種コントロール		Yes		Yes		Yes
地域コントロール		Yes		Yes		Yes

（注）係数は β，オッズ比はExp（β）。***は1％水準，**は5％水準，*は10％水準で有意である。

4．推計結果

　表3は，(1) が「借入_現在」，(2) が「借入_外国人」，(3) が「借入_開業時」に対する分析結果である。まず，(1)（「借入_現在」）をみると，日本語の会話能力の係数の符号は正で，5％水準で有意であった。日本語の会話能力が高い外国人経営者は，金融機関からの借入について現時点では苦労していないということである。オッズ比は1.245で，会話能力が1段階上がると，苦労しない割合が1.245倍になる。(2)（「借入＿外国人」）でも，日本語の会話能力の係数の符号は正で，1％水準で有意であった。これは，日本語の会話能力が高いほど，外国人であることで金融機関からの借入が難しいとは思っていないことを示している。オッズ比は1.304と (1) に近い。(3)（「借入_開業時」）も，日本語の会話能力の係数の符号は正で，5％水準で有意であった。日本語の会話能力が高いほど，開業時に民間金融機関から資金調達を行っていることになる。オッズ比は1.563であった。このように，(1) から (3) の全てで日本語の会話能力の係数は正で有意となっており，仮説と整合的な結果が得られた。

　次に，日本人配偶者の有無の影響をみる。(1) では，係数の符号は正で，10％水準で有意である。オッズ比は1.689となった。この結果は，日本人配偶者がい

表4　追加分析の結果

VARIABLES	(1) 借入_現在 係数(標準誤差)	(1) 借入_現在 オッズ比	(2) 借入_外国人 係数(標準誤差)	(2) 借入_外国人 オッズ比	(3) 借入_開業時 係数(標準誤差)	(3) 借入_開業時 オッズ比
日本語の会話能力	0.213 (1.710)	1.237 *	0.231 (2.190)	1.260 **	0.492 (2.294)	1.635 **
日本人配偶者の有無	0.576 (1.857)	1.780 *	0.151 (0.615)	1.162	−0.263 (−0.643)	0.768
出身国コミュニティーからの支援	−0.118 (−0.456)	0.888	−0.393 (−1.755)	0.675 *	−0.0948 (−0.278)	0.910
Ln_年齢	1.059 (1.370)	2.883	2.220 (3.383)	9.205 ***	0.945 (0.899)	2.573
Ln_従業員規模	0.118 (0.948)	1.125	−0.00466 (−0.0443)	0.995	0.210 (1.324)	1.233
性別	−0.115 (−0.338)	0.892	−0.0527 (−0.184)	0.949	0.363 (0.696)	1.438
学歴	−0.211 (−1.173)	0.810	−0.0637 (−0.420)	0.938	−0.194 (−0.811)	0.823
Ln_来日後の年数	−0.285 (−0.861)	0.752	0.120 (0.474)	1.128	−0.0833 (−0.183)	0.920
経営者になる直前の職業	0.238 (1.177)	1.268	0.0752 (0.431)	1.078	0.176 −0.631	1.192
創業者	−0.201 (−0.534)	0.818	−0.248 (−0.787)	0.781	−	−
Constant	−1.685 (−0.575)	0.185	−8.001 (−3.196)	0.0003 ***	−9.298 (−2.276)	0.0001 **
擬R2統計量	0.051		0.108		0.119	
サンプルサイズ	544		541		443	
業種コントロール	Yes		Yes		Yes	
地域コントロール	Yes		Yes		Yes	

(注)　1　係数は β，オッズ比はExp（β）。***は1％水準，**は5％水準，*は10％水準で有意である。
　　　2　「借入_開業時」の分析対象は創業者のみのであるため，創業者ダミーはコントロール変数に含めない。

る外国人経営者は，現時点では金融機関からの借入に苦労していない傾向にある
ことを示す。ただし，(2) (3) では係数は統計的に有意ではなかった。現時点と
開業時の配偶者の状況が異なる経営者もいることにより，このような結果となっ
た可能性もある。一方，出身国コミュニティーからの支援の有無については，統
計的に有意なのは (2) のみで，係数の符号は負であった。これは，出身国コミュ
ニティーからの支援を受ける外国人経営者は，外国人であるために金融機関から
の資金調達が不利であると感じていることを示している。この結果は，二つの可
能性を示唆している。一つは，金融機関からの借入を経営課題と感じている経営
者が，より積極的に出身国コミュニティーからの支援を受けるという，逆の因果
関係の存在である。もうひとつは，出身国コミュニティーに依存することで，金
融機関を含めた日本社会との関係構築が進んでいない可能性である[注13]。

　本稿では，推計結果の頑健性を確かめるため，コントロール変数を追加した分
析も行った（表4）。変数の定義は表1に示した。追加した変数は「学歴」，「来

日後の年数」（対数値），「経営者になる直前の職業」，「創業者」である。その結果，
(1) (2) (3) とも「日本語の会話能力」，「日本人配偶者」，「出身国コミュニティー
からの支援」について，有意である変数と係数の符号は表3と同じで，係数の大
きさも顕著な違いはなく，推計結果の頑健性が支持された[注14]。

　このほか，変数を入れ換えたいくつかの推計を行った。日本語の会話能力を2
分割して「流暢以上」は1，それ以外は0をとるダミー変数としてみたが，推計
結果の傾向には違いはみられなかった。「ビジネス以上」「日常会話以上」で分割
した場合も同様である。また，企業の業績を示す変数として「黒字」（黒字は1，
赤字は0をとるダミー変数）を加えても，全体の推計結果には大きな変化はな
かった[注15]。さらに，出身国コミュニティーからの具体的な支援についてそれぞ
れダミー変数として推計したが，「日本語能力」「日本人配偶者」の符号と有意性
には当初推計からの違いはみられなかった。具体的な支援の係数をみると，(1)
では「イベントの紹介」がプラスに，「資金提供」「金融機関・出資者の紹介」が
マイナスに有意となった[注16]。ただし，その他の8項目は有意ではなかった[注17]。
また (2) (3) は，いずれの項目も有意とはならなかった。

　なお，「日本語の会話能力」と「日本人配偶者」「出身国コミュニティーからの
支援」それぞれとの交差項を推計式に追加したところ，「日本語の会話能力」に
ついては有意ではなかったが係数の符号は変わらなかった。また，「日本人配偶
者」「出身国コミュニティーの支援」および，いずれの交差項も有意とはならな
かった。

5．おわりに

　本稿では，海外出身の外国人中小企業経営者を対象としたアンケート調査を用
いて，外国人経営者の金融機関からの資金調達を左右する要因を分析した。その
結果，経営者の日本語能力が高い場合には，金融機関からの資金調達が容易であ
る傾向があることがわかった。これは先行研究や仮説で想定した結果と整合する
ものであり，日本語能力が低い場合には外国人経営者が金融機関から資金を調達
することが困難になる可能性を示唆している。経営者本人の日本語能力のほかに
も，日本人の配偶者を持つ場合は，そうでない場合に比べて，現時点での金融機
関からの資金調達が容易になる傾向にあることも示された。これは，日本人配偶

者が，金融機関の担当者とのコミュニケーションの仲介，借入関連書類の作成や日本語で書かれた契約内容の確認などを行っている可能性を示唆するものである^{注18)}。一方，日本国内にある出身国コミュニティーの支援については，一部の推計結果を除き，資金調達力にプラスの効果はみられなかった。

なお，本稿の分析上の課題としては，データ制約から被説明変数と説明変数の十分な因果関係を明らかにできなかったこと，資金の提供者である金融機関の属性に関する情報を分析できなかったことが挙げられる。さらに精緻な分析を行うには，こうした課題を解決するための設問を含んだアンケートの実施が望まれる。

最後に，本稿の分析から考えられる政策的インプリケーションを提示する。日本の出入国管理政策を今後どうするかは，本稿では議論しない。ただ，現状で外国人経営者が増加していることを考えれば，彼らが経営する中小企業の円滑な資金調達は，政策的にも重要である。そのためには，本人の日本語能力の向上，特に法律や金融に関する用語の習得をサポートすることが，まず肝要であろう。日本語能力の不足を補うために，公的機関が金融機関と外国人経営者とのコミュニケーションを支援したり，金融機関が複数言語の融資説明資料を用意するといった取り組みを進めたりすることなども，有効な施策となるのではないだろうか。

〈注〉

1　一橋大学大学院経営管理研究科博士後期課程在学中。

2　外国人経営者の中には日本で生まれた人も多数いるが，本稿では海外出身の外国籍の経営者を分析対象とする。

3　同調査の回答者の来日年は，「1979年以前」が4.5％，「1980～1989年」が18.7％，「1990～1999年」が39.6％，「2000～2009年」が27.3％，「2010年以降」が9.9％で，1990年以降に来日した人が8割近くを占めている。

4　日本中小企業学会，日本ベンチャー学会，日本金融学会の近年の大会プログラム等を調べたが，大企業を含め，外国人経営者に関する報告はなかった。

5　中国からの留学生である自身の人脈を活用し，日本に在住する外国人79人（すでに起業している人が10人）を対象に実施した調査である。

6　実施されなかった理由として経営者の国籍を収録した大規模データベースが存在しないことが挙げられる。この調査では，海外出身の中小企業経営者に網羅的に調査票を発送し，国籍を確認することで，外国人経営者を抽出している。

7　そのほか，「日本語の細かいニュアンスがわからない」（31.6％），「新規取引先の開拓が難しい」（28.8％）などを挙げている。

8　より詳細な実施要領と調査結果は，深沼ほか（2021）に掲載されている。

9　出身国コミュニティーの一つである在日外国商工会議所は，外国人経営者に対して
　　さまざまなサポートを行っている（深沼・山口，2021）。

10　開業時の民間金融機関からの資金調達が11.0％という低水準にとどまっていること
　　自体が課題であるともいえよう。

11　中小企業経営者の平均年齢は㈱東京商工リサーチ「TSR 企業情報ファイル」（2020
　　年10月時点）。サンプルには外国人を含む。

12　開業時の平均年齢は日本政策金融公庫総合研究所「2020年度新規開業実態調査」，
　　事業を引き継いだ年齢は㈱東京商工リサーチ「平成28年度中小企業・小規模事業者の
　　事業承継に関する調査」（中小企業庁委託）（2017年）による。

13　Pyong（1990）は，米国の韓国系移民起業家を分析し，過度の韓国人コミュニティー
　　への依存は，米国社会への融和を阻害することを示している。

14　いわゆる民族系金融機関や外国銀行の日本国内の支店といった母国語で取引可能な
　　金融機関もあるが，アンケートでは金融機関名を尋ねていないため分析では考慮して
　　いない。なお，こうした金融機関の支店網が国によって異なること，出身国により経
　　営者属性や出身国コミュニティーの状況が異なることを考慮して，「中国（香港含む）」
　　「韓国・北朝鮮」「台湾」「その他」の出身国ダミー変数を加えてた推計も行ったが，
　　結果に顕著な違いはみられなかった。

15　「黒字」ダミーは（1）（2）は正で有意となったが，（3）は有意とはならなかった。

16　「資金提供」は金融機関借り入れの代替となりうることから，結果は納得できるも
　　のである。「金融機関・出資者の紹介」がマイナスとなったのは，金融機関の紹介よ
　　りも出資者の紹介の影響の方が強いためであると推測される。

17　8項目は「顧客の紹介」「仕入れ先の紹介」「従業員の紹介」「広告宣伝」「不動産の
　　紹介」「在留資格取得・更新の支援」「国や自治体への各種申請の支援」「その他」で
　　ある。

18　アンケートでは尋ねていないが，日本人配偶者が保証人になったり，担保を提供し
　　たりすることがプラスに働いているケースもあると考えられる。また，言語だけでは
　　なく文化的なギャップを緩和する役割もあると推測される。

〈参考文献〉

1　Azoulay Pierre, Benjamin Jones, J. Daniel Kim and Javier Miranda（2020）
　　"Immigration and entrepreneurship in the United States". NBER Working Paper
　　Series

2　Brown J. David, John S. Earle, Mee Jung Kim and Kyung Min Lee（2019）
　　"Immigrant entrepreneurs and innovation in the U.S. high-tech sector". NBER
　　Working Paper Series

3　Pandey Sheela and Shanggeun Rhee（2015）"An inductive study of foreign CEOs
　　of Japanese firms." *Journal of Leadership & Organizational Studies*, Vol.22, pp.202-
　　216

4　Pyong Gap Min（1990）"Problems of Korean immigrant entrepreneurs." *International Migration Review,* Vol.24, pp.436-455

5　経済産業省近畿経済産業局（2019）「関西における外国人起業家の動向」
https://www.kansai.meti.go.jp/1-9chushoresearch/frontline/frontline_no12.pdf
（2021年11月10日閲覧）

6　江小濤（2018）「日本経済活性化に向けた在日外国人起業家の育成と起業戦略―外国人起業家の視点から―」（作新学院大学・作新学院大学女子短期大学部「学術情報リポジトリ」収録）

7　出入国在留管理庁（各年度）『出入国在留管理』

8　野村敦子（2015）「起業促進に向けたインバウンド戦略－海外における外国人起業人材の受け入れ促進策と日本への示唆－」株式会社日本総合研究所 Research Focus No.2015-010
https://www.jri.co.jp/MediaLibrary/file/report/researchfocus/pdf/8232.pdf
（2021年11月10日閲覧）

9　日本総合研究所（2012）「平成23年度経済産業省委託調査（高度外国人の起業と環境等に関する調査）報告書」

10　播磨亜希（2021）「国境を超える起業家の果たす役割」日本政策金融公庫総合研究所『増加する外国人経営者』同友館pp.213-253

11　深沼光・髙木惇矢・西山聡志（2021）「活躍する外国人起業家たち」日本政策金融公庫総合研究所『増加する外国人経営者』同友館pp.51-138

12　深沼光・髙木惇矢・西山聡志・山田佳美（2021）「外国人経営者の実像」日本政策金融公庫総合研究所『増加する外国人経営者』同友館pp.1-48

13　深沼光・山口洋平（2021）「在日外国商工会議所の活動」日本政策金融公庫総合研究所『増加する外国人経営者』同友館pp.139-166

（査読受理）

報　告　要　旨

中小企業における事業承継の時期と
経営革新計画の有効性について
—中小企業支援機関の役割を踏まえて—

〈報告要旨〉

芸術文化観光専門職大学　　中村嘉雄

　戦後，高度成長の時代に中小企業が急増し，その後バブル崩壊やリーマン・ショック等を経て中小企業が減少していく中，新型コロナウィルスの影響を受けて更に減少することが想定されている。特に少子・高齢化による後継者不在の企業においては，廃業を選択するケースが増えるのではないかと危惧している。それに加え，人口減少局面において，特に地方で過疎化・高齢化の動きが加速化している。このことから，業績向上や事業承継が進まず更に廃業や倒産する企業が増加する要因になるのではないかと思っている。

　「大廃業時代」と言われる中，特に規模の小さい企業がそれぞれの地域に継続して存立するためには，事業を引き継ぐ時点で企業価値を高めておく必要がある。そこで，主に地方に設置され，小規模企業を中心に活動している商工会に着目し，公的支援機関として伴走型支援による経営革新計画の策定が，企業価値を高め，企業の継続に有効に機能しているのかという仮説について検証したい。

　そこで中小企業の減少を食い止めるためには，「創業」と「事業承継」の2つの要素が考えられる。本稿では，そのうち「事業承継」にスポットを当て，円滑に推進するための要因について研究することを目的とする。そのため，公的支援機関である商工会の役割を検証し，設立目的や歴史的背景，中小企業政策の変遷を踏まえ，地域中小企業が持続的に存立するために必要であることを明確化したい。その上で，事業承継を円滑に進めるためには，商工会の伴走型支援による経営革新計画の策定が企業価値の向上に有効に機能するのかについて探りたい。

　また，事業承継の最も良い時期（タイミング）はいつなのか，その時点で経営革新を行うことに有効性が見受けられるのかについて，いくつかの企業支援事例

を検証し，地域中小企業が持続的に発展するための方策を探りたい。

　後継者不在の企業においては，地方で難しいM＆Aへの取組の必要性とM＆Aによる事業承継を効果的に進めるため，商工会の支援策や関係機関との連携が有効に機能するのかを見ていく。

　先行研究からは，中小企業の事業承継においては，経営革新の重要性や商工会の役割が期待されていることがうかがえるが，そのタイミングが遅れてきていることも指摘されている。また，地方の中小企業でM＆Aによる「事業承継」は規模や地域など条件面で折り合いがつかないこともあり，地域金融機関の果たす役割について示唆されている。そこで，事業承継の時期（タイミング），商工会の伴走型支援，経営革新計画策定の3つの要素を掛け合わせることで，『相互補完的関係性』（「事業承継の時期」・「経営革新計画の策定」・「商工会の伴走型支援」の構成要因それぞれの価値を相互に補完し，事業承継を成功へ導くために有機的な関係を持つこと）を構築し，事業承継を円滑に推進するための有効な手段（方法）として機能するのかというフレームワークについて考察する。

　また，企業ヒアリングの事例の選定に当たっては，兵庫県内の商工会の会員企業から3社を選定した。今回は地方の後継者が存在する中小企業に焦点を当て，商工会の伴走型支援等を受けて経営革新計画の承認を受け，比較的早い（若い）段階でと事業承継に取組んだ企業を取り上げることとした。

　そのヒアリング結果から，3社とも商工会の伴走型支援を受けて，経営革新計画の策定に取組んでおり，第3者からの信用創造を可能とする要因になり，企業価値を向上している。また，補助金や融資を受けやすい環境をつくることができている。

　事業承継の時期（タイミング）は，結果として3社ともに早い（若い）段階で行ったことが成功要因となっていた。逆に事業承継が5〜10年遅れていれば，資金不足で倒産に追い込まれていたかも知れない。ただし，早めに後継候補を決定（育成）し，事業承継・経営革新を併せて行うことにより，先代が急逝しても準備不足な中で事業承継することはなかったのである。

　本研究においては，地方の中小企業・小規模事業者に焦点を当てたことから，大企業のように税理士や弁護士等に依頼する資金・時間的な余裕と接点が少ないことなどから，商工会のような公的支援機関を活用することが有効であると考えており，公的支援機関を利用せず経営革新計画を策定することもなく，事業承継

を成功させている事例もあるとは想定はされるものの，その差や数がどの程度あるのかまでの調査・研究には至らなかった。

　そこで結論として，事業承継の時点で企業価値を向上させるための経営革新計画策定が有効であり，継承のための準備期間等を勘案した上で早い（若い）段階で事業承継に向けた準備を整えることが企業の持続的発展に繋がり，そこに商工会の伴走型支援が必要であると考える。本稿においては，「適切な時期」・「経営革新計画策定」・「商工会の伴走型支援」という事業承継を円滑に進めるための基礎となる3つの要素を取り上げた。これら3つの要素を融合することにより，事業承継の推進に効果が表れていることが企業の事例検証から明らかになった。逆にいずれかの要素が欠けると事業承継が円滑に進まない場合も想定されることから，3つの要素が『相互補完的関係性』を構築することで相乗効果を生むことが事業承継を行う上で望ましいことがわかった。

　これを算式にすると【事業承継の成功（円滑化）＝「経営革新計画策定（企業価値向上)」×「適切な時期」×「商工会の伴走型支援」】となり，図式化すると下図1のようになる。

図1

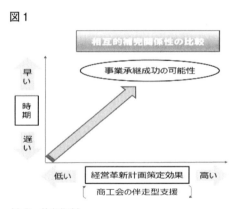

（出典：筆者作成）

　この3要素は，事業承継の成功に最低限必要な基礎的要因であると考える。これ以外にも取引先企業，従業員，地域住民，親族等多くのステイクホルダーが事業承継を進める上で影響を及ぼす要素（ a ）となり得ることが想定されるので，

上記算式に加えることでさらに円滑な推進につながるという結論に至った。

【事業承継の成功（円滑化）＝「経営革新計画策定（企業価値向上）」×「適切な時期」×「商工会の伴走型支援」×a】となる。

　今後は，テレワークやワーケーションの増加により，地方での就職や転職を目指す人が増えてくることが想定される。今回の研究では踏み込むことができなかった地方の小規模企業におけるM&Aは今後の研究課題と考えている。しかし，地方の小規模企業では，M&Aによる企業（特に老舗企業）売却への抵抗感がまだ強いため，その懸念を排除してM&Aを進めやすい環境づくりが求められる。

　後継者不在の企業では，専門家や支援機関に相談できず，体力が続くところまで経営し，その先には会社を閉じる（廃業）しかないと考えている企業が多い。その中には，黒字で健全経営を続けており，取引先や資金面等も順調な老舗の企業が含まれていることがとても残念である。国が進める事業承継の手法にM&Aがあるものの，先祖代々続いてきた企業を自分の代で他人に売却することへの抵抗感が特に地方で強いため，他人に売却するぐらいなら自分の代で廃業する方がましと考えてしまう企業が多く，商工会の伴走型支援の限界を感じている。

　今後は，地方の中小企業・小規模事業者の事業承継において，M&Aを効果的に進める方策を研究し，成功事例を重ねることを次の目標（課題）としたい。

　新型コロナウィルスの影響により都会から地方への移住者の増加が見込まれており，地方の中小企業が持続的に発展し，地域の雇用を確保するための取組や仕組が必要である。そこで，公的支援機関で地域に密着した商工会の活動が重要な役割を担うと思われる。

　本研究の意義としては，後継者が存在している企業において，事業承継を円滑に進める上で，時期と企業価値を高めておくことが重要であり，商工会の伴走型支援による経営革新計画の策定が有効に機能することを明らかにした点である。しかしながら，経営革新計画の策定等で商工会の支援を受けることが有効としながらも，そのような支援を受けずに事業承継を円滑に進めるために税理士や中小企業診断士等と相談している場合も存在しており，商工会の非会員におけるケーススタディが欠けていたため，さらに専門家や金融機関との連携や地方における地域密着型M&A，学生や地域おこし協力隊等による第二創業の事例を検証し，地方における中小企業の存立に効果をもたらすのかを今後の研究課題としたい。

地方における中小企業に対する事業承継施策
—山口県の事例—
〈報告要旨〉

山口大学　稲葉和也

1. はじめに

　山口県は，瀬戸内沿岸地域に基礎素材型産業の大規模企業が集積している工業県であるが，中小企業・小規模事業者は全企業数の99.9％を占め，山口県経済の発展や雇用の担い手として極めて重要な役割を果たしている。しかしながら，県内中小企業の多くが経営者の高齢化による世代交代時期を迎える中で後継者不足の問題を抱え，少子化の影響や若者の県外流出などにより親族外からの後継者確保の必要性に迫られるなど，事業承継を取り巻く環境は年々厳しさを増している。更に，2019年度帝国データバンクの調査によれば山口県の後継者不在率は全国ワースト3位であり，国内中小企業数が年平均約9万者減少する中，山口県においても年平均約1000者が廃業している。また新型コロナウイルスの影響により廃業者が増加する可能性があり，従来の事業承継施策のみならず，経営者に対する意識喚起や事業承継に向けた早期からの計画的な対策を一層進めなければならない状況である。このため，山口県の事業承継を取り巻く現状や課題を踏まえ，県内の中小企業の円滑な事業承継を図るために総合的な支援を実施していくことは必要不可欠な状況にある。地方の中小企業は雇用や地域経済を支える大切な存在であり，事業承継施策を進めることは，個々の企業の経営者のみならず支援機関を含む全ての関係者にとっての共通課題であると認識されている。

　本報告は，山口県における事例を紹介することで地方における事業承継施策の現状と実態の理解を促すことを目的とした。しかしながら，山口県における施策は全国と比較して先進的な試みや特別な施策が行われているわけでは決してな

い。むしろ国の方針に従って平均的で共通の政策が行われているに過ぎない。山口県が地方を代表すると必ずしも言い切れないが，地方における中小企業に対する事業承継施策の典型例の一つとして捉えることができる。

　事業承継に関する先行研究はこれまで多く存在する。その中で地方における事業承継施策や支援体制について考察した最近の主な先行研究には，堀越昌和（2017），石川和男（2015, 2017, 2019），久保田典男（2020）などがある。これらの先行研究の成果を踏まえながら，山口県における事例を通して地方における事業承継施策と支援体制の理解に本報告は寄与した。尚，報告は拙稿「地方における中小企業に対する事業承継施策—山口県の事例—」，『中小企業季報』2021 No.1，大阪経済大学中小企業・経営研究所，2021年，17〜32頁に基づいた。

2．山口県における事業承継支援策

　帝国データバンクの「2017年 山口県 後継者問題に関する企業の実態調査」では，後継者不在率が76.4％であり，全国平均の66.5％を大きく上回っていた。これは全国で2番目に高い不在率であった（2019年同調査では後継者不在率は3位）。この調査結果は，山口県及び中小企業支援機関に大きなショックを与えた。地方創生のために官民を問わず企業の創業支援策がそれまで重視されていたが，ワースト2位の「2017年ショック」を契機として事業承継施策が積極的に進められることになった。この対策として，2017年度と2020年度とを比較すると約3倍増額した，県独自予算が山口県で組まれることになった。

　山口県では，「やまぐち商工業推進計画」（計画期間：2013〜2017年度）に基づいて商工業分野の施策の推進にこれまで取り組んできた。その後，県では「活力みなぎる山口県」の実現に向けて，成長分野での事業創出や，IoT，AI等のイノベーションの活用，中小企業の成長支援・経営安定，企業誘致などの商工業分野において取り組む施策を体系的・総合的に整理した指針として2019年3月に「やまぐち商工業振興プラン」を策定した。

　公益財団法人やまぐち産業振興財団においては，2015年に山口県事業引継ぎ支援センターを設置して，事業承継の支援を行った。そして，創業と事業承継の一体的支援体制の整備として，創業・事業承継総合サポートセンターを設置した。同センターでは，専任コーディネーターによる機動的・効果的な支援が行われた。

　また，後継者不在の解消に向けた新たな事業承継支援の展開としては，第三者承継（継業）を支援する方針が立てられた。具体的には，県税理士会との連携による意識啓発セミナーの開催，第三者承継の課題や流れを示した「継業のすすめ」の作成，事業譲渡希望者と全国の創業希望者等をつなぐマッチングサイトの構築と運営が行われた。

　「創業応援県やまぐち」の推進と多様な創業支援の展開としては，創業希望者の多様なニーズに対応する支援体制を強化した。県外から創業人材を呼び込んで定着を図る移住創業の推進としては，県内市町，金融機関，支援機関と連携した首都圏での創業セミナーの開催，山口県での創業の具体的なイメージを喚起させる創業誘導動画による情報発信が行われた。

　中小企業の成長支援と「稼ぐ力」の強化の取組は，支援体制の整備を目的に「生産性向上・人材創造拠点」をやまぐち産業振興財団内に設置した。そこでサービス産業をはじめ，企業の生産性向上と産業人材育成と確保の一体的支援を実施した。そして，IoT 等の活用による生産性の抜本的改善と産業構造の変化に対応した人材育成の両面から，複数のコーディネーターを配置して県内中小企業の成長を支援した。更に，やまぐち産業振興財団を中心とした，ハンズオン支援を実施した。中小企業それぞれの取組内容に応じて，経営計画の策定段階から，新商品開発・販路開拓まで，コーディネーターやカンファレンスチームが一貫して支援し，企業の負担軽減や効率化を実現するWEB 会議システムを活用したWEBカンファレンスチームを結成した。また，企業の新事業展開や設備投資の促進，経営基盤の安定を中小企業制度融資等の活用によって助成した。具体的には，新事業展開等支援資金や産業活性化資金による金融支援が行われた。また，県及び関係機関が実施する中小企業支援施策に係る広報が実施された。

　支援機関と連携した取組として，小規模事業者の事業の持続的発展に向けた支援が強化された。具体的には，商工会と商工会議所の体制を充実させて，事業者の支援に当たる経営指導員の研修，職員の資質向上の取組に対する支援を行い，事業者の経営基盤の安定強化や地域経済の活性化に資する取組を実施した。更に創業から成長発展，事業承継，経営の安定へとつながる事業のライフサイクル全体に渡って，事業者の様々なニーズに応じた支援が検討され，専門家を派遣する伴走型支援の取組を行い，経営発達支援計画の策定と実施を商工会と商工会議所が支援した。

中小企業支援機関による連携と組織化への支援も行われた。具体的には，中小企業団体中央会の体制の確保及び職員の資質向上の取組に対する支援，事業協同組合の設立と運営といった連携と組織化への支援が行われた。

3．おわりに―山口県における事業承継の課題

　地方における支援活動の成果を上げるためには，事業承継への取組体制の更なる高度化が求められる。普及啓発事業では，事業承継の必要性や重要性を発信する取組がこれまで十分でなかった。また，相談受付体制が十分に機能していなかったことから，案件の掘り起こしや専門家へのスムーズな橋渡しができていなかった。その理由としては，山口県事業引継ぎ支援センターの認知度が低いため，事業承継のニーズがあっても，事業者はどこに相談に行けば良いのか分からない状況であった。また，譲渡相談案件の中で，3割程度が赤字，債務超過企業であり，事業承継を行う上で様々な課題があり，これに対処する上で現状の体制では能力に限界があった。これらの問題に対処するために，事業者の主たる相談受付窓口として期待される商工会議所，商工会において，事業承継に関する相談対応や事業承継に向けた橋渡しを積極的に行ってもらう必要があった。

　問題解決体制については，主たる問題解決機関である専門家の受入体制が十分でなかった。県内に事業承継の専門会社や専門家が少ないため，マッチングニーズがあっても成約に至るまで時間がかかった。また，親族内承継においては，相続財産や法定相続人といった機微な情報に触れることになるため，相談を受けにくい現状があった。これらの問題を解決するためには，事業者の顧問である専門家にも事業承継に積極的に関わってもらう必要があった。

　事業引継事業が成功するための最大の課題は，一般的に引継ぎ支援センターへの相談者数が増加することにあるとされる。相談件数の増加が成約件数に大きく作用するからである。そして，支援センターの活動に対する事業評価は，件数で判断されることが多い。山口県においても相談件数の増加に向けて最大限の努力をしている。しかし，相談件数や成約件数などの数値目標を設定することは重要であるが，件数だけで評価されることは地域の事情や成果を正確に反映していない可能性があり，単に量的な観点からだけではなく質的な観点（成約内容など）からの評価も必要である。

廃業の増加がものづくりに及ぼす影響

—企業間の距離的変化を中心に—

〈報告要旨〉

熊本学園大学　足立裕介

1　問題意識

　わが国製造業においては，ネットワーク内のリーダー企業の指揮管理の下，個々の企業が部品の最適設計を行ったり，低コストによる生産を実現するための工夫を施したりして，高品質なものづくりに貢献してきた。多数の部品企業を社内業務部門のように統合的に管理するといった，いわば疑似企業体のようなネットワーク組織によって，競争力を高めてきた。近年ではそうしたネットワークを，生態系のアナロジーとしてビジネス・エコシステムと捉え，複数の産業にまたがるつながりによって，単一企業では創造できない価値を生み出す存在だとみる。

　ここ最近は経営者の高齢化が進むなか，後継者不足等によって事業をうまく承継できずに，やむなく廃業を選択する企業が増えている。技術力のある企業から重宝されているような，高品質な製品づくりを陰で支えている企業が廃業することによって，ビジネス・エコシステムのバランスが崩れ，ものづくりに少なからぬ影響をもたらすということが考えられる。特に，外注先や仕入先（以下，両者を合わせて「調達先」と呼ぶ）といった存在は，中核企業の技術力や生産能力を補完する重要な存在となるため，それらが廃業することの影響は大きい。

　また，調達先が廃業すれば，代替先を探す必要が出てくる。しかし何らかの時間的制約が生じているとすれば，十分な取引条件を満たす代替先の選定がうまくできない可能性がある。

　よって本稿では，調達先が廃業した企業がどのように代替先を選択していくのかということと，そうした代替措置に伴って，ものづくりにどのような影響が及

ぶのかといった点に着目していく。

2 リサーチ・クエスチョン

　集積に関する先行研究において，廃業が，地域として生み出すものづくりの力を弱体化させる一因となっていることが示されていた。しかし，廃業という事象のみが及ぼす影響の程度は明らかになっていない。また，集積地において，廃業等により集積の密度が薄くなると取引が広域化するということは想像に難くないが，非集積地において取引連関がどのような影響を受けるかについては定かではない。多くの企業は集積地に属していないことを考えると，廃業が製造業全体の取引連関に与える影響を明らかにする必要がある。また，取引先選定に関する先行研究では，選定基準としての地理的な位置関係の重要性の低下が示されていた。

　以上より，本研究のリサーチ・クエスチョンを「調達先が廃業した中小製造業において，新たな調達先との距離関係はどのように変化し，生産コストや品質はどのような影響を受けているか」と設定する。

3 アンケート結果

　筆者は，調達先が廃業することに伴う代替先の探索行動がどのように行われているかを明らかにすべく，熊本県内の製造業者を対象としたアンケート調査（以下，「アンケート」と呼ぶ）を行った。全回答企業387社のうち，過去5年以内に調達先の廃業があったと回答した先は83社（全回答企業の21.4％）であった。以下では，この83社を主な分析対象とする。

　まず，どのタイミングで廃業することの通知を受けたかという設問と，どのタイミングで廃業の通知を受けるのが理想かを尋ねた設問をクロス集計し，理想とする通知のタイミングと実際の通知のタイミングとを比較した。すると，実際の通知のタイミングが理想のタイミングより遅かった企業の割合は全体の62.5％に上った。一定の時間的制約の存在が認められる。

　次に，廃業した調達先の所在地と代替先の所在地とを比較したところ，代替先の立地の方が遠くなった企業は23社で，全体の35.4％であった。特に，廃業先が県内に所在していた企業42社のうち，県外企業へと代替した企業はその28.6％（12

社）となった。また，廃業先が県外に所在していた企業のうち，その代替先を県内に求めたという企業はなかった。したがって，廃業する前は調達先が県内に所在していたという企業が42社であったことに対して，代替後の調達先が県内に所在しているという企業は30社となっており，全般に調達先が県外へと広域化していることがわかる。

　続いて，廃業先と代替先との距離関係の変化と，代替による生産への影響との関係をクロス集計により確認する。まず，廃業先と代替先との距離の変化の程度にかかわらず，生産への影響が「特にない」とする回答割合が最も多くなっている。続いて多いのは「生産コストが増加した」であるが，距離関係が「遠くなっていない」企業の方が，その割合が多くなっている。一方，「品質が改善した」企業は，距離が「遠くなった」企業の方の割合が多く，14.3％となっている。

　またアンケートでは，調達先の廃業等に備えて代替先を検討しているかどうかといった，日ごろの準備についても聞き取っている。それと，廃業先と代替先との距離的変化の結果とをクロス集計した結果を見ると，調達先が廃業によって取引が出来なくなるかもしれないという事態を日ごろから想定している割合が多いことが指摘できる。

4　インタビュー結果

　代替先の探索行動の実際を明らかとするために，調達先が廃業した経験のある企業2社と調達先の管理に特徴のある企業1社に対してインタビューを行った。アンケートだけではわからない，代替先の探索方法や選定理由等について詳細に聞き取りを行った。

5　考察

　アンケートからは，全般的に調達先が拡散する傾向が確認できた。インタビュー事例でみられたように，元の調達先が自社の近隣に存在することが多いため，代替となると必然的に位置関係が遠くなるということがその要因として考えられる。また，その他の要因として，アンケートおよびインタビューから導出できる2点を挙げる。

　1点目は，1回当たりの取引数量が拡大することに伴い，最適な規模の企業を探すことが難しくなっていることである。流通企業は物流の効率化とコスト削減を図るため，多店舗間での保管場所を集約化させたり，複数企業の在庫保管や物流を一手に担う3PL（サード・パーティー・ロジスティクス）の利用を増やしたりしている。そうした動きが，1回当たりの取引数量が増加する背景として挙げられる。そうした傾向は，他の業種でもみられる。例えば自動車産業では，部品の共通化を進める動きが進んでおり，1部品当たりの生産ロットが増加している。拡大する取引数量に納期通りに対応できる能力を有する企業は限定的となるため，代替先を近隣で探すことが難しくなる。

　2点目は，事前準備をより周到にすることによって，探索可能な範囲が拡大していることである。アンケートやインタビュー事例から，備えを十分に行っている企業の方が，日ごろから技術面やコスト面で最適な取引先をより広域な範囲のなかで探索している傾向がみられた。そのため，突発的な廃業通知という限られたスケジュールの中でも，適切な調達先を選択することが可能となっている。

6　まとめとインプリケーション

　本稿では調達先の廃業がものづくりに与える影響について，特に企業間の距離的な変化を中心にアンケートおよびインタビューを取りまとめた。その結果，非集積地においても，調達先が徐々に拡散している傾向を確認することができた。調達先との距離的な変化とものづくりとの関係を見ると，総じてマイナスの影響が多く見られたのは，代替先が調達先と同じくらいの距離か，もしくは近くなった企業においてであった。すなわち，調達先の拡散そのものが負の影響を及ぼすわけではなく，日ごろの備えの巧拙が，廃業がもたらすものづくりへの負の影響の程度を左右するという結果となった。

　導かれるインプリケーションとしては，廃業の際の時間的制約がミスマッチを生じさせる要因になっていることを鑑み，廃業を決断した企業に対して，なるべく早く廃業の事実を取引先へ通知することを促していくことである。また，周到な事前準備が有効であったことから，日ごろの備えも重要となる。経営者に対して，調達先の廃業という出来事が，十分に起こりうるインシデントだという意識付けを高めていく必要もあるだろう。

日本の中小企業研究における産業集積の再検討
〈報告要旨〉

大阪商業大学　粂野博行

はじめに

日本の中小企業研究において産業集積・工業集積（以下産業集積とする）が注目され始めたのは1980年代後半以降である（植田浩史編著（2004）『「縮小」する産業集積』創風社）。本稿では，日本の中小企業研究における産業集積に関わる研究の特徴を述べる。

２．産業集積研究の流れ

「産業集積」という概念は，マーシャルが『経済学原理』で述べられてから，様々な方面で取り上げられてきた。その第10章で，「同一の熟練職種に従事する人々が相互に近隣から得ることのできる利益は，それほど大である。（中略）また間もなく補助産業がその近隣に成長し，道具や原料を供給し，輸送を組織し，多くのし方で原料の節約に貢献するようになる。」（A・マーシャル，永澤訳（1985）『経済学原理』岩波ブックセンター信山社）と述べている。マーシャルの集積論は自由な解釈の余地を多分に含んだ表現を中心に展開されている。それゆえ多様な概念を導出することが可能になり，近年の産業集積の議論で広く言及されているのである。

1980年代になると先進資本主義諸国において大量生産方式の行き詰まりが顕著になり始める。このころピオレ－セイブルらが大量生産方式から次なる生産方式を模索し始めた（M・ピオレ-C・セイブル（1993）『第二の産業分水嶺』筑摩書房）。その後，クルーグマンによって産業集積地域の再認識がおこなわれた（P・クルー

グマン（1994）『脱「国境」の経済学』東洋経済新報社）。これは特定産業集積概念とも考えられ，マーシャルの再認識が行われるきっかけとなった。またポーターは「産業クラスター」という概念を打ち出した（M・ポーター（1995）『競争の戦略』ダイヤモンド社）。産業クラスターと産業集積との違いは必ずしも明確になっていないが，マーシャルからの産業集積の議論は，再び注目されることになった。しかしこれらの議論の登場は，必ずしも集積論理の精緻化や発展をもたらしたとは言い難いものであった（植田　前掲書）。

3．産業集積に対する高まり

　日本の中小企業研究で産業集積が取り上げられるようになったのは1980年代以降におこなわれた大都市の工業集積に関する研究からである。90年代になり，クルーグマンらがグローバル化と産業集積について議論するようになると，日本でも議論が活発化した。注目されるようになった要因として次の4点を指摘したい。第一に「海外生産化の進展」と地域産業への影響，第二に前項で述べた「大量生産方式の限界と新たな視点の模索」，第三にこれらの影響を受けた「日本における中小企業政策の変化」，そして第四に「日本における中小企業研究の独自性」である。
　第一に海外生産化の進展と地域産業への影響である。 85年のプラザ合意以降，日本では急激な円高が進み，国内大企業の分工場が海外移転し始めた。地域産業も打撃を受けたのである。第二に，大量生産方式の限界と新たな視点の模索であるが，内容に関しては前項を参照されたい。第三に日本における中小企業政策の変化である。円高が輸出関連中小企業者に深刻な影響を与えたことがきっかけとなって，中小企業政策が変化してゆく（中田哲雄編（2013）『通商産業政策史1980-2000　第12巻　中小企業政策』，経済産業調査会）。1978年に「特定不況地域中小企業対策臨時措置法（城下町法）」が制定される。これらの施行以前は「地域にむけて行われた施策はほとんど存在しなかった」。（中田編　前掲書）その後，円高は加速し1986年の「特定地域中小企業対策臨時措置法」が制定される。さらに90年代の経済構造の変化や，集積に関する議論の高まりをうけて，「特定中小企業集積の活性化に関する臨時措置法」が1992年に制定され，その後，「特定産業集積の活性化に関する臨時措置法」へと移行した。円高の進展に伴う経済環境

変化と，産業集積に関する（海外での）新たな研究の高まりが，中小企業政策に変化をもたらし，日本の中小企業研究にも影響を与えたのである。第四に，日本における中小企業研究の独自性である。これには「研究上の独自性」と「対象としての独自性」が考えられる。まず「研究上の独自性」であるが，日本において「高度成長期までは，中小企業の研究では中小企業問題研究がメインであった」といわれており（植田　前掲書），「問題」を明らかにするために，「産地診断」や「企業診断」など様々な調査や現状分析が重視され「今ある問題」を解決するために現状（その時代の）分析が必要とされ，集積や特質の類型化がおこなわれた。先に述べたように1970年代中頃まで日本の中小企業政策は対処療法的なものが多かった。それが高度成長期を経て中小企業自身の成長・拡大がもたらされると，中小企業政策は事業転換や新分野進出への手助けとなるようなものへと方向転換された。つまり日本経済の発展とともに中小企業政策も変化し，そのツールとして産業集積の概念が使用されることになった。しかし実証研究中心であり，90年代後半になって産業集積そのものに対する研究が現れ始めた。つぎに「対象としての独自性」であるが，日本の中小企業においては，当該地域に立地していることを前提に産業地域形成の諸条件を分析することが多い。この点において「どこに立地するか」を議論するウェーバーの論理より，立地は所与とするマーシャルの論理を援用することが多くなったと考えられる。

4．産業集積と類型化

対応すべき「問題」から出発することの多かった中小企業研究において，よく見られる方法の一つが「類型化」である。しかしこれらは明確に規定されたものではない。たとえば2000年度版『中小企業白書』では，創業という観点から集積が注目され，その分析のために集積の類型化が行われている（p268）。また2006年度版『中小企業白書』では，これとは異なる視点から分析されている（p135）。このように白書では年度において，類型化の内容や分類方法も異なっている。さらに白書では集積や類型化そのことを検討しているわけではない。ほかにも様々な類型化が存在するが，ここでは①集積を活用して分析するための目的があること，②これに応じて類型も異なっている，③集積そのものについて検討しているものは少ない，④大都市を中心に置いた類型が多いことを指摘しておく。

5．類型化と産業集積分析

　このような類型化には問題が無いわけではない。長期的に特定地域を分析する場合，たとえば長野県上伊那地域の集積について検討する場合である。詳しくは粂野（2019）を参照していただきたいが，上伊那地域の事例は，特定の時期ごとに，地域集積の持つ特徴（類型）が変化している。つまりこの地域は外部経済環境の変化に対応することで，地域集積の特性が変化し，その結果，地域集積（の類型）も変化しているのである。

6．まとめにかえて

　日本の中小企業研究において産業集積は，現状分析研究を中心におこなわれ，類型化や地域比較が行われてきた。類型化による現状分析は様々なメリットをもたらした。第一に集積地域内における分業構造分析の精緻化である。第二に地域の持つ競争力やその源泉について，その仕組みや内容などを明らかにした。第三に類型間比較で，地域の特徴を明確化できたことである。第四に類型化により地域間の関係についても見ることができるようになったといえる。しかしながら類型化は，特定の目的・課題を説明するための類型となっていることが多い。したがって類型化は汎用的なものとはいえないのである。

　また類型化の問題点として時間的な制約がある。類型化は，それが行われた当時の環境のもとでの類型化なのである。同時に時間的制約は，類型をまたがるような長期的な変化を論理の範囲外とする可能性もある。集積のもつフレキシビリティやダイナミズムを考える場合，集積そのものの変動を含めて考える必要があると思われる。

〈参考文献〉
1　粂野博行（2019）「続 グローバル化時代の地方工業集積」『商工金融』10月号
2　張楓（2021）『近現代日本の地方産業集積』日本経済評論社
3　松原宏（1999）「集積論の系譜と「新産業集積」『東京大学人文地理学研究』13
4　山本健兒（2005）『産業集積の経済地理学』法政大学出版局
5　渡辺幸男（1997）『日本機械工業の社会的分業構造』有斐閣

観光地ライフサイクルの進展と，
中小事業者像と「場」のメカニズム
〈報告要旨〉

神戸国際大学　上田恵美子

1．研究の背景と目的

　コロナ禍前の2010年代に起こったインバウンドブームでは，国内の有名観光地に訪日外国人観光客が押し寄せ，この商機を捕えようとする店舗や宿泊施設が急増し，観光地の姿が一変した。コロナ禍によってインバウンドの流れが途絶えたことで事態は一旦収束したが，将来的には再びブームに火がつく可能性もある。ところで，中小の観光関連事業者にとっては観光客が増加することがもっとも重要であり，観光地が変容することを問題視する必要はないのか。先行研究によれば観光地にも製品・商品と同様にライフサイクルが見られ，観光客数が観光地の許容量を超えたなら，やがて観光地は魅力を失って衰退へと向かうとされる。そこで，本論は，観光地のライフステージの進展と，立地する事業者の変化を商業論・経営学の先行研究をもとに捉え，ライフサイクルのメカニズムを考察する。

2．研究の着眼点

　観光地のライフサイクルのメカニズムを探るにあたって，本論では，観光地を構成する主体である「事業者」と，まちづくりの「場」に着目して考察を進める。
　まず，事業者について，国内の観光地には一部に全国チェーン展開をする宿泊業や土産物業の進出が見られるが，ほとんどの観光地において多数を占めるのは地元に根付く中小の事業者である。これらの事業者のなかには，まちづくりに積極的に取り組むことで自らの事業の発展をめざす事業者がおり，地域性を大切に

考え，その商品やサービスに「こだわり」を持つという特徴が見られる。他方で，ライフステージが進めば，その対極に位置する，まちづくりよりも自店舗の経営を優先する事業者が増加する。

商業論の石原（2006）は，やる気が自らの店舗経営に向かう気質を「企業家精神」，商店街のまちづくりに向かう気質を「街商人精神」とした。街商人精神が商品のもつ歴史的，文化的，あるいはエピソードや思い入れといった「意味」を際立たせ，さらに新たな意味を与えようとする「こだわり」を持つのに対して，企業家精神タイプの事業者は商品そのものへのこだわりが希薄化し，売れるかどうかへのこだわりが前面に登場する。街商人精神によって「こだわり」を追求する商人は，自らが自信をもって提供できる商品のみを取り扱うことに努め，消費者の強い支持を勝ち取るが，それは多数の消費者ではなく，「商人のそうした姿勢を理解し，受け入れる消費者」に限定される。他方，企業家精神タイプの事業者は規模での拡大をめざす（石原武政，2006，pp.79-81）。

次に着目するのが，「場」である。伊丹（2005）は「人々がそこに参加し，意識・無意識のうちに相互に観察し，コミュニケーションを行い，相互に理解し，相互に働きかけ合い，相互に心理的刺激をする，その状況の枠組み」と定義する（伊丹敬之，2005，p.42）。「場」では創発的に新たな取組みが展開され，これに共感する人を増やしながら，自己組織的に活動が拡大していく。「場」による取組みが成功し，観光客が増加すると観光地には新たな事業者が立地するようになり，まちづくりに参加せずにその成果のみに便乗するフリーライダーが増える。域外から参入してきた事業者は，観光地の「場」とは距離を置くことも多く，そうなるとこれまで観光地の活動の中核にあった「場」は，観光地における存在感を相対的に弱め，観光地全体の統制が難しくなる。また，「場」が長年に渡って維持されることは難しく，参加する主体の高齢化なども重なって緩やかに勢いを失う傾向も見られる。「場」が弱体化して求心力を失えば，観光地のコンセプトや規範が継承されなくなり，観光地としての魅力を徐々に失う可能性がある。

3．分析に向けた仮説

本論におけるライフサイクルに街商人精神タイプの事業者と企業家精神タイプの事業者を表すと，以下のとおりである。

◇探索段階

　地域における「場」が形成されておらず，来訪者は少ない。地元住民を対象とした店舗等が存在する。

◇参加段階

　何かのきっかけから創発的に「場」が形成され，観光まちづくりが始まる。取組みによって観光客数が増加し始め，街商人精神タイプ事業者の店舗が増加する。街商人精神タイプ事業者ならではの地元へのこだわりを持つ商品や店舗がメディアや口コミで話題となり，「場」による取組みも手伝って徐々に観光客が増加する。「場」が示すまちづくりコンセプトや規範にはほとんどの事業者が協調する。

◇発展段階

　街商人精神タイプ事業者がさらに増加するが，探索段階からあった店舗が廃業したり，経営者が変わったりする。発展段階の後半には域外の企業家精神タイプの事業者が参入するようになる。「場」によるまちづくりのコンセプトや規範を知らない，あるいは，同調しない事業者が徐々に増加する。

◇成熟段階〜停滞期

　来訪者は膨大となって，企業家精神タイプ事業者が増加し，まちづくりのコンセプトや規範が守られなくなる。また，「場」は，年数を経て創発的な活動が減少したことから，関係者に対して以前ほどの心理的共振を起こせなくなり，観光地での求心力を弱め，まちづくりの方向性を示すことが難しくなる。

4．成熟段階の事例

　由布院温泉のまちづくりについては，最も大きな特徴は，「人のつながり」を大切にしてきたことである。料理人の研究会や，スタートアップを支援する「亀の子たわし会」など，地域全体でイノベーションを推進する仕組みは，「人のつながり」があって成立しており，底辺には心理的共振と密な情報交換があり，本論でいうところの「場」の存在がうかがわれる。

　由布院温泉の湯の坪街道は小規模な外来の事業者が多数参入して開業し，混雑と景観の乱れが目立つようになった。この問題に直面して，由布市は地元の事業者らとともに景観法を用いて「湯の坪街道周辺地区景観計画・景観協定」(2010年)

を策定した。企業家精神タイプ事業者に，これまでの由布院温泉のまちづくりの「文脈」や「規範」を伝え，行動を変えてもらうのは容易ではないが，観光客数の推移を見る限りでは，衰退段階への変化は見られない。変化を止めるには，「場」からの働きかけがカギとなる。

5．参加段階から発展段階の事例

　奈良町の事例では，現在の店舗の立地状況を20年前と比較した。街商人精神タイプ事業者Aは，奈良町の観光化以前から立地する事業者や，観光化とともに開業した地元の住民による店舗で，経営者の多くが奈良町で暮らしている，もしくは，幼少期に暮らしたことがあり，「場」によるまちづくりに参加していたか，参加していなくてもまちづくりの方針について理解をしている。その後，奈良町に新しい店舗（街商人精神タイプ事業者B）が増えると，街商人精神タイプ事業者Aの店舗の多くは廃業するか，貸店舗となった。現在も経営を継続している店舗の多くが老舗である。

　街商人精神タイプ事業者Bは，奈良町の観光化とともに立地するようになった小規模な個人経営の事業者で，町家を活かしたり，食材にこだわったりと，ビジネスのスタイルには独自のこだわりを持つ店舗が多い。経営者のほとんどが奈良町には住んでおらず，「場」にも参加していないが，街商人精神タイプ事業者Aが廃業した後の居ぬき物件を利用している店舗や，民家を改装した店舗が多く，自ずとまちの「文脈」や「規範」に従っている。

　奈良町の事例より，ライフサイクルの初期段階では地元以外から事業者が参入することで，地域内で店舗の所有と経営の分離が緩やかに進み，地域の観光産業の経営は安定化に向かうものの，ライフサイクルが進展する可能性があることがわかった。

〈参考文献〉
1　石原武政（2006年）『小売業の外部性とまちづくり』有斐閣
2　伊丹敬之（2005年）『場の論理とマネジメント』東洋経済新報社

零細小売業における商品取り揃えと在庫改善問題
〈報告要旨〉

大阪経済大学　藤本寿良

1　はじめに（問題提起）

　すべての小売業にとって，商品の取り揃えとその在庫管理は重要な課題の1つである。そしてその困難性の基底にあるのは，消費者の購買行動予測の難しさである。多くの小売業（ネット通販企業を含む）では，商品の購買履歴をもとに売れ筋商品を予測し，商品の取り揃えと在庫管理を行っているのが現状である。先進的な情報システムをもたない零細小売業は，日常的な経験と大まかな売れ筋商品の把握によって需要予測を行っているのが実情であるように思われる。本研究では，このような零細小売業における商品の取り揃えと在庫改善のための需要予測に関する簡単なモデルを提示することを目的とする。そこでは，消費者が何を購買するかという点を中心に，それに影響を与える消費者の購買−消費サイクルに注目したい。また，消費者は商品の購買と消費を行うだけでなく，流通機能としてデリバリーや在庫保有といった側面も果たしている。このような消費者の購買行動をより広く考える必要がある。

　他方で，零細小売業が生き残るためには，地域住民の買物行動に関心をもち，そのニーズにこたえる努力をしなければならないであろう。そのためには，消費者の買物行動の基本的な理解に今一度立ち戻る必要がある。本研究では，そのための極めてシンプルなモデルを提言しようとするものである。

2．小売サービスの類型

　小売業が提供するサービスに関しては，さまざまな議論がある。例えば，小売

業者は，彼らの自前の製品としてサービスを生産しているという見解がある
(Bliss 1988, Betancout and Gautscchi 1992)。また，Buckrin (1963) と田村 (1982)
では，小売サービス以下の4つのタイプに分類されている。

(1) 購買ロットの削減

(2) 取引とデリバリー時間の短縮

(3) 商品の取り揃えの提供

(4) アクセスの便利さの提供

消費者は，どの程度これらの小売業が提供するサービスを受けとり，それに対
する対価をどの程度払うのかを考慮し，小売店を選択することになる。つまり，
消費者がより多くの小売サービスを受取る場合には，買物はより容易になるが，
その分より多くの支払いをしなければならない。

3. 流通機能と在庫・品揃え問題

生産と消費が構造的に分離している現在の商品経済においては，それを架橋す
るための流通機能が必ず必要となる。流通理論では，これらの生産と消費の間に
あるいくつかのギャップを以下の4つとしている。

(1) 所有のギャップ

(2) 場所のギャップ

(3) 時間のギャップ

(4) 情報のギャップ

生産された商品は，これらのギャップを架橋しながら，流通経路を流れてゆき
流通していくことになる。この商品が流れるフローとある時点と場所にとどまる
ストックを繰り返していく。流通の最終段階での小売業と消費者の間の取引にお
いて，小売業者のもつ商品の在庫とその品揃えは小売業者と消費者双方にとって
重要な問題である。同時に，ある商品を購入した消費者にとって，それをすぐに
消費しない場合には，消費までの間に消費者の手元にある在庫ということにな
る。消費者がさまざまな商品を購入するとすれば，この消費者の在庫と品ぞろえ
とその消費のサイクルは重要なポイントとなる。これらを中心に次節でその概念
モデルを提示する。

４．消費者の購買-消費行動の概念モデル

　まず，消費者の購買行動における消費の間隔（インターバル）を考えてみよう。一般的な消費者購買モデルでは，消費者は購買計画を立てそれを実行すると考えられている。したがって，消費者の買物行動が事前に計画されるのかそうでないかは重要な判断基準である。なぜなら，事前の買物計画は，購入商品の消費間隔を考慮しているかもしれないからである。消費者にとって最も望ましいのは，すぐに消費する商品だけを購買することである。これを「購買と消費の同期化」と呼ぶことにしよう。しかし，買物コストの観点からすれば，現実には，１回の買物で消費サイクルの異なる商品を購入するケースも存在する。

　これらをもとに，商品の購入と消費の間隔は，以下の３つの時間段階からなると考えられる。

(1)　意思決定段階

(2)　実際の買物段階

(3)　商品の消費段階

　第１段階においては，消費者の家庭での在庫量に関する感覚が問題になる。つまり在庫切れを心配して多めに購入するか，少な目に購入するかの判断である。もう１つの判断は，複数種類の商品を購入する場合に，消費サイクルの同期化をどの程度意識するかという問題である。つまり同じ消費サイクルの商品だけを１度に購入するか，異なるサイクルをもつ商品も交えて購入するかの判断である。

　これらを基に，以下のような消費者の購買−消費サイクルモデルを提言する。まず２つの次元軸として時間と空間を設定する。時間次元は，消費者にとっての

図1

| | | 空間軸 | |
		蜜	疎
時間軸	短	高頻度分散的購買	高頻度集中的購買
	長	低頻度分散的購買	低頻度集中的購買

消費インターバルを示すものであり，頻度が高い（infrequent）と頻度が低い（frequent）に区別される。空間次元は消費者にとっての購買のアクセスビィリティを示すものであり，集中的（centralization）と分散的（decentralization）に区別される。この組み合わせとして，例えば「頻度が高い－分散的」は最寄り品，「頻度が低い－集中的」は非最寄り品に該当するであろう。これらの組み合わせによって，図1のような類型ができる。（図1参照）

6．結論と今後の課題

　消費者は様々な種類の商品を購入し，それらを消費する。それらの商品は購買・消費のタイミングがそれぞれ異なっている。商品をいつ購入するか，どの程度家庭に在庫するか，それをいつ消費するかは商品によって異なっている。同時に，どの地域のどの小売店に買物に出かけるのかも商品の種類と移動距離に左右される。地域の零細小売店にとって，購買－消費サイクルの短い商品を品揃えし，その適切な在庫を保有することが必要である。このことは，地域住民の買物弱者・買物難民問題ともかかわることになると思われる。そのために，地域住民の商品ごとの購買－消費サイクルを把握する必要があるであろう。このことは，小売業にとって顔の見える顧客との非市場的な関係を必要とすることを意味するであろう。ここで提案したモデルは，まだその入り口に過ぎない。今後の課題は以下のようなものである。

・小売店の発注システムと消費者の購買-消費サイクルに関するシミュレーション・モデルを開発しなければならない。
・消費者の購買-消費サイクルに関するデータを収集しなければならない。
・零細小売業の品揃えおよび在庫政策に関する実地調査が必要である。
・小売店の品揃えタイプに関する第3の軸の導入を考えなくてはならない。
・買物難民・買物弱者・フードデザート問題との関係についてより深く考察しなければならない。
・消費後のリサイクルを視野に入れた消費者の行動と小売店の活動を視野に入れたモデルの拡張に取り組む必要がある。

　このように課題は山積みであるが，地道に取り組み，またこれらに賛同する研究者が引き継いでくれることを期待したい。

スモール・ビジネス・パースペクティブのデザイン
〈報告要旨〉

山口大学　平野哲也

　本研究はスモール・ビジネス・パースペクティブ（small business perspective）のデザインを検討するものである。スモール・ビジネス・パースペクティブはスモール・ビジネス研究のパラダイム開発へ向けて提起された。その内容は「固定的な『知識（knowledge）』より『叡智（wisdom）』」によって，スモール・ビジネスを捉える「定義の難しい（elusive）『理論（theory）』より『パースペクティブ（perspective）』」を開発することである（Volery and Mazzarol, 2015）。スモール・ビジネス研究においてはメタ理論とパラダイムの未完成，実証主義への偏り（平野, 2015），概念構築の方法的困難性（平野, 2018），アイデンティティ確立の本質的困難性（平野, 2021）が長年指摘され，スモール・ビジネスの「独自性（idiosyncrasies）」をより多様な視点で捉える必要性からパースペクティブの開発が要請された。一方で，その必要性が提起されたにすぎず，パースペクティブと叡智に関する理論的検討，グランドデザインに関する実践的検討はいまだなされていない。本研究はこの2点の検討とスモール・ビジネス・パースペクティブの日本の中小企業研究にとってもちうる意義を考察する。

　まず，スモール・ビジネス・パースペクティブの「部品」となるパースペクティブと叡智に関する理論的検討である。パースペクティブは「概念間の関係性を明らかにし，構築される理論のまとまり」（Hatch and Cunliffe, 2013）と定義される。また，パースペクティブは諸個人が「世界を感知し定義することを助ける」実用モデルである「メンタルモデル」に含まれる（Nonaka and Takeuchi, 1995）。パースペクティブは理論のまとまりとして「学際的統合」によって構築され，学術と実践が共有し，その対象の独自性を捉える「論」である。一方，叡智は心理学では「価値に媒介されコモングッドの達成に向けたものとして，暗黙知と明示的な知を適用することである」（Sternberg, 2001; 道田, 2018）と定義さ

れる。経営・組織理論では「曖昧な状況から実行可能な現実をつくり出し，その現実のなかで慎重な行動をとるために情報にもとづいた判断をおこなう獲得した能力」（Gioia, 2007）と定義される。また，叡智の鍵概念として，叡智のある思考を統合し方向づける価値の重要性が指摘されてきた（Sternberg, 2001; 道田，2018）。叡智を体系化するためには，その叡智のある思考を統合し方向づける「何が重要か」の体系としての価値を「論」に組み込むことが必要となる。

　次に，スモール・ビジネス・パースペクティブの「設計図」となるグランドデザインに関する実践的検討である。本研究では，スモール・ビジネス・パースペクティブを「学術と実践の知の対話・共有による叡智を実装するスモール・ビジネスを捉える方法」と定義し，実装すべき叡智として①普遍的な善，②学術知と実践知の融合，③認知能力の３つ，叡智を方向づける価値として①学術にとっての「価値（value）」，②実践にとっての「やるに値する価値があること（worth）」の２つの構成要素を特定してデザインをおこなった。このグランドデザインでは，学術と実践が対話によって学術知と実践知を融合し，その対話と内省によって，学術は実践への深い洞察からスモール・ビジネスの概念を特定する「価値」を見出し，実践は学術との対話と学術知に基礎づけられた知識のなかに「やるに値する価値があること」を見出す。そして，両者の共有するところにスモール・ビジネスにとっての普遍的な善を位置づける。このグランドデザインを「設計図」として，学際的に，また理論・実践の多様なレベルでスモール・ビジネス・パースペクティブを開発することが可能となれば，学術・実践の合意形成のフォーカル・ポイント（focal point）となる「学際的中庸（interdisciplinary mesotes）」を構想することにつながる。

　本研究のインプリケーションは，第１にスモール・ビジネス・パースペクティブの「部品」と「設計図」を検討した点，第２に「学術完結型」から「実践包摂型」へパースペクティブの方法を拡張した点である。一方で，限界と課題は本研究の検討はあくまでグランドデザインにすぎず，叡智と価値のさらなる精緻化が必要となる点である。そして，スモール・ビジネス・パースペクティブの日本の中小企業研究にとってもちうる意義として以下の点を考察する。日本の中小企業研究においては中小企業を捉えるパースペクティブとして中小企業本質論が構築されてきた。しかしながら，そのパースペクティブを左右する価値は問題性 - 発展性といった国を基準としたものであり，パラダイムを規定する人間論ではマク

ロ-決定論に偏って体系化されてきたといえる。近年では，スモール・ビジネス・オリエンテーション（small business orientation）（Runyan and Covin, 2019）といったミクロ-主意主義にもとづく新たなパースペクティブの議論も登場している。日本の中小企業研究においても中小企業をマクロからミクロまで多元的に捉えるパースペクティブを開発することが，中小企業本質論をさらに進（深）化させ，中小企業を「より豊かに」捉える方法を体系化することにつながる。

〈参考文献〉

1　Gioia DA（2007）Individual epistemology: Interpretive wisdom. In: Kessler EH and Bailey JR（eds）*Handbook of Organizational and Managerial Wisdom.* Thousand Oaks, CA: Sage, pp.277-294.

2　Hatch MJ and Cunliffe AL（2013）*Organization Theory: Modern, Symbolic and Postmodern Perspectives.* Oxford, UK: Oxford University Press.

3　平野哲也（2015）「中小企業・アントレプレナーシップ研究における質的研究：解釈主義アプローチを中心に」『星陵台論集』48（1），pp.31-54.

4　平野哲也（2018）「中小企業研究の方法的立場：中小企業概念の系譜とデザインの方法」『日本中小企業学会論集』（37），pp.208-221.

5　平野哲也（2021）「スモール・ビジネス・パースペクティブのベーシック・コンセプト」『中小企業季報』2021（3・4），pp.1-10.

6　道田泰司（2018）「叡智としての批判的思考：その概念と育成」『心理学評論』61（3），pp.231-250.

7　Nonaka I and Takeuchi H（1995）*The Knowledge-Creating Company: How Japanese Firms Create the Dynamics of Innovation.* New York; Oxford: Oxford University Press.

8　Runyan RC and Covin JG（2019）Small business orientation: A construct proposal. *Entrepreneurship Theory and Practice* 43（3）: pp. 529-552.

9　Sternberg RJ（2001）Why schools should teach for wisdom: The balance theory of wisdom in educational settings. *Educational Psychologist* 36（4）: pp.227-245.

10　Volery T and Mazzarol T（2015）The evolution of the small business and entrepreneurship field: A bibliometric investigation of articles published in the International Small Business Journal. *International Small Business Journal* 33（4）: pp.374-396.

電動化・自動運転をめぐる
自動車部品産業の再編成と系列・下請関係

〈報告要旨〉

関東学院大学　清　晌一郎

はじめに　　電動化・自動化に向けたプラットフォーム構築競争

　2016年10月パリ・モーターショーにおけるダイムラー社ツェッチェ会長の発言以降，CASEという用語は，自動車産業の将来展望を握るキイワードとなった。周知のように自動運転を軸とする新交通システム開発では，GAFAは自動車の製造そのものからは早々と手を引き，既存メーカーと連携する方向に向かっている。しかし自動運転システムの開発が進むにつれて，今度は自動車における統合システム構築におけるメガサプラーヤーの役割に注目が集まることとなった。

　この分野ではBoschやDensoなど，世界有数の巨大部品メーカーが存在しているがシステムは巨大であり，開発費は莫大であるから，これを担うためには研究開発費の飛躍的増額，それを支える企業規模の巨大化が不可欠の要素となりつつある。これに伴って世界の自動車部品業界でも集中合併や再編が進み，日本国内の伝統的な系列・下請関係にも衝撃的な再編成が進められつつある。

1．グローバル・サプライヤーの巨大化・研究費の肥大化

　電動化・自動運転に向かっての情勢の変化は急である。2000年代以降，世界の自動車生産は6000万台水準から9500万台まで約55％の伸びを見せ，これに伴って自動車部品サプライヤーも規模を拡大，上位企業は軒並み3〜5兆円の売り上げ規模に達することとなった。しかしその中で電動化・自動運転に向けた研究開発費も飛躍的に増加しており，多くのサプライヤーの経営内容は，研究開発費に圧

迫されて悪化している。世界の自動車部品メーカー248社の研究開発費は，2007年の100億ドルから2018年の220億ドルへと2.2倍に増加，同時期の完成車メーカーの研究開発は4割増であるから，部品メーカーにより高い研究開発費負担がかかり，4社に1社は赤字経営に陥っている。その結果2010年代後半，日本の系列・下請関係にとって衝撃的な再編成がもたらされることになった。

2．日系サプライヤーの衝撃的再編成

（1）　カルソニックカンセイの売却によるマレリ（MMCK）の誕生

日産自動車は2016年11月22日に41％を所有する子会社カルソニックカンセイの全株式を米投資ファンドのKKRに売却することを決定，KKRが全額出資するCKホールディングスが公開買付を行った。日産は1000億円程度をこの売却で資金調達し，三菱自動車の株式34％を取得するほか，電気自動車やPHVなどの先進技術開発に振り向けるなど，研究開発費捻出をも目的としていた。米系投資ファンドKKRは，日産系列を離れたカルソニックカンセイを国際再編の重要カードとして使った。CKホールディングス（KKR）は2018年10月，FCA（フィアット・クライスラー）の子会社，マニエッティ・マレリを62億ユーロ（8060億円）で買収。旧カルソニックカンセイとFCAの部品部門を経営統合し（MMCK），新ブランド「マレリ」が誕生した。その時点でMMCKホールディングスの売上高は世界10位になり，規模の拡大，財務基盤強化，製品ラインと事業エリア（アジアと欧州）を相互補完が進んだ。新会社マレリはFCAとは複数年供給契約を結んでおり，他方でCKはFCAへの納入拡大で日産依存を7割まで下げて経営基盤を安定させたいという意図が指摘されている。

（2）　日立オートモーティブとホンダ系ケーヒン＋ショウワ＋日信工業の再編

2019年10月，日立AMSとホンダ系ケーヒン，ショーワ，日信工業の合併が発表され（日立66.6％，ホンダ33.3％），1年後に統合された。ホンダ系3社の売上高規模は2000〜4000億円程度であり，直面する電動化・自動運転の技術革新には単独では対応が困難であった。この統合によって日立オートモーティブの売上高は1兆8千億円程度と業界有数の規模になるが，ホンダ系3社にとっても日産への販売拡大によって経営基盤の安定化が可能になる。また日立AMSは各社の得

意技術を組み合わせ，スケールメリットを追求することが可能となる。この再編
は，ホンダ系列での個々の企業の力量不足と業界再編への対応の遅れを補うもの
で，2010年代以降のメガサプライヤーへの依存，系列メーカーへの回帰というホ
ンダの系列政策での迷走の一つの結論である。なお日立製作所はホンダ系3社の
株式取得に際して，クラリオンの全株式を世界8位のフォーレシアに売却，グ
ローバルな部品産業再編成の一角を担うこととなった。

3．トヨタグループ・前代未聞の大再編

（1）　2000年以降の系統的なグループ再編成

　日本の自動車メーカーの中でトヨタ自動車は唯一，系統的に系列サプライヤー
を育成・強化しているが，2000年代初頭もグループ内での重複機能の調整，集約
化による重点投資や内外製の見直しを図ってきた。2001年7月，トヨタ，デン
ソー，住友電工，アイシンでブレーキ部門を集約したアドヴィックスを設立，
2004年には豊田紡織とアラコ，タカニチでトヨタ紡織を，また2006年には光洋精
工と豊田工機がジェイテクトを設立した。アイシン精機は2001年にエクセディ
（旧ダイキンクラッチ）の株式33％取得，シロキ工業の子会社化のシート関連の
トヨタ紡織への集約を進めた。いずれも国際競争の中で中国，台湾などとのボ
ディ関連の競争，あるいはブレーキではボッシュ，コンチネンタル，ゲトラグと
の競争を意識したもので，同社役員は「ようやく間に合った」と述べている。な
おアイシンAWは2019年にアイシンAIと経営統合の後，2021年4月に電動化への
体制整備に向けてアイシン精機と経営統合し（株）アイシンとして発足した。ま
たデンソーも2017年富士通テンを買収してデンソー・テンを設立，2018年にはア
スモを吸収合併することとなった。

（2）　デンソーにおける電動化・自動運転への対応

　近年のトヨタグループ再編成の重要な特徴は，グループ全体の中でデンソーの
位置が突出して高まっていることである。その具体的事例は下記のとおりである。
　【NSI-TEXE】2017年9月，今までの車載用半導体技術をベースに先進的技術
開発に取り組むためにエヌエスアイテクス（NSI-TEXE）を設立。
　【トヨタ広瀬工場の移管】2018年6月，モーターの回転やトルクを制御する

PCUや構成部品の半導体などの電子部品を製造するトヨタ広瀬工場が，エンジニア600人を含む従業員1600人と共にデンソーに移管された。

【J-Quad Dynamics】2018年8月，デンソー65％出資，アイシン，ジェイテクト，アドヴィックスが参加して自動運転向けソフト開発のために新会社設立を発表。

【Blue Nexus】同じく2018年8月，アイシン45％，デンソー45％，トヨタ10％出資で電動車駆動モジュールの開発・販売の新会社"Blue Nexus"を設立

【ミライズ・テクノロジー】デンソー51％，トヨタ49％で2020年4月にデンソー先端技術研究所内に次世代高信頼性車載用半導体の開発を担う新会社を設立。

4．TNGAによるコスト低減と2次・3次下請の苦境

この間のトヨタの購買政策として注目すべきは，TNGA（Toyota New Global Architecture）の導入とその2次・3次下請けの経営への影響であろう。TNGAの要点は，「新プラットフォームを基幹として，商品力の向上と原価低減を同時に達成する車両づくりシステムの総称」ということができるが，下請への要求水準が高まるのに対し，価格はグローバル水準で低下の一途を辿っている。2次・3次サプライヤーによれば，「グローバル基準で提示される価格があまりに低く，3次に再発注できる水準ではない」，「TNGAを受注できなければ先の見通しはない」。その結果，「ターボチャージャーのケーシングでは中国全面依存で，国産では調達できない」というほど深刻な空洞化の実態も生まれるに至った。

まとめ＝系列・下請関係の発展と製造業の基盤崩壊

日本的系列・下請関係の指標は，「安定的な納入関係の維持」にあるが，それは産業と企業間関係の歴史的発展に対応したものである。

その最終段階である「電動化・自動運転・国際的低価格供給」は既存の系列関係の維持をも困難としており，一部のメガサプライヤーを除いてM&Aの対象となり，また倒産・廃業の危機にも直面しつつある。直近の半導体不足はその一部であるが，ものづくりで圧倒的な力量を示した日本の産業基盤は根底から揺るがされている。コロナ禍からの回復局面，国際市場で買い負ける現実には深刻なものがあり，日本の産業政策の根本的な立て直しが求められている。

グローバル・ニッチトップ企業の類型化
—祖業と新製品開発の視点から—
〈報告要旨〉

立命館アジア太平洋大学　難波正憲

1. はじめに

　グローバル・ニッチトップ企業（以下，GNT 企業）の5つの特徴は，①深く絞り込んだ世界市場において，②顧客ニーズを独自の方法で探索し，③これに対応する独自のソリューションを提供し，④価格競争を回避することで，⑤競争優位を維持している点にある（難波・藤本，2019）。今日，SDGsをはじめ，EV，少子高齢化など社会ニーズが顕在化する一方，シーズ側では，AI, IoT, ロボテックス，バイオなどが普及段階に入っている。GNT企業は祖業の段階で，上記の様な事業機会と達成手段が出現した場合，どのように対応したのであろうか。祖業で対応可能な機会に限定したのか。祖業を離脱して機会活用に賭けたのであろうか。本稿では日本とドイツ語圏のGNT 企業40社に関し事例横断的な類型化を試みる。

　サイモンは隠れたチャンピオン企業（GNT 企業）の起源は非常に多様で，うまく分類できないとする（サイモン，2012，p.155）。

　GNT 企業の起源の類型化が難しいとすれば，企業の沿革の中で，いつGNT 製品の原型が誕生したか，の視点が考えられる。つまりGNT 製品の原型で創業したのか，創業以降の開発か，である。しかしながら，多くの企業は祖業から動かないことを示唆する研究がある。例えば，「多くの創業者は過去の成功体験に固執し，事業の危機への対応を回避する傾向」がある（Ward, J.L.,1997,p.324）。さらに，ファミリービジネスにおけるリスクテイクは業績と負の関係にあるとの調査もある（Naldi et al., 2007, p.40）。これに対し，企業の存続には祖業から離れ

る備えが必要との議論がある。林は長寿企業の超長期的生存の鍵は，本業の成熟・衰退に備え，祖業ないし現在の本業とは別の事業を戦略的に成長させておくこと，であるとする（林，2018，p.117）。また，三品は「事業立地の戦略論」の観点から「事業立地」とは，「何を誰に売ることを主業とするか」のことであり，事業立地を替えることを「転地」と呼ぶ。日本を代表する高収益事業（調査対象：151社）の６割以上は，祖業と一致せず，転地して生まれたものと指摘する（三品，2007，pp.116-119）。以上を踏まえて下記の研究課題を設定する。

２．研究課題と意義および研究方法

　本稿の狙いは，GNT企業は，祖業との関連において，どのような位置付けにあるのか，どの程度，祖業から転地しているか，またその経路はどのようなものか，を明らかにすることである。これにより，GNT企業研究に新たな視点をもたらすほか，GNT企業を目指す中小企業の参考に資することに意義がある。
　グローバル・ニッチトップ製品（GNT製品）とは特定分野の世界市場で継続的にトップグループのポジションを占める製品と定義する。GNT企業とはGNT製品を保有する企業と定義する。祖業とは事業開始当初の事業（製品）と定義する。
　アンゾフの「成長マトリックス」の各セルに対応する形で，①「祖業維持型」，②「祖業との関連維持型」，③「祖業離脱型」と定義する。ただし，「市場拡大」と「製品開発」は区別せず祖業との関連維持型として一本化し，３類型とした（図１の右表）。
　調査対象は40社（日本21社，ドイツ語圏19社）で，各社に事前に同一のアンケー

図1　祖業との関連性の定義

アンゾフのマトリックス

		製品	
		既存市場	新規
市場	既存	市場浸透	製品開発
市場	新規	市場拡大	多角化

祖業との関連性の定義（３類型）

		製品	
		既存市場	新規
市場	既存	①祖業維持型	②祖業との関連維持型
市場	新規	②祖業との関連維持型	③祖業離脱型

出所：Ansoff, H.I.『企業戦略論』産業能率短期大学出版部p.137

トを送付し，経営幹部への半構造化インタビューを2011年から2021年の間に実施
した（社長対応：日本企業は全21社，ドイツ語圏企業11社）。これら一次データ
と二次データに基づき，40社の類型を判別し図1の右表の各セルに配分した。

3．分析の結果・考察と結論

（1）祖業との距離：40社は下記の3類型にほぼ均等に分布した。また，日本
とドイツ語圏企業の分布に大差はない。

①祖業維持型：14社，②祖業との関連維持型：13社，③祖業離脱型：13社

（2）最初のGNT製品開発の経路（図2）

3つの類型のそれぞれに至る経路については11の類型が析出された。

（3）考察：新たな事業機会に邂逅した際，「祖業」から離れるか否かの判断は，
単純化すれば，「祖業への愛着＋安全性」vs.「事業機会の魅力度＋リスク」で示
される。

分析結果から，①祖業に留まったのは14社（35%）である。一方，②祖業との
関連維持型と③祖業離脱型を合わせると26社（65%）となり，6割以上が祖業に
留まらず，広義の転地を図っている。つまり「事業機会の魅力度＋リスク」を選
択し，その結果，GNT企業に到達したと推定される。

図2において，①祖業維持型のA型はドイツ語圏企業だけであり，祖業を早期
に世界市場展開した結果である。

③祖業離脱型のうち，J型，K型に見られる長い経路は，冒頭に掲げたGNT企
業の5つの特徴を獲得するための試練の経路でもある。

事業機会を実現する技術に関しては，多くの企業が「枯れた技術」で対応して
いるが最近のドイツ語圏企業においては，AI，IoTなどの先端技術を生産管理だ
けでなく，製品に組み込む事例が増えている（Simon，2021，pp.135-147）。

（4）結論と限界

祖業自体がGNT企業というのは5社と少数であり（①祖業維持型のA型），こ
れ以外は，さまざまな契機（ニーズや経営危機への対応，世界一への動機）で多様
な経路を辿り，GNT企業の条件を獲得している。その学習効果が持続的競争優位
に繋っている。本稿の限界は，サンプルが少なく，企業規模の大小の混在にある。

図2　最初のGNT製品開発の経路（11類型）

祖業との関連性の類型 (3)	最初のGNT製品開発の経路の類型 (11類型)	●日本企業　★ドイツ語圏企業	
①祖業維持型	A: 祖業の製品＝GNT製品➡派生製品＝GNT製品	★★★★★	5社
	B: 祖業の製品➡性能アップn回➡GNT製品へ発展	●●●●●★★	7社
（14社）	C: 祖業の事業（販売）➡内製化➡（A），（B）経由でGNT製品へ	★★	2社
②祖業との関連維持型	D: 祖業の市場で新製品開発＝GNT製品	●★★	3社
	E: 祖業の市場で新製品開発＝汎用品➡GNT製品へ発展	●●★	3社
	F: 祖業の製品➡新市場に投入＝GNT製品	●●★	3社
（13社）	G: 祖業の製品➡新市場に投入＝汎用品➡GNT製品	●●●★	4社
③祖業離脱型	H: 祖業を離脱➡新市場・新製品＝GNT製品	●●●●	4社
	I: 祖業を離脱➡新市場・新製品＝汎用品➡GNT製品	●★	2社
	J: 祖業との関連維持型の汎用品（新製品）➡祖業離脱，新製品➡GNT製品	●●★★★★	6社
（13社）	K: 祖業との関連維持型の汎用品（新市場）➡祖業離脱，新製品➡GNT製品	●	1社
合　計			40社

〈参考文献〉
1　林侑輝（2018年）「企業の長寿と第二創業―質的比較分析（QCA）を用いた戦略論的考察―」*Transactions of the Academic Association for Organizational Science 2018*,（7）2 pp.117-122
2　細谷祐二（2014年）『グローバル・ニッチトップ企業論』白桃書房
3　三品和広（2007年）『戦略不全の因果』東洋経済新報社
4　Naldi, L., et al.,（2007）Entrepreneurial Orientation, Risk Taking, and Performance in Family Firms, *Family Business Review*,（2）1 pp.33-46
5　難波正憲・藤本武士（2019年）「グローバル・ニッチトップ企業における競争優位の再生産―日本とドイツ語圏企業の実態調査に基づく比較分析―」組織学会2019年度研究発表大会
6　Simon, H.（2009）*Hidden Champions of the 21st Century; Success Strategies of Unknown World Market Leaders*, Springer,（上田隆穂監訳『グローバルビジネスの隠れたチャンピオン』中央経済社，2012年
7　Simon, H.（2021）*Hidden Champions -Die neuen Spielregeln im chinesischen*, Jahrhundert Campus Verlag
8　Ward, John L.（1997）"Growing the Family Business: Special Challenges and Best Practices," *Family Business Review*,（10）4, pp.323–337

生産集中度統計の可視化と
中小企業研究での利用可能性

〈報告要旨〉

桃山学院大学　井田憲計

1．はじめに

　公正取引委員会による「生産・出荷集中度調査」は，産業組織論など経済学の実証研究や政策立案において非常に重要な公式統計であるが，平成25・26年調査を最後に実施されていない。調査対象の中には，大企業による独占・寡占のみならず，中小企業が得意とする品目もある。市場占有率から計算される上位3・4・5・8・10社の累積集中度の値を時系列でみた場合には，多くは固定的構造にあるが，中には変動が見られる品目もある。

　同様の公式統計として，経済産業省「工業統計」では，製造業に限定されるものの，企業編での別掲として不定期に「ハーフィンダール指数」を集計公開してきたが，これも2010年（平成22年）が最後である。この別掲表では，詳細な品目ごとの大企業割合と中小企業割合などもレポートされており，大変興味深い。

　本稿では，Tableau等近年盛んとなりつつあるＢＩ（ビジネス インテリジェンス）ツールも活用して，これらの統計情報を可視化し，改めて企業や消費者の関心を惹くことを第一の狙いとする。更に，第二の狙いとして，中小企業研究における利用可能性を示してみたい。いくつかの業種についてその構造等にも触れて，中小企業研究の新たな可能性を示し，提言を行いたい。

2．集中度調査の再開を求める安達（2020）の紹介

　本稿の執筆動機となった安達（2020）では，公正取引委員会「生産・出荷集中

度調査」の概要を示し，調査対象の負担軽減や政府方針も踏まえた結果，平成25年・26年調査を最後に実施されていない現状を紹介した上で，この調査結果の有用性（すなわち市場経済の実態を映し出す「公共財」であること）を具体の例も挙げて示しつつ，調査の再開・継続を訴えている。（紙面の都合上，以下割愛。）

3．集中度調査の概要

本節では，まず公正取引委員会による「生産・出荷集中度調査」の概要について，確認する。表1は公正取引委員会のWebサイトで提供されている生産集中度のファイルの例である。（紙面の都合上，以下割愛。）

表1　公正取引委員会「生産集中度調査」の数値例

- https://www.jftc.go.jp/soshiki/kyotsukoukai/ruiseki/index.html

	A	B	AG	AH	AI	AJ	AK	AL	AM	AN	AO	AP
1	品　目	累積集中度	H17	H18	H19	H20	H21	H22	H23	H24	H25	H26
5678	宅配便運送	CR3	84.5%	86.6%	90.9%	91.6%	94.2%	96.3%	95.9%	96.1%	99.3%	99.4%
5679		CR4	91.4%	93.1%	95.3%	95.8%	96.6%	97.8%	97.3%	97.4%	99.6%	99.6%
5680	後のTableau可視化	CR5	96.8%	97.0%	97.0%	97.5%	98.2%	99.3%	98.6%	98.7%	99.9%	99.9%
5681	では公取委No947	CR8	99.4%	99.5%	99.8%	99.9%	100.0%	100.0%	100.0%	100.0%	100.0%	100.0%
5682		CR10	99.7%	99.8%	99.9%	99.9%	100.0%	100.0%	100.0%	100.0%	100.0%	100.0%
5683		HHI	2,743	2,926	3,191	3,230	3,436	3,586	3,312	3,347	3,875	3,892
5684	引越	CR3	60.3%	61.2%	65.6%	60.3%	58.9%	59.6%	58.5%	61.1%	62.5%	63.1%
5685		CR4	72.1%	72.8%	77.3%	71.8%	74.3%	75.3%	75.2%	76.6%	78.8%	79.5%
5686	後のTableau可視化	CR5	77.7%	78.8%	82.3%	83.1%	84.7%	85.5%	85.3%	86.4%	88.5%	88.6%
5687	では公取委No948	CR8	90.4%	90.5%	93.2%	94.1%	95.1%	95.5%	94.7%	95.4%	97.9%	98.1%
5688		CR10	93.5%	93.9%	96.2%	96.6%	97.7%	98.1%	97.2%	97.6%	98.9%	99.0%
5689		HHI	1,608	1,621	1,702	1,541	1,559	1,584	1,570	1,621	1,705	1,718

- 実に1008品目
- CR3＝上位3社の累積集中度（以下同様に4,5,8,10社）
- HHI＝ハーフィンダール指数

出所：公正取引委員会「生産・出荷集中度調査」

4．Tableauによる可視化

安達（2020）において有用事例に取り上げられた「宅配便運送業」と「引越業」などを著者がTableauで可視化した結果（Vizと呼ばれる）のURL例は以下の通り。https://public.tableau.com/app/profile/idaeco/viz/4_No821/1

　中小企業研究との関わりで考察するなら，上記2品目では，おのずと「引越業」に焦点を当てるべきと考えられる。安達でも述べられているように，「宅配便」ほど「固定費用」要因が求められないことで，地方に特化した業者が比較的小規模の事業を行うことができる余地が大きい，まさに中小零細企業が多く存在しているからである。しかしこの「引越業」分野に関する既存研究は調べてもなかなか見当たらない。（中略。）

　また経済産業省『工業統計』企業編の別掲表では，大企業と中小企業の割合ならびにHHIが実に1万以上もの品目について掲載されている訳だが，今回著者のTableau可視化により例えば，横軸：品目コード，縦軸：大企業割合で散布された各点の上にマウスをかざすだけで，該当品目名が瞬時に判る。

図1　『工業統計』企業編別掲表の可視化の一例

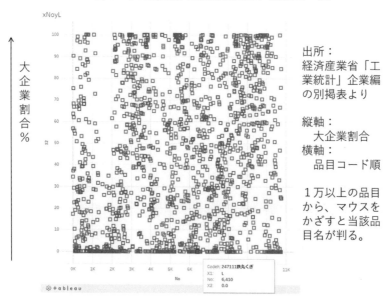

出所：
経済産業省「工業統計」企業編の別掲表より

縦軸：
　大企業割合
横軸：
　品目コード順

1万以上の品目から、マウスをかざすと当該品目名が判る。

　今後の重要な課題として，生産額など他の次元とも組み合わせた連動的な可視化，あるいは公取委「集中度調査」と経産省「工業統計」の関係についての可視化，などについて取り組んでいきたい。

5．まとめ

　以上，本稿での取り組みをまとめると，公取委「生産集中度調査」のオンデマンドな（インタラクティブな）可視化に成功し，その時系列グラフ（Viz）からは，多くの品目で累積集中構造が固定的であることが読み取れる。しかし，品目による違いや，時系列変化がみられる品目も観察された。可視化による企業や消費者あるいは国民への貢献，また教育面での貢献は大きいのではないか。

　のべ実に1008品目ものデータの整理に時間がかかり，当初計画していたにもかかわらず確認できていない多くの課題が残されている。以下に列挙すると，市場規模との対応，矢根（1991）などの先行研究で示されている累積集中度とハーフィンダール指標との間の正の相関などについて，新しいデータで確認することは重要な意義があると考えられる。

　中小企業研究に関しても，例えば生産集中度と中小企業割合の散布図における特異値から，今後，中小企業研究の新たな（未開拓の）対象候補を絞り込めるといった適用可能性があり，挑戦していきたい。

注）　部会および全国大会において有益なコメントいただいた先生方に感謝したい。報告時のスライドや作成したTableauのVizへは，著者のresearchmapなどからアクセスできるようにしておく。

〈参考文献〉
1　安達貴教（2020）「「生産・出荷集中度調査」の再開を求める」『経済セミナー』No.711（2019年12月・2020年1月号）日本評論社
2　井田憲計（1996）「大阪の中小工業の基本構造—最近10年の歩みと当面する問題—その8．線材二次製品製造業」産開研資料No.43　大阪府立産業開発研究所
3　井田憲計（2009）「産業連関構造と中小企業」高田・上野・村社・前田編著『現代中小企業論［増補版］』第10章　同友館
4　小田切宏之（2019）『産業組織論—理論・戦略・政策を学ぶ』有斐閣
5　小田切宏之（2020）「産業組織論はどのように生まれ，進化してきたか［インタビュー］」『進化するビジネスの実証分析[経済セミナー増刊]』日本評論社
6　矢根真二（1991）「集中—利潤仮説とSCPパラダイムの危機-2-」『経済経営論集』32巻2号　桃山学院大学

中核人材を目指し中小企業に入社する
新卒若手人材の可能性
―NPO法人G-netミギウデ事業による実証事例―

〈報告要旨〉

名古屋産業大学　今永典秀

NPO法人G-net　田中　勲

1. 問題意識

　地域の中小企業においては，限られた経営資源の中で，人材を採用・育成し，事業を継続発展することが求められる。事業の継続・存続には，市場創造やイノベーションによる新たな利益の源泉の獲得が必要である（高橋，2012）。

　中小企業で経営者の側近として「右腕」の役割が，「経営上最も頼りになる人物」（脇坂，2003，pp63）としてイノベーションの担い手となり得る。右腕は，非公式な補佐役で，経営者の補完機能，指導者や経営者の役割の補完として，参謀（情報提供・戦略立案・助言），補佐（調整），官僚（業務遂行・代行）を担う。

　右腕と類似した役割として，「中核人材」が，2017年度の中小企業白書に言及される。中核人材は，各部門の中枢の高度な業務，難易度の高い業務，組織の管理・運営の責任者，複数の人員の指揮・管理，高い専門性や技能を発揮することが求められる。すなわち，中小企業では中核人材として右腕の役割が必要である。

　新卒入社する人材が活躍するには，新卒学生と企業の双方が条件を満たす必要がある。具体的には，新卒学生側は，地域中小企業で右腕を目指し成長し続ける覚悟を持つ必要がある。企業側は，日々のオペレーションに加えて，経営者が望む経営革新に向けた新規事業のプロジェクトの機会を提供し，育成を継続する必要がある。すなわち，企業の経営革新と若手人材の育成・成長機会の両立が求められる。

　これまでに新卒社員を採用しない地域中小企業にとっては，育成ノウハウに乏しく，自社単独で新卒で採用した人材を育成して成長し，定着した状態で中核人材へとキャリア形成を実現するのは困難である。まずは，入社した人材が活躍できる状態の構築が求められる。その後，地域中小企業で新卒若手人材が活躍することで，企業が注目され，新卒で地域中小企業へ入社する希望学生が増加し，中核人材を目指して働く意欲ある若者の入社につながることが期待できる。

　そこで，本研究では，地域中小企業の経営革新に向けて，新卒採用と定着育成を事業として展開する「外部の第三者機関であるG-netによるミギウデ事業」を研究対象として，調査分析する。

２．研究目的と研究方法

　「ミギウデ事業」は，2014年よりG-netの新規事業として展開された。G-netでは「ミギウデ」人材を次のように定義する。「新卒で地域中小企業の経営者の右腕として経営革新に取り組むことをやりがいとし嬉々として働く人材。自らが何かを創り出そうとするアントレプレナーシップと経営者を自律的に支援しようとするフォロワーシップの両方を併せ持つ人材」。学生が入社時点で中小企業の中核人材である経営者の右腕を目指す点と，企業が事業創造や社内変革の担い手として期待する点に特徴がある。

　「ミギウデ事業」は，1「採用支援」2「若手人材の育成」を領域とする。1「採用支援」は，企業と学生双方に対して，採用支援，マッチング支援，キャリア面談サポートを実施する。2「若手人材の育成」は，学生に対するキャリア面談と内定者や若手社員向け研修プログラムと，企業に対する「本人に期待するプロジェクト」を設計し，日常業務に加え，挑戦機会を提供する。結果，地域中小企業の経営革新と若手人材の成長機会の両立を目指す。

　本研究の目的は，中核人材を目指して地域中小企業に入社する新卒若手人材の可能性の探索である。研究目的を達成するために，2014年から2018年に地域の中小企業23社に入社した57人のミギウデ人材に対するアンケート調査を実施し，3社の企業の事例調査を実施する。

3．考察

　若手社員は，経営資源が乏しい中小企業の状況の中で，知恵を出し，外部資源を活用する工夫により，アイデアを具現化する力を身につける。さらに，地域中小企業と外部の実践者と連携する社内外のハブとして共創・協働する経験が得られ，コーディネート力や連携力を養うことができる。また，外部機関のG-netが経営者の想いを汲み経営革新につながるプロジェクトを設計し，伴走支援をすることによって，若手社員は，プロジェクトを通じて経営者の右腕体験ができ，直接経営者と二人三脚でプロジェクトを進める経験ができる。

　地域中小企業では，人員が不足する中で毎日の通常業務に追われることが多い。日常業務とは異なるプロジェクトにより，企業の経営革新を外部機関のG-netが伴走支援し，協働・共創が可能な「場」において，若手社員が経営者の右腕体験が可能な「場」が形成される。外部機関と連携し協働・共創の場が存在することで，通常の地域中小企業へ入社する新卒社員では経験や実現が困難な，自身の成長機会と，企業の経営革新への貢献が両立できる点に独自性がある。

4．結論

　本研究では，「ミギウデ事業」を通じて入社した新卒若手人材に対するアンケート調査と企業の事例調査を実施した。地域中小企業の中核人材を目指す新卒若手人材である「ミギウデ」を，第三者機関が新規プロジェクトを設定し伴走支援することで，企業の経営革新と，若手社員の人材育成の両立が確認できた。

　学術的な意義としては，「ミギウデ事業」のモデルは，地域中小企業では採用・定着・育成が困難であるが，新卒社員が経営革新に向け，日常業務に加えたプロジェクトを外部機関が設計し，伴走支援することで，人材育成と経営革新の両立を実現する点である。新卒で地域中小企業に入社し，将来の経営者の右腕を目指す新たなキャリアの可能性を示唆する可能性を示した点に意義が認められる。

　本研究の3社の事例からは，新卒入社した若手社員が，G-netによって設計されたプロジェクトによって，外部人材との協働・共創の「場」が生み出され，事業成果を実現することが確認できた。地域の中小企業では，事業領域の狭さや，

経営資源の乏しさから，イノベーションの創発が生まれにくいことも多いが，中小企業である利点を生かした迅速な意思決定や，地域や伝統のブランドを生かした外部と連携した挑戦を確認することができた。

　一般的には，中小企業が独自のプロジェクトを設計し，実践することは困難で，若手社員への教育と企業の経営革新を両立することの障壁は高い。外部機関のG-netは長期実践型インターンシップにおける地域中小企業の経営革新に向けたプロジェクト設計のノウハウを有し，地域中小企業の状況を把握する。さらに，入社前から採用やインターンシップで接点を有する新卒若手人材の状況を把握する。結果，地域中小企業の経営革新に向け，経営者の想いを具現化するプロジェクトを設計し，伴走支援によって，若者の成長と企業の経営革新の両立を実現する。

　新卒若手社員が地域中小企業で活躍しロールモデルとなることで，地域の中小企業や「ミギウデ事業」のブランド価値が高まる。結果，地域中小企業の経営者と二人三脚で経営革新を目指し，業務を通じて学習・成長を望む学生の増加が期待される。企業にとっても，新卒若手人材が活躍することで，事業の成長につながり，業務領域が拡大により人材が必要となり，財務上の観点でも企業の事業価値創造に寄与し，採用の実現可能性も高まる。

　自社で育成ノウハウが存在する企業や経営革新に向けた新規事業を実現する企業にとっては，ミギウデとして新卒若手人材を採用することで，育成と経営革新の両立を実現へ向けた挑戦を果たすことができるであろう。「ミギウデ」という新たなキャリアモデルが浸透に向けて，多くの地域の中小企業企業において，新卒で中核人材を目指した成長意欲・学習意欲を有する若手社員を採用し，活躍，成長することが期待される。

〈参考文献〉
1　高橋美樹（2012年）「イノベーション，中小企業の事業継続力と存立条件 中小企業のイノベーション」『日本中小企業学会論集』31 pp.3-15 同友館
2　脇坂明（2003年）「右腕が中小企業の経営業績に与える影響」『成長と人材―伸びる企業の人材戦略―』佐藤博樹・玄田有史編著 pp.62-85 勁草書房

タイのスタートアップ支援策の現状と課題
〈報告要旨〉

長崎県立大学　三浦佳子

1．はじめに ～問題意識と研究目的～

「中所得国の罠」という概念をGill, I. & Kharas, H.（2007）が最初に取り上げてから，罠からの脱却には，①産業構造の高度化，②労働生産性の向上，③イノベーション促進，④高度人材育成などの要素の必要性，が様々な研究で論じられている[注1]。

タイの場合，いつ「中所得国の罠」に陥ったのかという技術的な議論を別にしても，すでに陥っており（末廣，2018年，p.75），その罠からの脱却を目標として，プラユット政権は「20か年国家戦略2018-2037，以下「国家戦略」)」のビジョンを具体化させたThailand 4.0を2016年に打ち出した。それは「イノベーション」，「生産性」，「サービス貿易」をキーワードとする付加価値を持続的に創造する経済社会を目指す（大泉，2017年，p.93）ものである。中小企業振興事務所のWhite Paper on MSME 2017によると，第4次中小企業振興計画もThailand 4.0を踏まえて策定されており，イノベーション主導型スタートアップ企業創出の促進に重点を置いている。

2．先行研究

Jones, C. & Pimdee, P.（2017）がイノベーションに向けた高度人材育成に関して，Potjanajaruwit, P. & Girdwichai L.（2019）がタイのスタートアップ企業に関して，Wisuttisak P.（2020）が，タイのスタートアップおよび中小企業振興政策のフレームワークに関して研究を行っている。しかしながら，Thailand 4.0と

中小企業振興計画との関連性やスタートアップ支援策の研究は見られない。

3．Thailand 4.0の概要

　国家社会経済開発庁によるタイ経済モデルでは，第一段階は農業（Thailand 1.0），第二段階は軽工業（Thailand 2.0），第三段階は重工業（Thailand 3.0）を重点産業としてきた。その上で，Thailand 3.0の課題である「中所得国の罠」「不平等の罠」「不均衡の罠」を克服し高所得国への移行を進めるためには，革新的で高付加価値産業を生み出すという Thailand 4.0 を打ち出した。Jones, C. & Pimdee, P.（2017）によると，①イノベーション，ナレッジ，技術，創造性を通して経済的繁栄の達成，②収入，機会，富の平等な分配による社会保障，③環境にやさしい開発を通じての持続可能性の達成，を目指し，技術およびイノベーションを用いることで生活の質を高める新しい経済モデルとされている。

4．第４次中小企業振興計画（2017〜2021年）の概要

　2017年から開始した第４次中小企業振興計画はThailand 4.0を踏まえ，「タイ経済の第一の牽引力となるべく中小企業を強化する」ことをビジョンとしてかかげている。産業構造の転換およびイノベーションやデジタル化による産業の高度化，また高付加価値化を目標とし，既存の中小企業への支援と同時に，知識・創造性・イノベーションに基づいた経営活動を行う中小企業を創出し，グローバルに活躍できる中小企業へと育成するためのプログラムが設計されている。

5．スタートアップ支援策の現状

　起業３年以内のスタートアップに対する支援として2016年から３年間のプログラムが施行された。初年度は起業に至るまでの育成，２年度は起業前後の支援，３年度はスタートアップ企業の目指す姿への支援となっている。３年間の成果として，中小企業が886社，コミュニティ企業が127社起業した[注2]。
　イノベーション支援は2003年に設立された国家イノベーション庁が実施しているが，本格的な支援はThailand 4.0が打ち出されてからであり，2016年を「Startup

Innovation Year」とした。また，2019年にはスタートアップ法でスタートアップ企業を定義し，税優遇制度やエコシステム[注3]を創出するための制度を打ち出し，レギュラトリーサンドボックス法やバイ・ドール法により環境整備を行っている。また，2016年にはスタートアップ推進プラットフォームである「Startup Thailand」が整備された。タイ投資委員会は2018年新たにスマートビザプログラム（高度な技術を持つ人材や投資家に対し，滞在・就労ビザの発給手続きを簡素化した制度）を開始し，海外投資の誘致促進を行っている。

6．おわりに ～考察と今後の課題～

　本論文では，タイが「中所得国の罠」からの脱却のために策定したThailand 4.0およびその産業政策に立脚して立案された中小企業振興政策，イノベーションを重視したスタートアップ支援の現状について考察した。

　2016年からの本格的なスタートアップ支援ではあるが，政策の整備はされたものの，実施面が追い付いていないと考えられる。また，事業安定化に至るまでのエコシステムを含むステージ別支援および伴走型支援が充実していないと考えられる。また，海外投資を今後も受け入れるには，周辺諸国のキャッチアップやタイの少子高齢化問題などから，新たな比較優位性を打ち出す必要があるのではないか。

　各省庁・政府機関の政策には重複もあり，国としての統一性が図られていない。スタートアップ支援の主管省庁の権限強化を図り，民間企業との情報共有や連携を行いながら，政策の一貫性また実態に即した施策を立案する必要もある。

　本論文では運用面での実態把握の課題が残った。政府関係機関やスタートアップ企業への実態調査を今後の研究課題としたい。

〈注〉
1　要素に関する様々な研究はトラン，苅込（2019）に詳しい。本論文では共通して指摘されている4点を取り上げた。
2　コミュニティ企業とは，製品の製造，サービスの提供，その他の事業に関連するコミュニティの事業であり，共通の生活様式を共有し関係のある人物が，法人形態もしくは非法人であるかを問わず，共同で行う事業形態。(Community Enterprise Promotion Act, B.E.2548（2005）より筆者訳）。

3　エコシステムの定義として，木村（2019，p.18）が定義した「地域内の政府やベンチャーキャピタル，企業，大学，各種専門家（弁護士，会計士）などから構成される，起業とスタートアップの成長を促す仕組み」を使用する。

〈参考文献〉

1　Gill, I & Kharas, H.（2007）*An East Asian Renaissance: Ideas for Economic Growth*, The World Bank

2　Jones, C. & Pimdee, P.（2017）*Innovative ideas: Thailand 4.0 and the fourth industrial revolution*, Asian International Journal of Social Sciences, 17（1），pp.4-35

3　木村公一朗（編）（2019）『東アジアのイノベーション～企業成長を支え，起業を生む＜エコシステム＞』作品社

4　National Innovation Agency
https://www.nia.or.th/　（2021年7月8日閲覧）

5　Office of the Council of State（2005）*Community Enterprise Promotion Act*, B.E.2548（2005）
https://www.doae.go.th/upload/files/COMMUNITY_ENTERPRISE_PROMOTION _ACT__BE_2548（2005）.pdf　（2021年8月18日閲覧）

6　Office of the National Economic and Social Development Board
https://www.nesdc.go.th/nesdb_en/　（2021年7月8日閲覧）

7　Office of the Small and Medium Enterprises Promotion
https://www.sme.go.th/en/　（2021年7月8日閲覧）

8　大泉啓一郎（2017年）「タイランド4.0」とは何か（前編）～高成長路線に舵を切るタイ～」『環太平洋ビジネス情報RIM』2017 Vol.17 No.66 pp.91-103

9　Potjanajaruwit, P. & Girdwichai L.（2019）*Creative innovation of startup businesses in Thailand 4.0 era*, Journal of International Studies, 12（3），pp.222-231

10　Startup Thailand
https://ecosystem.startupthailand.org/　（2021年7月8日閲覧）

11　末廣昭（2018年）「「中所得国の罠」の克服：「タイランド4.0」とタイ大企業の対応能力」『経済志林』第85巻第4号 pp.67-129

12　Thailand Board of Investment
https://smart-visa.boi.go.th/smart/index.html　（2021年7月8日閲覧）

13　トラン・ヴァン・トウ，苅込俊二（2019）『中所得国の罠と中国・ASEAN』勁草書房

14　Wisuttisak P.（2020）*Comparative study on regulatory and policy frameworks for promotion of startups and SMEs in Japan, the Republic of Korea, Malaysia and Thailand*, ADBI Working Paper 1206, Asian Development Bank Institute

地域資源依存型中小企業の多様性による持続可能性
〈報告要旨〉

中部学院大学　安藤信雄

1　研究のねらいと意義

　本研究のねらいは，今日言われているSDGsやESG投資にみられる持続可能性の企業経営への要求が中小規模企業の経営に対して，どのような方向転換を求めることとなるのかを明示することを試みることにある。とりわけ地域資源を生産要素とする中小規模経営を中心に過去の学説との関係を考察し，従来の大量生産大量消費型社会からの転換とは何であるのか，それが中小企業の経営の持続性とどう関係するのかを示すことだが，それは中小企業の未来の経営指針を見直す上での一助となる意義があるであろう。

　従来の中小企業存在論の有力な根拠であったミクロ経済学の費用便益モデルによる利益最大化規模は生産資源を無限とみなし，市場の競争環境では供給企業数と有効需要数を無限と想定していた。しかし自然資本を含む社会的共通資本は有限であり，それを考慮すると，中小企業の生産性と利益最大化規模は，社会的共通資本の再生産費用を含まなければならなくなる。地域によって遍在する地域資源に依存する中小企業はその特性から多様とならざるをえない。さらにその差別化された製品が市場ニーズへ適応する能力を獲得していかなければ事業の持続可能性は実現しない。

　その実現のためには第1に市場ニーズとの情報の非対称性を克服する必要があること。第2に差別化された製品生産のための情報創造型生産として継続的製品開発に取組まざるをえないこと。第3にそれらが社会的共通資本の再生産費用を含めた費用便益モデルによる利益最大化と整合性をもっている必要があることである。それらの条件を満たす中小企業を地域資源依存型と定義し，モデルと事例

を検証する。

2　既存研究との関係

　これまで情報の視点から見た生産活動の費用便益モデル分析を行ってきた。そこでは企業の生産活動を情報転写型生産活動と情報創造型生産活動に分類しその利益構造の違いを検証してきた。それに加えて本研究では，地域資源依存型企業が地域の社会的共通資本の再生産費用を内部化し持続可能性を獲得するためには，地域に遍在する生産要素が持つ特性から差別的製品戦略を採用せざるを得なくなり，それが多様性を生みだすことを示す。

3　研究の視点と研究方法

　地域資源依存型中小企業を対象に生産性と費用便益モデル分析の先行研究をまとめ，情報創造型生産がつくる付加価値構造を明示的に提示し事例研究によって検証する。

4　研究の経過，結論と主張

　地域資源依存型中小企業が社会共通資本の希少性を加味し，その多様性を活かして市場での競争力と持続可能性の両立を実現するモデルを明示的に示す。それは情報創造型生産を付加価値生産の中心とし，市場との情報循環によるニーズへの対応力と地域資源の希少性をコストに反映させるものである。

編 集 後 記

『ダイバーシティ経営と個性ある中小企業―持続可能社会形成を目指す中小企業の役割向上について―』（日本中小企業学会論集第41号）は，2021年10月9日（土），10日（日）の両日，福岡大学が開催校となり，オンライン上で行われた第41回日本中小企業学会全国大会の報告論集である。

今回も，前回の第40回日本中小企業学会全国大会に続き，オンラインでの開催となった。コロナ禍において編集作業を進めるにあたり，報告者および査読を引き受けていただいた会員諸氏には，多大なご協力をいただきお礼を申し上げる。

本大会では，統一論題3本，自由論題23本の報告があり，本論集では，統一論題3本に加え，自由論題の査読を受理された10本の論文と報告要旨13本が掲載されている。

査読審査結果の内訳は，自由論題では査読を希望した論文が18本（辞退が3本）であった。1次審査で掲載不可となった論文が1本，2次審査で査読委員の判断が分かれた論文が7本あり，最終的に編集委員会で判断した結果，3本が掲載可となっている。

本論集の発刊をもって今期の論集委員会は，任期満了となる。コロナ禍ということもあり編集作業を進める中で，改善すべき課題も会員諸氏からいくつか提起された。先ずは編集委員会で協議し，池田会長代行をはじめ理事の先生方にもご意見を頂戴し，可能な限り対応をさせていただいた。例えば，論集41号から適用された，統一論題報告者の査読審査における表記変更（掲載可・不可→査読受理・査読不受理），日本中小企業学会論集投稿規程第3条（投稿論文）における項の追記（2. その投稿された論文は，学会論集に掲載されるものとする），学会論集執筆要綱における失格要件および図表の挿入方法を明文化，査読委員の就任依頼の時期の早期化（全国大会の当日から開催日の約1ヵ月前に変更），などである。

さらに，編集作業においてもペーパーレス化の推進を促進するための議論をすべき時期にきているものと考えている。いくつか残された改善点を含め，新たな編集委員会に引継ぐことになるが，共に対応策を検討していきたいと考えている。

　最後に，今期の論集委員会では新たな対応策も求められたが，編集委員の先生方の建設的なご尽力のお陰で，前向きに作業を進めることができた。特に，編集担当・梅村仁幹事，編集事務担当・長谷川英伸幹事には精緻さが要求される事務作業も含め大変にご尽力をいただいたことに，お礼を申し上げる。

　編集作業において不十分なことも多々あったものと心配しているが，会員諸氏のご理解・協力のもとに，任期を終えることができそうである。改めてこの場を借りて感謝を申し上げる。

2022年5月

日本中小企業学会論集編集委員長　太田一樹
（大阪商業大学）

2022年7月30日　発行

ダイバーシティ経営と個性ある中小企業
―持続可能社会形成を目指す中小企業の役割向上について―

〈日本中小企業学会論集㊵〉

編　者 ©　日本中小企業学会
発行者　脇　坂　康　弘

〒113-0033　東京都文京区本郷3-38-1
TEL.03(3813)3966
FAX.03(3818)2774
https://www.doyukan.co.jp/

発行所　株式会社　同友館

落丁・乱丁本はお取り替えいたします。　印刷：一誠堂　製本：松村製本
ISBN 978-4-496-05613-0　Printed in Japan